中国教师发展基金会教师出版专项基金资助

大别山试验区国家战略实现路径研究

程水源 王 庆 著

经济科学出版社

图书在版编目（CIP）数据

大别山试验区国家战略实现路径研究/程水源，王庆著.
—北京：经济科学出版社，2013.10
ISBN 978 - 7 - 5141 - 3973 - 0

Ⅰ.①大…　Ⅱ.①程…②王…　Ⅲ.①大别山－区域
经济发展－经济发展战略－研究　Ⅳ.①F127

中国版本图书馆 CIP 数据核字（2013）第 266180 号

责任编辑：李　雪　王　瑛
责任校对：隗立娜
责任印制：邱　天

大别山试验区国家战略实现路径研究
程水源　王　庆　著
经济科学出版社出版、发行　新华书店经销
社址：北京市海淀区阜成路甲 28 号　邮编：100142
总编部电话：88191217　发行部电话：88191522
网址：www.esp.com.cn
电子邮件：esp@esp.com.cn
天猫网店：经济科学出版社旗舰店
网址：http://jjkxcbs.tmall.com
北京汉德鼎印刷有限公司印刷
华玉装订厂装订
787×1092 16 开　13 印张　300000 字
2013 年 12 月第 1 版　2013 年 12 月第 1 次印刷
ISBN 978 - 7 - 5141 - 3973 - 0　定价：46.00 元

　　2011 年春天，湖北省委、省政府作出了建立"湖北大别山革命老区经济社会发展试验区"的决策部署。这是贯彻落实科学发展观、推动革命老区经济社会发展的重大举措，对于探索新的历史条件下促进落后地区实现跨越式发展、缩小区域差距的新路子，探索在资源环境约束日益加大的条件下实现重点生态功能区绿色发展的新路子，探索革命老区新农村建设、扶贫开发、区域协调发展的新路子，都具有极其重要的战略意义。

　　作为我国区域经济板块中的特殊地带，革命老区经济社会发展不仅具有经济学、社会学的现实意义，更具有政治学、民族学的深刻内涵，一直备受党和政府的高度重视。新中国成立以来特别是改革开放 30 多年来，革命老区面貌整体上发生了翻天覆地的变化，但由于历史和自然等多方面原因，目前仍有部分革命老区经济发展总体水平还不高，自然条件差、经济总量小、人均水平低、贫困面积大的基本情况还未得到根本改变，人民群众生产生活还面临许多实际困难，革命老区干部群众脱贫致富奔小康的愿望十分强烈。做好革命老区工作，加快革命老区经济社会发展步伐，仍然任重道远。

　　大别山区是我国著名的革命老区，被誉为"红军摇篮、将军故乡"，是土地革命战争时期中国共产党领导创建的仅次于中央苏区的全国第二大革命根据地，在我国革命史上占有重要地位。目前，区内国家级、省级贫困县占 3/4，贫困人口达到 230 万人，是全国第二大集中连片贫困区，在全国 14 个集中连片贫困山区中人口仅次于秦岭大巴山地区，全面建成小康社会的任务十分繁重。

　　大别山区又是一个生态环境好、战略机遇多、发展潜力大的区域。这里人杰地灵，文化底蕴深厚，在中华文化发展史上具有举足轻重的地位；这里地域条件独特，区位优势明显，是连接东、中、西部三大经济板块的重要纽带；这里自然风光多样，生态环境优越，旅游资源得天独厚。尤为难得的是，这里正面临着中部崛起、长江经济带新一轮开放开发、新十年扶贫开发等一系列难得的历史机遇。只要我们发扬光荣传统，艰苦创业，开拓进取，抢抓机遇，奋发图强，促进资源优势转化为经济优势，促进后发优势转化为发展优势，就一定能够在全面建设小康社会进程中迈出更加坚实的步伐。

以黄冈师范学院程水源教授为代表的一批学者，立足大别山区域经济发展实际，长期从事应用研究和理论创新，形成了丰硕的、高质量的研究成果，为各级党委和政府决策提供了科学的参考。《大别山试验区国家战略实现路径研究》一书就是其中的代表作，是水源教授悉心研究、付出无数努力和心血的结晶。该书广泛吸纳了区域经济理论研究和实践探索的最新成果，以大别山区为研究对象，以大别山试验区建设为研究背景，从国家战略的高度分析了大别山试验区的发展问题，针对性、时效性和实用性都很强，既是对大别山试验区形成与发展的总结与回顾，也是对大别山试验区发展前景的探索与展望。这对大别山区各级政府推进试验区建设具有重要的指导作用，对其他革命老区的发展也有重要的借鉴启示。

二〇一三年十月

目 录
Contents

国家战略与区域经济发展

区域经济是整个国民经济的重要组成部分，通过国民经济管理，不仅应该根据社会经济发展的客观要求调控经济总量，优化产业结构，而且还要研究区域空间运行和发展的规律，充分发挥各个区域经济发展的优势，构建相互依赖、紧密联系的区域经济联系，缩小区域发展差距，实现区域经济的协调可持续发展。这一过程中，区域经济发展战略在施行和落实国家的整体发展战略中具有全局意义，它是国家战略目标的产物，并服务于国家的整体需要和长远规划。区域经济发展战略在多大程度上契合战略目标，考验着一个国家的发展能力，决定着一个国家的兴衰成败。

第一节　国家战略的定义及其内涵

一、战略与国家战略

"战略"一词本是个军事术语，源于战争实践，并被长期运用于军事领域，通常指将帅的智谋筹划以及军事力量的运用。《辞海》中对战略的解释是"对战争全局的筹划和指挥"。《中国大百科全书·军事卷》的解释是"指导战争全局的方略"。在西方，战略（strategy）一词来源于希腊语"strategos"及其演变而来的"stragia"。前者意为

"将军"，后者意为"战役""谋略"，均指指挥军队的艺术和科学。

近代以来，战略从军事学延伸到政治、经济、科技与社会领域。随着应用领域的拓展，其含义和应用范围也变得越来越广泛。一般而言，战略是泛指重大的、带全局性的、规律性的或决定全局的谋划。就军事而言，战略是有关战争的全面部署；就企业管理而言，战略是企业为求生存和不断发展而进行的总体性规划，它包括企业所确定的一定历史时期的经营总目标和实现这一目标的基本途径；对一个国家而言，战略就是为实现国家的总目标而制定的、指导国家各个领域的总方略。

一般认为，国家战略概念来源于大战略。据 1935 年英国野战条令的解释，大战略是"为实现全国性目的而最有效地发挥国家全部力量的艺术。它包括采取外交措施，施加经济压力，与盟国签订有利的条约，动员全国的工业和部署现有的人力，以及使用陆、海、空三军进行协同作战"。1937 年，美国国会研究防务问题的高级专家、美国国防大学战略研究所所长约翰·柯林斯出版了《大战略》一书，该书指出，把国家战略中的全部军事战略和其他领域的战略（政治、经济、社会、科技和心理等）中与国防直接有关的部分汇集在一起，就构成大战略。第二次世界大战中，英国的大战略概念传入美国，到战后逐渐演变成为国家战略，并被列为美国军事术语。《美国军事用语综合辞典》对国家战略的定义是："国家战略是指，在和平与战争时期，一国发展和运用其政治、经济和心理及武装力量，以保证实现国家目标的艺术和科学。"这一定义反映出了"国家战略手段"和"国家目标"两个方面，但对国家战略手段的概括不全面，而且深受"军事战略"观念的影响；同时，将"国家战略"定义为一门"艺术和科学"，也是受到关于"战略"与"策略"传统定义的影响。

日本给国家战略下的定义是："为了达成国家目标，特别是保证国家安全，平时和战时，综合发展并有效运用国家政治、军事、心理等方面力量的方策。"许多国家对国家战略的研究正在开展之中，学术界对它还存在着不同的认识。有的把它等同于大战略；有的认为两者是有区别的，其区别就在于大战略是运用国家力量达成军事目标，而国家战略则是运用国家力量达成国家总体目标。

20 世纪 80 年代以后，我国学术界也开始了对国家战略的探讨，主要是从区别于大战略的意义上来认识和使用国家战略概念的。1997 年出版的《中国人民解放军军语》将国家战略定义为"筹划和指导国家安全与发展的总体方略"。从这一定义可以看出，军事战略要解决的是有关战争的准备与实施，军事力量的建设和使用的全局性问题；国家战略所要解决的是有关国家安全与国家经济社会发展的全局性问题。在国内，有一种意见认为，虽然国家战略这一概念未在我国正式文件中使用，但它主要体现在党和国家的总路线、总方针、总政策之中。尽管学术界对国家战略尚无统一认定，但在国家战略是建设和运用国家各方面的力量，以实现国家总目标而采用的方略这一认识上却达成了共识和一致意见。

因此，就其学术性质而言，国家战略是国家管理者运用和发展国家力量以实现由国家利益所决定的国家目标的一种艺术，其任务是依据国际国内情况，综合运用政治、军事、经济、科技、文化等国家力量，筹划指导国家建设与发展，维护国家安全，达成国家目标。国家战略通常由下列三个基本要素组成：国家所要追求的目标和利益、国家为达到所追求的目标应该采取的政策和策略、国家在追求利益目标的过程中需要采用的途径和手段。这三个要素是相互影响、相互制约、共同作用的国家战略的有机统一体。由于国家战略涉及一个国家的经济、政治、文化、外交、军事等各方面，因此，制定的战略既是国家利益的反映，又是国家发展的政策策略指针。

二、国家战略的类型

战略本身就是一个选择问题。任何国家的资源总是有限的，如何对资源进行优化整合与合理分配就成为国家在制定战略时需要系统考虑的重大问题，其制定是否达到最佳程度、其执行是否达到最佳状态，将会直接、全面、深刻地影响到这个国家未来的发展速度甚至生存问题。

从内涵上讲，国家战略必须考虑两大基本问题：其一是国家的生存问题，它本身是国家战略制定和实施的前提与基础；其二是国家的发展问题，谋求发展是国家战略制定和实施的主要目的。同时，国家战略考虑这两大问题不是着眼于一两年的比较短的时间，而是着眼于未来一个比较长的历史时期（通常是 5 年以上），国家战略也不只是对某个或某些领域的谋划，而是对整个社会领域，对国家全局的总体规划与谋略，带有全局性和整体性。

从外延上讲，国家战略所涉及的对象领域不仅包括国内，而且包括整个国际社会。因此，国家战略必然包括国内战略和国际战略两大部分，或称对内战略和对外战略。它们不是彼此孤立，而是紧密联系，相互影响、相互作用、相互制约的。可见，国家战略考虑的是国家的生存与发展两大基本问题。然而，从更深层次看，它涉及的是国内和国际两个基本领域，涉及战略目标、战略手段、战略方法等战略内在要素的确定与运用，是指导国家发展的重要依据，包括一个国家政治、经济、军事、科技文化等所有社会领域，是一个极其复杂的系统。

如果仅从战时和和平年代的战略目的来看，国家战略一般应分为国家安全战略和国家发展战略两种主要类型。

1. 国家安全战略

国家安全战略概念是美国最早提出来的。西方学术界概括它是"为实现捍卫和推进国家利益的目标而协调运用国家力量的一切手段（军事的与非军事的）的国家计划"，这通常会陷入将国家安全战略与国家战略或大战略混淆的误区。但也有人提出，大战略实际上是战时的国家安全战略，国家战略是包括内政和外交在内的总体战略，国家安全战略则主要是对外事务战略。

一般认为，国家安全战略，是指为了保障自己的安全，在一定的社会文化背景、地缘经济以及地缘政治影响下，本着为保障、维护自己国家利益的根本目的，判断现存和潜在的威胁，分析可动用的资源，最终决定通过什么方式或怎样分配和使用资源来应对威胁。就其功能与地位而言，国家安全战略就是主权国家动用各种战略资源来消除、减弱或控制自身所受威胁而进行的战略谋划、战略设计、战略实施的全过程。完整的国家安全战略由安全观、安全利益与威胁判定、安全战略目标、战略资源及其运用、国家安全政策与安全机制等五个因素组成。

（1）安全观：是指国家在安全问题上的基本理念，也是一个国家的安全哲学，是制定国家安全战略的根本出发点。

（2）安全利益与威胁判定：国家利益决定国家居支配地位的价值与政策取向，并且决定国家的基本需求和具体的国家目标。根据对安全利益的伤害程度，判定威胁的范围、性质和等级。

（3）安全战略目标：安全战略目标是维护和谋求国家安全利益的指标性任务，国家安全战略目标反映了国家安全期望值的大小。

（4）战略资源及其运用：战略资源是基础要素，包括地理因素、人口因素、自然资源、经济发展水平、军事能力等，决定着一个国家或地区维护自身安全的潜在能力。

（5）国家安全政策与安全机制：国家安全政策与安全机制是完成国家安全目标的"政策"保障和"机制"保障。国家安全战略的实施最终要靠国家安全政策和安全机制来完成。

2. 国家发展战略

发展战略问题，是一个国家、一个地区在进行经济、社会发展的决策中必须着力解决的首要问题，因而也是一个国家在发展过程中需要研究的重要课题。

国家发展战略，就是根据国家发展所面临的根本问题，合理分配与充分利用国家资源，选择合适的国家发展模式，以有效地发展国家的关键战略能力从而达成国家战略目标的艺术和科学。它主要探讨的是在一个国家的经济发展过程中政府所选定的发展目标，以及为了达到这个目标而执行的一系列配套政策和制度的安排。因此，国家发展战略的整体构想，既从经济增长、社会进步和环境安全的功利性目标出发，也从哲学观念更新和人类文明进步的理性化目标出发，几乎是全方位地涵盖了"自然、经济、社会"复杂系统的运行规则和"人口、资源、环境、发展"四位一体的辩证关系，并将此类规则与关系在不同时段或不同区域的差异表达，包含在整个时代演化的共性趋势之中。

各国都有自己的发展战略，由于国情不同，各国国家战略或多或少存在差异，了解和掌握各国的国家战略，对制定适宜本国国情和参与国际竞争的国家战略具有明显的现实意义和长远的战略意义。面对实现其战略目标（或战略目标组）所规定的内容，各个国家和地区，都要根据自己的国情和具体条件，去规定实施战略目标的方案和规划，从而组成一个完善的战略体系。

总的来看，国家发展战略涉及一国社会经济发展长远、全局性的问题，高瞻远瞩地制定科学的发展战略，对指导国民经济健康发展，尤其是在激烈的国际竞争中抓住机遇，加快发展，具有重要意义。在当今世界经济实力的较量愈加明显、全球竞争愈加激烈的条件下，制定正确的国家发展战略是至关重要的。因此，不仅发达国家，而且发展中国家都更加关注国家发展战略问题。美国著名战略专家菲利普·科特勒在他的《国家营销》一书中指出："正如公司使用战略规划理论和工具为公司的未来进行导航一样，各国的领袖也应将战略规划和工具用于指导国家的未来发展。"

事实上，谋求经济的可持续发展，在综合国力和人民福利上追赶甚至超越发达国家是发展中国家在和平时期所确定的主要目标。自新中国成立以来，我国所确定的国家战略的目标经历了从追求内外安全到以经济效率优先，进而发展到当前追求社会公正公平的演变过程，实现了从偏重国家安全战略到偏重国家发展战略的重大转变。需要指出的是，国家安全战略是国家发展战略的现实基础，国家发展战略是国家安全战略的重要保障，两者不可偏废；只有在确保国家安全基础上的国家发展战略，才能得以顺利实施。在某一特定时期，以国家安全战略为主还是以国家发展战略为主，需要视这一时期所确定的国家战略目标而定。

第二节　国家战略制定的基本原则

科学的国家战略的制定和实施取决于许多因素，决策者对时代主题和国家面临的内外部环境的客观判断，将会决定国家战略基本内容的侧重点。然而，不管是在战争年代还是在和平发展时期，一个国家战略的制定必须遵循以下几个基本原则。

一、全局性

这是国家战略的最根本的特征。毛泽东对于战略全局的含义，作出过独到的论述。在《中国革命战争的战略问题》一书中，毛泽东指出："战略问题是研究战争全局的规律的东西。"所谓战略全局，毛泽东指出："只要有战争，就有战争全局。世界可以是战争的一全局，一国可以是战争的一全局，一个独立的游击区、一个大的独立的作战方面，也可以是战争的一全局。凡属带有要照顾各方面和各阶段的性质的，都是战争的全局。"这就是说，在空间上，整个世界、一个国家、一个战区、一个独立的战略方向，都可以是战略的全局；在时间上，全局性贯穿于指导战争准备与实施的各个阶段和全过程。在战略上，空间和时间是融合在一起的。除了这个时空一致性以外，还有一个范围的问题。凡属需高层次谋划和决策，有要照顾各个方面和各个阶段性质的重大的、相对独立的领域，都是战略的全局。这就要求战略的领导者和指挥者要把注意力放在国家生存与发展的全局上面，处理好全局中的各种关系，抓住主要矛盾，解决关键问题；同时特别要注意解决好对全局有决定意义的局部问题。

二、纲领性

纲领性是指国家战略根据在一定时期内的任务而规定的奋斗目标和行动步骤，是国家行动的指导原则。任何战略都反映一个国家或政治集团利益的根本的目标方向，体现它们的路线、方针和政策，是为其政治目的而服务的，具有鲜明的目标方向，其理论指导原则和基本内容是相对稳定的。

三、谋划性

国家战略是在对国家内部资源和各种力量以及外部环境的动态把握的基础上，综合运筹得出的对全局的谋划，是基于客观情况而提出的竞争或发展策略。它是在一定的客观条件下，通过对其各方面的情况进行分析判断，确定适当的战略目的，有针对性地建设和使用好所具备的各种力量，以应付内外部环境中的挑战和威胁的一整套行动方案。取得预期的斗争效果，是战略谋划的基本目的。

四、预见性

预见性是谋划的前提，决策的基础。这就要求一个国家应该在广泛调查研究的基础上，全面分析、正确判断、科学预测国际国内战略环境和各种力量可能的发展变化，把握时代的特征，明确现实的和潜在的关键问题和主要威胁，判明面临威胁的性质、方向和程度，科学预测未来可能面临的制约因素，揭示未来发展的趋势、特点和基本规律，在此基础上，制定、调整和实施国家战略。

五、长远性

国家战略的制定，必须具有前瞻性的眼光和可持续发展的视野，坚决反对和摒弃那种只求眼前利益而不顾未来的长远利益的短视行为，必须始终围绕国家目标这一核心，以国家目标这个国家战略活动的最终结果作为衡量和评价国家战略措施正确与否的唯一标准。凡是有助于国家目标最终实现的措施，都是正确的措施；凡是有碍于国家目标最终实现的措施，都是错误的措施。当某种战略措施所带来的眼前利益与国家战略的长远利益发生冲突时，应摒弃这一战略措施而以国家长远利益为重。

国家战略措施，作为国家政策的进一步具体化，不能超越国家能力的范畴。因此，在制定国家战略时，除了上述有关国家战略的几个基本原则外，以下原则也是不可忽视的。

第一，以国家目标和国家力量为基本依据，这是制定国家战略应当遵循的重要原则。制定国家战略就是要把国家目标与国家力量有机结合起来，从中确定指导国家战略行为的原则。按照前文所述，国家目标按照重要程度可以简单划分为生存目标和发展目标；国家力量，不论是综合国力还是每一种单要素力量，也可按其水平高低划分为四个层次：强大、充足、有限和不足。一般来说，国家目标制定的高低与国家力量水平的高低呈正相关关系。国家力量有限或不足的情况下，生存问题是一个国家面临的主要问题；而当国家力量得以发展，达到充足和强大的水平时，国家考虑更多的是发展问题。因此，制定国家战略，必须充分考虑国家目标和国家力量直接的内在联系。

第二，必须充分考虑国家环境的影响和制约。国家战略必须从时代发展的宏观趋势、本国面临的国际环境和国内局势三个方面加以考虑。国际环境的影响和制约随着经济全球化趋势的加剧而不可忽略。在国际交往中，任何国家在任何时候都是以本国利益为根本出发点；目前国家之间诸多关系中，胜存败亡的竞争关系和相互渗透的依存关系是最主要的两种。国内局势对国家战略的影响和制约，主要来自广大人民的利益倾向和主要利益集团的利益要求两个方面。从长远来看，广大人民的根本利益更为重要。只有代表广大人民利益、反映广大人民意愿的国家战略，才是正确的战略，才能付诸实施并得到广大人民群众的拥护。

第三，必须选择好战略重点。国家是一个完整的系统，其中各个方面的问题都不是孤立存在的，而是存在着千丝万缕的联系，构成一个完整的体系，其中任何一个方面的变化都会影响到其他方面，进而影响到国家战略的整体效应。因此，必须使各个方面的政策相互配套协调，为实现国家目标而追求整体优化效应。重视整体性并不意味着把国家战略设计成一个面面俱到的庞大体系。战略家是运用最基本的战略要素进行战略判断和战略决策的艺术家。他们更加关注那些对实现国家目标有决定意义的局部和环节，即那些通常被称为战略重点的局部和环节。一般而言，可能成为战略重点的，大多有以下几种：制约全局发展的基础部门，全局发展中的薄弱环节，竞争中的决定性领域，未来发展中的关键环节等。

第三节　国家战略与区域经济协调发展

一、区域经济协调发展离不开政府的战略管理

1. 区域经济协调发展的内涵

区域经济协调发展是国家经济政策中永恒的主题之一，也是国家经济发展战略中一个动态的、不断追求的目标。区域经济是一定区域内的人类经济活动，是一个国家经济的空间系统。在一定区域范围内，区域经济是由各种地域构成要素和经济发展要素有机结合，由多种经济活动相互作用形成，具有特定结构和功能的经济系统。由于不同的区域存在着地理位置、自然条件、矿产资源、生产能力、技术条件、交通基础设施、劳动力资源、市场条件以及区域发展政策等方面的差异，因而导致不同地区具有不同的竞争优势。根据区域经济协调发展的要求，各地区应根据自身的特有条件，重点发展本地区的优势产业，与其他地区形成合理的地域分工，促进一个国家或地区整体经济效益的提升。

从系统论的角度来看，区域经济协调发展应该是一个综合性概念，它不应单纯指一个方面的协调，而是区域间各种协调关系的总和。无论是区域经济发展过程中地区间总量结构的协调，还是区域间产业结构、生产力布局及区域关系任何一方面的协调；既包括区域内部以及不同区域之间的自然资源、环境与人类对其开发利用的一种平衡，也包括区域生态系统与经济系统之间的动态平衡。具体而言，区域经济协调发展就是在各区域对内对外开放的条件下，各区域间或区域内所形成的相互依存、相互适应、相互促进、共同发展的状态和过程，并且形成决定这种状态和过程的内在稳定的运行机制。在市场经济条件下，区域经济协调发展的核心内容是协调地区间的产业分工关系和经济利益关系，在具体操作上则应以市场为导向，以经济利益为纽带，统筹规划，建立和发展与不同区域竞争优势相匹配的分工体系。因此，区域经济协调发展，归根结底是区域利益关系的协调。

根据这一区域经济协调发展的科学内涵和实质，各个区域都应在整个国家或地区的经济系统中，按照自身在区域分工中的合理定位确定各自的区域产业结构、竞争优势和特色。各区域之间实现错位发展，生产要素实现有序流动，国民收入在区域之间实现合理分配，区域之间的发展差距控制在一个合理的范围之内。而伴随着相对发达地区的产业结构升级和高级化，相对落后地区受到相对发达地区产业转移及技术扩散

的影响，产业结构也会相应地实现升级。随着区域分工效益的充分实现，资源配置效率在全国范围也会得到显著提升，从而实现区域经济的协调健康发展。

2. 区域经济发展差距是区域经济发展失调的重要表现

著名发展经济学家刘易斯指出："每个国家都有一些地区比其他地区更富裕，一些地区（不一定是最富裕的地区）比其他地区发展得更快……因为，首先，不同的地区具有不同的增长潜力，某些地区的矿物资源或水资源丰富，或者具有良好的自然港口，而另外一些地区资源极度贫乏；其次，即使所有地区都在同等的资源条件下起步，由于地理上的集中，个别地区将会获得更集中的发展。"因此，区域经济差异是一个带有普遍性的现象，几乎世界上所有国家都存在着不同程度的区域经济发展不平衡的问题。特别是随着社会分工和商品经济的发展，市场对各类资源要素配置的主导作用，把稀缺和分布不均衡的经济资源配置到具有优势的产业和区位，把经济技术密切的经济活动集中到特定区域，吸引和集聚周边地区的生产要素和经济主体，形成区域中心、经济腹地和经济网络，从而也导致落后的边缘地带的产生，由此拉开了区域之间的发展差距。因此，不管是从资源禀赋差异的角度，还是从市场机制运行的角度来看，区域经济发展差距的存在都是一个必然的经济现象；促进区域经济协调发展，也就成为世界各国政府面临的共性问题。

3. 战略管理是政府促进区域经济协调发展的主要手段

随着市场经济体制的全球化趋势的加强，由市场机制运行导致的区域之间发展差距的普遍存在，使得各国中央政府需要加强对区域发展进行战略管理的干预力度，克服市场失灵带来的贫富差距。在区域经济发展过程中，中央政府的战略管理既是一种总体思想，又是一种管理过程。这一管理过程实际上是市场和政府如何恰当配合，把"看得见的手"和"看不见的手"有机结合起来，发挥两者的优势，提高区域社会经济资源的配置效率，实现帕累托改进的过程。

在区域经济协调发展战略的实施过程中，中央政府的定位是全国经济体制改革、对外开放和经济发展战略的制定者，和区域经济协调发展的主要调控者。计划经济时期，中央政府主要是通过制订和实施经济发展计划，以及一些相应的经济政策，对区域经济的运行进行指令性的管理。这种调控是对区域经济发展硬性的干预，各个地区只能在中央政府所划定的框架内发展本区域的经济，而且必须按照中央政府所下达的具体指标去组织经济活动。由于中央政府集中掌握着全国绝大多数资金、人力和物力的分配权和使用权，因此，中央政府只要想发展哪些区域，就可以把大量的资源投入到特定区域。这种直接依靠国家力量植入生产要素的方式简单易行，而且在短时间内就可以见效，对于缩小区域经济发展差距具有立竿见影的效果。

随着经济体制的改革，中央政府虽然还在制订经济发展计划，但是这种计划已经逐步失去了指令的功能，而成为对区域经济发展的指导。这一重大的转变，意味着各个区域在经济发展决策方面具有越来越大的自主权。中央政府基本上放弃了对区域经济发展的直接干预权，转而选择进行间接干预的方式，这一转变完全符合市场经济发展的要求。在国家区域经济版图重构过程中，中央政府主要是通过制定经济发展战略、经济政策和经济杠杆来影响市场并产生作用，其中，国家战略层面的空间规划对于区域经济协调发展起着重要的引导作用。

从区域经济协调发展的内在要求出发，中央政府必须通过对不同领域、不同对象和采取不同手段来干预区域经济的发展，从而影响区域经济关系格局的演变。由于中央政府掌握着国家经济制度、政策资源和公共投资的配置权，以及国家财政收入的分配权；完全有能力对全国区域发展的游戏规则进行规范，修订市场机制在区域之间资源配置方面的偏差，控制区域经济差距扩大，保证区域经济协调发展。

总的来说，中央政府对区域经济的协调能力由两部分构成：（1）中央政府通过对所需要重点发展的区域在资金、人力、物力等方面给予直接支持，直接干预区域经济的发展；（2）中央政府运用政策和法律等手段来间接对区域经济的运行状况进行调控，使之向着所设定的目标发展。理想的区域协调发展的格局是，在中央政府的宏观调控下，全国各个区域从本区域实际出发，准确把握自身在区域分工中的定位，合理确定和调整区域产业结构，形成区域间生产要素有序流动、收益分配合理、发展差距适度、相互依存、相互适应、相互促进、错位发展的状态。

二、国外推进区域经济协调发展的成功案例

在缩小地区经济发展差距的进程中，国家战略表现为鲜明的区域发展指导方针，比如我国的西部大开发战略，是指导我国过去十多年西部地区开发和新时期中西部欠发达地区经济发展的基本战略。从过去十多年西部地区的发展态势来看，在西部大开发战略的推动下，西部经济社会发展取得了显著的成效。实践证明，在国家战略实施中，经济、政治、文化等方面的社会资源被"倾斜性地"配置和使用于欠发达地区，使之成为汇聚各类经济要素和创新资源，能够有效促进地区产业结构的优化升级和经济体系建设的发展和完善。而纵观世界各国的发展历程，依靠中央政府制定区域发展规划或区域发展战略，是缩小区域发展差距、促进区域经济协调发展的行之有效的手段。

1. 美国的西进运动

美国是当今世界综合实力最强的现代化超级大国，但是美国也曾经是区域经济发展很不平衡的国家。历史上，美国政府在区域经济发展方面开展过影响深远的西进运动，对欠发达的西部地区进行过两次重大开发。第一次开发是 19 世纪 60 年代至 90 年

代。政府的政策主要是鼓励移民和拓荒，并通过法律的手段保护拓荒者的利益。第一次开发使美国无人区的面积大大减少，短短 30 年的时间里，移民购买了 4.3 亿英亩土地，建立了 10 个新的州，初步奠定了美国国土和行政区划的雏形。第二次开发始于罗斯福新政，主要是为了缩小地区发展差距。在美国，最早发展起来的是大西洋沿岸的新英格兰地区，以后逐步扩展到五大湖地区，而从阿巴拉契亚山地到太平洋之间的广大西部地区及南部地区，尽管在第一次开发中有了较快发展，但产业结构仍然以第一产业为主，始终没有赶上工业革命的浪潮。从 20 世纪 30 年代开始，美国政府强化了对这些欠发达地区的经济开发力度，通过了一系列的区域开发法，如《摩梭浅滩和田纳西河流域发展法》、《公共工程和经济开发法》、《经济开发法》、《地区再开发法》、《农村发展法》、《阿巴拉契亚区域开发法》、《联邦受援区和受援社区法》等，加大对欠发达地区发展的支持力度，以交通运输业为先导、以农牧业为主要产业导向、以增长中心带动区域开发、以商业资本为投资主渠道，推进了欠发达地区的水电工程、交通运输、信息网络等基础设施建设及教育事业的发展，促进了美国产业结构的调整，实现了全国范围内的工业化，改变了以往经济发展不平衡的格局，使美国经济的区域差距不断缩小，最终趋于平衡。

总的来看，美国实施欠发达地区的开发战略成效相当显著，原来经济比较落后的西部和南部地区经济发展速度超过了经济实力雄厚的东北部，田纳西河、阿巴拉契亚等贫困地区的经济面貌迅速改观，人均收入接近全国平均水平。在这一过程中，适时建立并形成相应的开发制度是美国在开发落后地区、协调区域发展过程中取得成功的有力保证和基础。

2. 巴西的迁都战略

巴西是世界上居第五位的幅员大国，也是西半球最大的发展中国家，历史上南富北穷，经济发展极不平衡。巴西的旧都里约热内卢是南美洲最大都市之一，也是享誉全球的国际大都市。1950 年前后，巴西全国的政治、经济、文化、教育等都集中在里约热内卢周围不到全国 11% 的地域内，而广阔的中西部和北部亚马孙地区发展长期滞后，虽然物产丰富，但交通不便，人烟稀少。地区经济发展失衡导致巴西地区经济布局和产业结构不合理以及贫富差距拉大。巴西的北部和东北部地区是南美洲最大的贫困地区，人均收入不到全国平均水平的一半，仅为沿海发达地区人均收入的 1/3。发达的沿海地区和落后的内地组成了巴西典型的二元结构，由此导致了所谓"两个巴西"的存在：一个是先进的沿海巴西，集中在东南部的狭长地带，其现代化程度堪与欧美发达国家相比；一个是荒凉落后的内陆巴西，是全国的"低谷地带"。

20 世纪 50 年代以来，为了改变内陆地区，特别是西部地区经济落后的状况，缓解西部地区人民与发达的沿海和东部地区之间的矛盾，促进国家经济发展与社会和谐进步，巴西政府首先在落后的中西部和北部地区兴建大中城市，通过城市化来促进落后地区的工业化水平。50年代中期，巴西政府决定将首都从沿海的经济、金融和商业中心里约热内卢迁往中部落后地区。1960年4月，巴西新首都巴西利亚建成，随后完成了以巴西利亚为中心的公路网建设，大大促进了欠发达地区的开发进程。随后几十年间，巴西国内较为严重的区域失衡态势也在一定程度上得以减弱。仅巴西利亚至贝伦的公路开通以后，沿线即由10万人猛增至200万人，巴西政府从1940年就倡导的"西进"运动，直到实施迁都战略后才真正产生效应。到1998年，巴西中西部地区的人均收入达到4338美元，不仅接近南部发达地区4387美元的水平，而且与东南部地区的差距也在缩小。迁都后，原首都里约热内卢"文化之都"的形象不但没有削弱，反而加强了。现在，巴西利亚、里约热内卢、圣保罗三地分别承担巴西政治、文化、经济方面的中心职能，各司其职，各具特色。

在推进西部开发的过程中，巴西政府还在北部地区亚马孙州首府马瑙斯设置了自由贸易区，通过经济特区的方式提供各种优惠政策，以吸引国内外投资，从而使马瑙斯成为巴西最重要的贸易集散地，并带动了整个亚马孙地区的开发，从而使巴西内陆地区的经济有了迅猛的发展，有力地推动了整个巴西经济的腾飞。

3. 法国的国土整治行动

由于历史原因形成及自然条件的差异，法国各地区之间经济发展很不平衡。第二次世界大战之后随着经济恢复，特别是从20世纪50年代中期起，随着国民经济全面进入高涨阶段，地区经济发展不平衡问题变得愈益突出。这种不平衡，首先从地域上看，北起勒阿佛尔南至马赛连成一线，东部内陆地区（包括十个大区，除科西嘉外）为发达经济区，被称为"富裕的工业法国"。西部则属于欠发达农业区，停留在落后的小农经济时代，称为"贫穷的农业法国"。

东部地区约占国土面积的45%和全国人口总数的2/3。这里资源丰富，交通网稠密。巴黎、诺尔—加莱、洛林和罗纳—阿尔卑斯地区是法国最发达的工业区。这四个地区集中了全国3/4的工业职工和4/5的工商业营业额，全国90%以上的最大企业和集团均集中在东部地区。巴黎是全国政治、经济、金融和文化中心，全国40%以上的大学毕业生、科研人员、高级管理人员、工程师和技术员都集中在这里。巴黎地区占全国人口总数的19%，占全国工业产值和在业人数的1/4。居民平均收入比全国平均水平高出1/3。而以农牧业为主的西部地区则资源贫乏，交通落后，人口稀少，缺少工业和第三产业。居民平均收入比全国平均水平低30%～35%。

地区经济的这种不平衡发展状况，引起了法国政府的极大关注和不安。从20世纪50年代中期开始，法国政府有计划、有步骤地在全国范围内开展了国土整治和对欠发达地区的开发工作。实现合理的人口分布和地区经济的协调发展，建立以中心城市为依托的多点地区经济网络，以形成全国合理的经济活动布局是法国政府实施国土整治政策的最终目标。该政策涉及的范围十分广泛，归纳起来，大致包括以下七个方面：

发达经济区的合理发展、开发欠发达地区、保护自然风景区、改造老工业区、建立新兴工业区、文化教育和科研活动的合理布局以及改善农村和矿区生活环境和生活质量等。

在政府的统一规划下，国土整治行动分阶段、有步骤地进行，在不同时期有不同的重点整治目标。20 世纪 50 年代中期，首先从限制巴黎等大城市的过度发展，调整城市空间布局入手。60 年代后，进一步转向开发欠发达地区，改变农村传统经济结构（包括山区和滨海带的开发和治理）。70 年代后，政府政策的重点进一步转向改造老工业区和发展新兴工业区。国土整治涉及人口、交通和通信等基础设施、工业、手工业和第三产业等产业布局和配置问题。不仅包括经济问题，还涉及文化教育、科研、就业和培训、生态环境保护和生活质量等广泛的社会问题。

经过多年努力，法国欠发达地区人口趋于稳定，农村传统的单一经济结构被打破，东西部及城乡之间的经济差距日趋缩小。最发达的巴黎地区的发展速度有所减缓，西部地区的经济发展明显加快，某些发展中的农村地区和各省大城市的经济活力明显增强。同时，法国各地区形成了 10 个大的"核心城市"：里尔、斯特拉斯堡、南锡—梅兹、里昂、马赛、图卢兹、波尔多、南特、格勒诺布尔和巴黎。这些"核心城市"成为法国国土上的"辐射中心"，以这些中心城市为依托构建的地区经济网络带动着周边地区的发展，形成了地区之间相互补充、相互促进的协调发展格局。

4. 韩国的新村运动

1945 年后，韩国在推进工业化和城市化的同时，面临着工农业发展严重失衡的问题。这些问题主要表现在：产业部门非均衡发展。工业发展迅猛，但对农业重视不够，农业发展缓慢，城乡收入差距扩大；大量农村人口无序、不合理流动，给城市带来了诸多的社会问题。同时，农村青壮年劳动力的流失，使农村发展更加缓慢，农村劳动力日趋老龄化，农业后继无人的形势较为严峻。1962 年，韩国人均国民生产总值仅为 82 美元，农业增加值占国民生产总值的 43%，农业劳动力占就业总人口的 63%，全国 250 万农户中 80% 住茅草房，只有 20% 的农户通电，5 万个自然村只有 60% 通公路。农户年平均收入是城市居民的 71%，到 1970 年降到 61%。

鉴于韩国区域经济失衡形势的加剧以及国民贫富差距的进一步拉大，从 1970 年起，韩国政府开始正式组织实施"新农村建设与发展运动"（简称"新村运动"），在经济、社会均衡发展和人与自然协调发展方面做出了成功的实践。在 30 多年的建设过程中，韩国新村运动以促进农村区域开发为最高国策，根据运动目标和内容的差异可分为基础建设、扩散、充实提高、国民自发和自我发展 5 个不同的阶段，其主要内容具体包括两个方面：（1）实行改善环境的社会开发。这是开发农村区域的出发点，包括居住环境、生产环境的开发，前者包括改善房顶、住宅，安装自来水，修建下水道，改善卫生间、厨房和修建公共浴室、游泳场、巷道等；后者包括修建农村公共作业场所方面的道路、桥梁，设置公共积肥场、整理耕地、治理小河川等。（2）增加经济收益的经济开发：包括农业收益和农业以外的收益，前者包括修建公共育苗圃、畜牧场、共同防治病虫害、推广使用农机具等；后者包括鼓励发展农产品加工、手工业和经营贩卖组合。

在新村运动快速推进过程中，韩国实现了城乡经济协调发展和城乡居民收入的同步提高。1965～1969 年间，韩国城市居民年均收入增长 14.6%，而农户则为 3.5%；而 1970～1976 年间，城市居民户均年收入增长 4.6%，而农户则为 9.5%。韩国农民收入相当于城市居民收入的比例 1970 年为 75%，1980 年为 95.8%，1990 年为 97.4%，2000 年为 83.6%，2004 年为 94%，甚至出现有些年份农民家庭人均收入高于城市工薪家庭的情况。到 20 世纪 90 年代末期，韩国基本实现了农业产业化、农村工业化和农村城镇化，农村的生产生活条件与城市居民的生产生活条件已经相差无几，城乡发展已无太大差别，成功地促进了韩国农业的转型和农村的现代化。

上述各个国家推进区域经济协调发展的实例表明，生产要素的分布不均以及市场机制的局限性的存在，使得区域经济发展不平衡的现象成为世界各国在推进现代化的进程中所需要面临和解决的共性问题；从国家战略层面的高度去推进区域经济协调发展，是各国政府在处理区域发展问题上的共同选择。通过区域经济发展战略来缩小区域之间的发展差距，促进欠发达地区的跨越式发展，增强区域经济发展的协调性，必须以中央政府为主导，动员、发掘、运用国家力量优势来实现。

作为我国欠发达地区中的特殊区域，广大革命老区的经济社会发展长期滞后，不仅是国家重点长期帮扶的集中连片贫困地区，而且还是全面建成小康社会的"重中之重，难中之难"。面对日益扩大的地区发展差距，如何缩小革命老区与东部地区的发展差距，关键取决于选择何种发展战略。在革命老区设立若干经济社会协调发展试验区，以区域经济发展的理论为基础和指导，以欠发达地区为突破口，探索加快革命老区、欠发达地区等区域经济社会实现跨越式发展的新思路、新机制和新模式，补齐、加长我国区域经济发展中的短板，是当前我国在处理区域发展问题上的迫切要求，也是包括大别山革命老区在内的广大欠发达地区的共同期待。

第二章

区域经济相关理论概述

区域经济的发展需要政府的区域经济发展战略的引导、调控与管理，也需要科学的理论指导。由于不同的区域经济理论，对于区域内资源配置的重点和布局主张不同，以及对资源配置方式选择不同，因而对不同的区域具有不同的适用性。经过几十年的发展，区域经济理论已成为一个具有多个流派、由多种观点组成的理论体系，在指导世界各国的区域经济发展进程中起到了重要的推动作用。当前，在我国统筹和促进区域经济协调发展的现阶段，在研究区域经济发展理论的基础上，重新审视我国的区域经济发展战略，制定有利于促进区域经济协调的战略措施，无疑具有重大的历史意义与现实价值。

第一节　增长极理论

一、增长极理论概述

增长极（growth pole）理论首先由法国经济学家朗索瓦·佩鲁（F. Perrous）于1950年提出，当时这个概念是建立在抽象的经济空间上。他认为经济空间是不平衡的，其发展中存在着极化作用，即经济空间中会存在一些中心（或极），这些中心（或极）

的作用就类似于磁铁的磁极。这些中心（或极）在对外部因素起吸引作用时，还在相互之间起到吸引和排斥作用并产生向心力和离心力，这些向心力与离心力相互会形成一定范围的"场"，"场"的中心就被佩鲁定义为增长极。佩鲁认为空间发展如同部门发展一样，增长不是同时出现在所有地方，它以不同强度首先出现在一些增长点或增长极上，然后通过不同的渠道向外扩散，并对整个经济产生不同的最终影响。然而佩鲁的"增长极"主要基于纯粹的"经济空间"，忽视了对地理空间的研究。

1957 年，法国地理学家 J. 布德维尔（J. Boudeville）和其他许多学者一起将"极"的概念引入地理空间，提出了区域增长极的概念。他们把区域增长极定义为配置在城市地区并引导其影响范围内经济活动进一步发展的一组扩张性产业。布德维尔把增长极同极化空间、城镇联系起来，就使增长极有了确定的地理位置，即增长极的"极"，位于城镇或其附近的中心区域。这样，增长极包含了两个明确的内涵：一是作为经济空间上的某种"推动型"工业；二是作为地理空间上的产生集聚的城镇，即增长中心。增长极便具有"推动"与"空间集聚"意义上的增长的意思。经济发展并非均匀地发生在地理空间上，而是以不同强度呈点状分布，并以各种途径对整个经济区域产生不同影响。区域在发展初期，投资应当集中于这种增长中心，使增长由中心向周围地区传播；如果一个欠发达的国家或地区缺少增长极，就应该建立一系列推进型产业，使之聚集成为增长极，推动经济增长。

自从佩鲁提出增长极的概念后，模糊不清的"增长极"概念，一下子便具有魔术般的吸引力，引起各方面的广泛关注。从 20 世纪 60 年代起，增长极、增长点、增长中心、发展中心、生长点等概念和核心—边缘理论、发展中心理论等不断地出现在众多的描述性研究和规划研究的文献中，增长极理论的内涵已发展得较为丰富。而后来的学者对增长极理论的发展和丰富基本上都是以布德维尔的定义为基础。人们对增长极的研究也就沿着部门增长极（推动型产业）和空间增长中心（集聚空间）两条主线展开。

二、区域增长极的作用与效应

1. 区域增长极的作用

经济增长极作为一个区域的经济发展的新的经济力量，其自身不仅形成强大的规模经济，而且对其他经济也产生着多种效应。增长极具有两种作用，即极化和扩散作用。从理论上讲，两者是相辅相成的，前者主要表现为生产要素向极点的积聚，后者主要表现为极点生产要素向外围的转移，二者都可以从不同的方面带动整个地区经济的发展。

（1）极化作用。由于极化作用，增长极可能对周围区域的发展产生负面影响。由于增长极推动型产业的发展具有相对利益，对周边区域产生了吸引力和向心力，使周围区域的劳动力、资金、技术等要素转移到增长极地区，剥夺了周围区域的发展机会，使两者的经济发展差距扩大。这种负效果被称为极化效果。瑞典经济学家缪尔达尔（Myrdal）在研究极化发展理论时也把这一过程称为"回流效应"。他认为，增长中心无论最初扩展的原因是什么，其内部经济和外部经济的累积增长都会加强这个中心在区域中的地位。这一过程是通过资本、货物和服务等的流动得以实现的。

一般认为，规模经济效应和聚集经济效应是增长极产生极化作用的主要原因。所谓规模经济，是指随着生产规模的扩大而导致单位产品成本的降低和收益的增加。由于推动型产业的快速增长，其生产规模不断扩大，规模经济效应导致生产成本逐渐下降，从而使产品价格下降，进而诱导相关产业进一步得到扩张，并且向增长极地区集中，增强了该地区的竞争能力。

所谓聚集经济效应，是指生产部门在同一地点的聚集所产生的经济效益。不论是相同生产部门还是不同类型的生产部门在同一地点的聚集，都能产生这样的经济效益。这主要是因为生产的聚集，能引起人口的增长，促进服务行业的发展；能引发科技人才和科技信息的汇集，促进区域产业创新；能方便各行业、各部门共同使用公共建筑和公共服务设施；能便利专业化协作和联合化生产，促进社会就业和社区建设。

（2）扩散作用。由于扩散作用，增长极又可能对周围区域的发展产生积极的影响。扩散作用是由于增长极地区的快速发展，通过产品、资本、技术、人才、信息等的流动，对周边区域的发展发挥了促进和带动作用，使之拥有更多的就业机会，并增加了周边地区的农业产出（因为增长极主要是城镇，其周边主要是农村），提高了那里的边际劳动生产率和消费水平，推动了那里的技术进步。赫希曼在研究均衡发展理论时，把这一过程又称为"涓滴效应"，也有人形象地把这一效果称为"波及效果"。

扩散作用是与极化作用同时存在但作用方向相反的另一种地域变化过程。它的表现是经济要素从增长极地区向周边扩散、展延，从而带动整个区域经济的发展。扩散作用的发生，主要是由于增长极地区的带动作用和经济"外溢"，此外，政府为充分发挥增长极在促进整个区域发展中的作用，也常会采取政策措施促进扩散作用的发生。

增长中心对周边地区的带动、促进作用至少基于以下三方面原因。第一，增长中心的发展，必须从逐步扩大的地域范围内和其周边地区取得日益增多的农副产品、矿产品及各种初级原材料的供应，因而带动、促进了整个区域农业和初级加工工业的发展。增长中心还要利用甚至依赖周边广大地域的市场。第二，增长中心先进的技术装备、科学技术和经营管理经验，也不可避免地会影响到周边地区，带动整个区域的社会经济进步和科学技术水平的提高。第三，极化中心为满足自身需要并提高经济效益，势必将一些创新活动和一些加工过程中失重大的初级加工工业、原料易腐烂变质或者加工后产品不宜长距离运送的加工工业放在周边地区，因而使增长极周边地区的一些工业生产也得到了发展。

随着增长中心社会经济的发展，原来对增长中心产生过重要作用的一些产业，如劳动密集型工业、自然资源密集型工业、某些污染严重的工业、仓储业等将逐步向外围转移，这是增长中心经济"外溢"的主要表现形式。增长中心的产业外移带动和扶持了周边地区的经济发展。此外，增长中心居民的外出旅游也是经济"外溢"的一种表现形式，周边区域可以通过发展多种类型的旅游业促进其他经济部门的发展。

政府为了缩小地区间发展差距，更为了通过增长极带动整个区域发展，可以通过税收、地价、投资优惠、工业区位等政策、法规对极化过程进行干预，以强化扩散过程，缩小增长中心与周围地区经济发展水平的差距。

（3）极化和扩散的共同作用。增长极的极化作用和扩散作用方向相反，但作用力的大小不相等。极化作用使区域经济向增长中心移动，将扩大增长中心与周围地区经济发展水平的差距。扩散作用则起到离心力的作用，会使增长极地区的信息、资金、产品、人口向周围地区转移，影响和带动周围地区经济的发展，缩小增长中心地区与外围地区经济发展水平的差距。极化效应和扩散效应往往同时存在，它们都随距离增长极的远近而变化，距离越近，这两种效应就越强；反过来，则极化和扩散效应就越弱。对一个特定的地区来说，如果极化效应大于扩散效应，那么就不利于增长极腹地的发展；反之，则有利于增长极腹地的发展。从两者的作用力大小来看，极化作用的强度一般比扩散作用的强度更大。因为增长极的出现，本身就意味着增长在地区之间的不均等。

极化作用的形式多种多样。从极化波及和影响的范围来看，可以是全国性的，也可以只是地方性的。例如，深圳特区和上海浦东在中国都具有全国性增长极的意义，但中西部地区许多的中小城市往往只具有区域性或地方性增长极的意义。从增长极的数量和分布来看，一个区域可能只有一个极化中心，为单极吸引方式；也可以出现多个极化中心，形成多极吸引方式。

扩散作用的形式也很多。从扩散影响的范围来看，可以分为全国性的扩散和地方性的扩散，例如香港可以称之为影响全国的一个扩散中心。从区域扩散中心的数量来看，在一个区域中，可能只有一个扩散中心，为单核辐射方式；也可以有几个扩散中心，存在多极扩散，形成多极辐射方式。从扩散作用的地域空间形态来看，对应于极化方式，同样有核心辐射扩散、等级扩散、波状圈层扩散和跳跃式扩散方式等，与极化方式相类似，在一个区域内可能同时存在着多种扩散方式。

2. 区域增长极的效应

区域增长极在实际应用中往往会产生非常明显的效应，主要有：

（1）支配效应。"一个单位对另一个单位施加的不可逆转或部分不可逆转的影响"就是"支配效应"。即对周围的区域产生"支配"的作用，也是吸引和扩散的作用。主要有：技术的创新与扩散作用；资本的集中与输出作用；获取巨大规模经济效益的作用；产生"凝聚经济效果"的作用。在现实经济发展中，经济单位之间由于相互间的不均衡影响而产生一种不对称关系，一些经济单位处于支配地位，而另一些经济单位则处于被支配地位。一般来说，增长极中的推动性单位都具有不同程度的支配效应，都能通过与其他经济单位间的商品供求关系以及生产要素的相互流动对这些经济单位产生支配影响。

（2）吸引效应。"增长极"的吸引效应主要表现为资金、技术、人才等生产要素向极点聚集。在发展的初级阶段，吸引效应是主要的，当增长极发展到一定程度后，吸引效应削弱。

（3）乘数效应。佩鲁强调，增长极的选择应该考虑产业间的投入产出链。增长极要能够与其他产业形成尽可能多的垂直联系和水平联系，这种联系包括前向联系、后向联系和侧向联系。生产规模不等、技术水平不等、生产阶段不同的一大批产业部门就形成了经济联系的通道，没有中间部门形成的联系通道，也不可能产生乘数效应。产业间的这种投入产出链能够使推进型产业把自身的增长效应通过里昂惕夫投入—产出链传递给其他部门或产业，带动一大批产业的发展。这种由推进型产业的单位投入而引发的经济系统的产出的成倍增长，就是外部经济的乘数效应。乘数效应可有效地改变一个区域工业基础差、经济存量少的状况。

（4）极化效应。是指迅速增长的推动性产业吸引和拉动其他经济活动，不断趋向增长极的过程。在这一过程中，首先出现经济活动和经济要素的极化，然后形成地理上的极化，从而获得各种集聚经济，即规模经济。规模经济反过来又进一步增强增长极的极化效应，从而加速其增长速度和扩大其吸引范围。

（5）扩散效应。是指增长极的推动力通过一系列联动机制不断向周围发散的过程，扩散效应主要表现为生产要素向外围转移，增长极发展到一定程度后，吸引效应削弱，扩散效应加强。扩散作用的结果是以收入增加的形式对周围地区产生较大的乘数作用，是增长极对周围地区产生的正效果，赫希曼称之为"涓滴效应"，而负效果是极化作用，缪尔达尔在研究极化发展理论时把这一过程称为"回流效应"。扩散作用是由于核心地区的快速发展，通过产品、资本、技术、人才、信息的流动，对其他地区的促进、带动作用，提高其他地区的就业机会，增加农业产出，提高周围地区的边际劳动生产率和消费水平，推动周围地区的技术进步。

三、区域增长极的实际运用

增长极理论提出来以后，很快从一个经济概念上升到一种发展战略，并被许多国家运用于区域发展规划，不论在发达国家还是发展中国家都不乏成功的先例。法国、英国、意大利、巴西、印度等许多国家先后都曾以增长极理论作为地区发展规划的指导。

法国政府 1960 年颁布空间发展计划，并成立国土整治与区域开发机构，选定八大城市为"中型发展极"，抑制巴黎中央地区的过度膨胀，通过优惠政策促进法国落后地区的经济发展。日本政府 1962 年以来多次制定全国综合开发计划，把日本划分为七大经济区，便于统一规划和分类指导各地区经济的发展。巴西的中西部和北部是经济落后地区。1960 年巴西将首都从里约热内卢迁到巴西利亚，以此带动中部的经济发展；并在北部设置马瑙斯自由贸易区，成立亚马孙经济开发计划管理局、东北部开发局、东北银行和东北教育基金，从而使整个亚马孙流域的经济状况大为改善。

根据增长极理论，在资源稀缺条件下，一个经济相对落后的区域应该首先把有限的资源用于发展那些有比较优势的地区，在这些地区建立若干个经济增长极，从而形成一股强大的推动力量，促进这些地区的快速发展。因此，我国要促进中西部地区或欠发达地区发展，依然要坚持非均衡发展思路，把构建经济增长极作为战略重点，通过培育重点区域增长极拉动整个区域经济发展，以逐步缩小地区之间的差距，最终实现区域间的协调发展。

四、我国现行的区域经济增长极

不仅法国、英国、意大利、巴西、印度等许多国家先后曾以增长极理论作为地区发展规划的指导，中国在 20 世纪 80 年代的区域开发规划中也尝试引入增长极理论，作为一种有效的政策工具加以应用。

自改革开放以来，我国已形成了以长江三角洲、珠江三角洲、环渤海地区和京津唐地区为代表的区域增长极。它们的形成不仅为加速我国国民经济的发展做出了重要贡献，而且为我国东北老工业基地的振兴和西部大开发提供了宝贵的经验，为"东西互动"奠定了重要的基础。现以我国两大区域经济增长极为例作简要介绍。

1. 长江三角洲增长极

作为我国经济最发达、最具发展潜力的区域和最重要的产业与区域增长极，长三角地区在全国和全球产业发展与分工体系中具有重要地位。2012 年，长三角地区的两省一市（浙江省、江苏省、上海市）共完成国内生产总值 108765.89 亿元人民币，比上年增长 9.3%，高于全国经济增长率 1.5 个百分点，占全国经济总量的比重为 20.9%。长三角地区已经成为全球重要的工业和贸易区域，外引、内联两个市场非常活跃。长三角地区经济发展呈现出"产业成链、企业成群"的特征，已形成钢铁、纺织、石化等有一定规模的产业集群，这些产业集群内产业形成了较为完整的产业链。长三角经济与物流相互发展、相互促进的良好态势，使长三角地区成为我国最为重要的物流区域之一，在两省一市主管牵头部门的共同努力下，长三角地区现代物流联动发展的环境不断优化，第三方物流服务水平日益提高，物流业与制造业融合发展日趋紧密，物流网络与物流通道逐步完善。

长江三角洲增长极的形成，是由"点"到"线"到"圈"再到"面"的过程。城市带是支撑城市圈进而推动城市群发展的最基础的城市化形态，也是长三角增长极形成的基础。在嘉兴，城市带的发展迹象很明显，已初步确立了"网络城市"的发展模式，以高速公路和计算机信息网等现代交通、通信为纽带，连接各县（市），形成多中心、多节点发展的方向。通过产业龙头企业的带动，嘉兴市先后涌现出了皮革、木业、服装、化纤、丝织、光机电、小家电、电声电子等具有鲜明地方特色和较大竞争优势的纵横交错的产业链条。嘉兴市地处沪、苏、杭等边三角形的中心，辖2区3市2县。2012年，嘉兴市所辖五县市全部进入全国综合实力百强县前50名。经济强势、产业集聚带动了人口集聚，使整个城市带的发展呈现一种欣欣向荣的态势。多个城市带通过资本、资源、科学技术、信息等各种要素在中等城市间的合理而自由的流动，经济内部合理的分工，协调发展，同时借由集聚和带动效应，使合作和竞争的范围不断扩大，逐渐形成了多个圈型的大产业区，即所谓的"圈"。南京城市圈、环杭州湾、苏锡常等多个城市圈就是这样一步一步发展来的。这些城市圈之间通过区际贸易和经济往来，促进了具有内在经济联系的众多大中型城市的经济整合，使经济圈内的各城市之间能够优势互补、资源共享。随着城市圈的不断融合扩大，逐步向核心大城市——上海靠拢，在发展各自经济的同时，担负起卫星城的功能，减轻上海向成为国际经济、金融、贸易中心发展的压力和其他的一些负面影响。这样，随着"面"的不断扩大，整个三角洲的物流、人才流、资讯流，都与上海进行相应的对接，完成了从支柱产业到区域性产业群体和形成相应的城市群的培育，构筑起了由"点"到"面"的城市群。

2. 珠江三角洲增长极

珠江三角洲增长极的形成与长江三角洲增长极的形成，既有相同的规律又各具特色。珠江三角洲增长极以广州、深圳、珠海为三足鼎立，北部以广州为中心的大都会区，是第二、第三产业的密集区；东南部以香港、深圳为中心的大都会区具有外贸、金融、国际运输的优势；西南部以澳门、珠海为中心的大都会区，港口工业、商贸业、旅游业有较快发展。珠江三角洲各城市既形成具有自身特色的产业优势和核心竞争力，又避免基础设施建设重复等弊病。工业化进程整体推进，基础设施建设正在加速网络化、一体化，以广州、深圳两大中心城市为龙头，等级优化、功能互补、布局合理、各具特色的现代化城市群体正在迅速崛起。从增长极的形成区位来讲，香港是在具有有利地理位置这一绝对比较优势的条件下，由于特定历史事件（从1842年起，英国殖民主义强行租借新界并要清政府割让香港，然后宣布在香港实行自由港政策）使香港从转口贸易这一主导行业开始，逐步从一个有生命力的初始增长极发展成为一个世界性的金融中心和转口贸易中心。广州和世界上一些处于河口海岸这一有利地理位置而发展起来的著名城市（如纽约、伦敦、巴黎、汉堡、鹿特丹）一样，它地处珠江三角洲北缘，远古时期本是珠江入海口，三江总汇，腹地宽广，逐渐从一个贸易大港发展成为中国南部著名的经济中心。因此，有利的地理区位这一绝对比较优势对增长极的形成和规模增长起着重要的作用。

五、区域经济增长极应用反思

实践表明，在区域规划中应用增长极理论时需要特别注意如下几点：

一是要正确认识增长极与城镇的关系，不能把增长极简单地与城镇等同起来。增长极一般要依托城市，或在城市附近建立，但并不是所有的城镇都是增长极。增长极是指具有推动型工业的产业聚集点，它能在一定的地域范围内发挥经济集聚与扩散的作用，同地方经济融合为一体。只有拥有推动型工业的城镇才可能成为区域的增长极。

二是要正确规划增长极的类型与规模，要根据当地的资源、对外经济联系条件和社会经济基础，以及市场的变动趋势，选择适合的推动型工业及其发展规模。

三是要选择适宜的地点培育增长极。在落后地区的规划中，增长极经常不在原有相当规模的城镇建成区中，而是在原有城镇的附近或边缘，甚至在不发达的较低层次的发展轴线上。这样既可以使增长极有充分的发展余地，又能使一定区域获得增长极带来的社会经济效益。

四是要充分发挥增长极的功能。增长极最主要的功能是区域产业中心、创新中心、社会交往和信息集聚中心以及服务中心。因此，增长极建设不仅要大力培育推动型工业，也要大力发展满足区域发展多种社会职能的服务设施。

第二节　梯度转移理论

一、梯度转移理论概述

梯度转移理论源于弗农提出的工业生产的产品生命周期理论。产品生命周期理论认为，工业各部门及各种工业产品，都处于生命周期的不同发展阶段，即经历创新、发展、成熟、衰退等四个阶段。此后威尔斯和赫希哲等对该理论进行了验证，并做了充实和发展。区域经济学家将这一理论引入到区域经济学中，便产生了区域经济发展梯度转移理论。

梯度转移理论认为，区域经济的发展取决于其产业结构的状况，而产业结构的状况又取决于地区经济部门，特别是其主导产业在工业生命周期中所处的阶段。如果其主导产业部门由处于创新阶段的专业部门所构成，则说明该区域具有发展潜力，列入高梯度区域。该理论认为，每一区域都处在一定的经济发展梯度上，所在梯度位置，不是由地理位置，而由它的经济发展水平特别是创新能力来决定的。有梯度就有空间推移，经济发展中的创新活动，包括新产业部门、新技术、新的生产管理与组织方法等大都发源于高梯度地区，然后逐步按顺序向处于二级梯度、三级梯度的地区推移。该理论将创新作为决定区域经济发展层次的决定因素，而创新活动大多集中在经济最发达地区的大城市。随着时间的推移以及生命周期阶段的变化，生产活动逐渐从高梯度地区向低梯度地区转移，这种梯度转移的过程主要是通过城镇体系逐步拓展实现的。

与梯度转移理论相类似的是日本学者小岛清提出的雁行模式，他将日本、"亚洲四小龙"、东盟、中国等国家和地区列为不同的发展梯度，并冠之以第一、二、三、四批大雁等。雁行形态论在生产按比较优势在国家间转移这一问题上，与弗农的产品生命周期学说有相似之处。

梯度转移理论主张发达地区应首先加快发展，然后通过产业和要素向较发达地区和欠发达地区转移，以带动整体经济的发展。梯度转移理论也有一定的局限性，主要是难以科学划分梯度，实践中容易扩大地区间的发展差距。该理论忽视了高梯度地区有落后地区，落后地区也有相对发达地区的事实，人为限定按梯度推进，这样做的结果就是，有可能把不同梯度地区发展的位置凝固化了，把差距进一步拉大了，使发达的地方更发达，落后的地方更落后。

二、梯度转移理论的意义

梯度转移理论把经济效率放在区域发展和生产力布局的首位，强调效率优先，兼顾公平。该理论在制定地区发展战略时具有重要意义，应用范围较广。

第一，梯度转移理论符合经济发展的一般规律，有利于提高经济发展效率。梯度转移理论从客观实际出发，以不平衡发展规律为基础，承认区域间不平衡的现实，认为条件好的地方应该较快地发展起来，并通过产业和要素实现从高梯度到低梯度的转移，带动条件差的地方发展。

第二，梯度转移理论有较强的适应性。无论是发达地区还是欠发达地区，经济发展条件和经济发展水平都具有一定的差异性，特别是欠发达地区，经济发展水平和条件往往呈现出梯度性，按梯度推进依次发展能取得较好效果。

第三，在实践中梯度转移理论取得了较好的效果。在该理论的指导下，我国制定了"七五""八五"计划，实行沿海地区率先开放战略，鼓励部分地区率先富起来，并通过先富带后富，最后达到共同富裕。由于该战略的成功实施，我国经济保持了20多年连续高速增长，被认为是世界经济发展史上的奇迹。"九五"以来，特别是"十五"期间，国家重视中西部地区发展，实施西部大开发战略。这实际上也是梯度转移理论的延伸应用。

三、梯度转移理论在我国的发展与实施

梯度转移理论，实质上是一种非均衡发展理论。1978 年以来，在我国的思想空前活跃的理论界，特别是政府决策者，在总结以往区域经济发展的经验和教训的基础上，反思了以往片面强调均衡发展、忽视经济效率的得失，开始把效益原则和效率目标放在区域经济布局和实施区域发展政策的优先地位。有关专家把国际盛行的梯度转移理论引入到我国生产力布局和区域经济研究中，从而在实践活动中产生了实质性的影响。我国幅员辽阔，各地生产力发展水平、经济技术水平和社会发展基础差异较大，总体上可以划分为东、中、西三大经济地带。这些地区间客观上也存在着经济技术梯度，既然有梯度，就有空间转移的顺序。根据市场经济规律，经济技术优势往往是由高梯度地区向低梯度地区流动的。因此，国家开始实施沿海地区优先开放战略，让有条件的高梯度地区即沿海地区引进和掌握先进技术，率先发展一步，然后逐步向处于二级、三级、四级梯度的地区推移，以期随着经济的发展、推移速度的加快，逐步达到缩小地区差距、实现经济布局和发展相对均衡的目的。

第三节　后发优势理论

一、后发优势理论的提出

美国经济史学家亚历山大·格申克龙（Alexander Gerchenkron）在总结德国、意大利等国经济追赶成功经验的基础上，于 1962 年创立了后发优势理论。所谓"后发优势"，也常常被称作"落后得益"、"落后的优势"、"落后的有利性"等。格申克龙对 19 世纪德国、意大利、俄国等欧洲较为落后国家的工业化过程进行了分析，并指出："一个工业化时期经济相对落后的国家，其工业化进程和特征在许多方面表现出与先进国家（如美国）显著不同。"他把这些差异归纳为八个对比类型：（1）本地型或者引进型；（2）被迫型或者自主型；（3）生产资料中心型或者消费资料中心型；（4）通货膨胀型或者通货稳定型；（5）数量变化型或者结构变化型；（6）连续型或者非连续型；（7）农业发展型或者农业停止型；（8）经济动机型或者政治动机型。在这八个对比类型中，每一项对比类型相互之间的组合形态都是由各国的落后程度来决定的。

通过对各个组合形态的研究，格申克龙得出了六个重要命题：（1）一个国家的经

济越落后，其工业化的起步就越缺乏联系性，而呈现出一种由制造业的高速成长所致的突然的大突进进程；（2）一个国家的经济越落后，在其工业化进程中对大工厂和大企业的强调越明显；（3）一个国家的经济越落后，就越强调生产资料而非消费资料的生产；（4）一个国家的经济越落后，人们消费水平受到的压力就越沉重；（5）一个国家的经济越落后，其工业化所需资本的动员和筹措就越带有集权化和强制性特征；（6）一个国家的经济越落后，其工业化中农业就越不能对工业提供市场支持，农业越受到抑制，经济发展就越相对缓慢。

二、后发优势理论的层次含义

具体来说，格申克龙的所谓后发优势理论包含以下几个层次的含义：

第一个层次的含义，即所谓"替代性"的广泛存在。格申克龙强调指出，由于缺乏某些工业化的前提条件，后起国家可以也只能创造性地寻求相应的替代物，以达到相同的或相近的工业化结果。替代性的意义不仅在于资源条件上的可选择性和时间上的节约，更重要的在于使后起国家能够根据自身的实际，选择有别于先进国家的不同发展道路和不同发展模式。格申克龙关于替代性理论的提出，是以欧洲有关国家在形成工业化大突进时所需要的资本积累模式的经验为例证的。他将18世纪以来欧洲各国分为先进地区、中等落后地区和极端落后地区三类，强调了存在着多种途径达到同一种效果或者是从事相类似活动的可能性。因此，所谓替代性，实质上指的就是这样一种取得同样结果的手段或是器具的替代性。在制度安排上的多样性和可选择性，对先进技术的模仿和借用，使后发国家一开始就可以处在一个较高的起点，少走很多弯路。

第二个层次的含义是指后起国家引进先进国家的技术、设备和资金。格申克龙指出，引进技术是正在进入工业化国家获得高速发展的首要保障因素。后起国家引进先进国家的技术和设备可以节约科研费用和时间，快速培养本国人才，在一个较高的起点上推进工业化进程；资金的引进也可解决后起国家工业化中资本严重短缺的问题。

第三个层次的含义是指学习和借鉴先进国家的成功经验，吸取其失败的教训。在这方面，后发优势主要表现为后起国家在形成乃至设计工业化模式上的可选择性、多样性和创造性。后发国家可以借鉴先进国家的经验教训，避免或少走弯路，采取优化的赶超战略，从而有可能缩短初级工业化时间，较快进入较高的工业化阶段。

第四个层次的含义是指相对落后会造成社会的紧张状态。格申克龙指出，在一个相对落后的国家，会产生经济发展的承诺和停滞的现实之间的紧张状态，激起国民要求工业化的强烈愿望，以致形成一种社会压力。这种压力，一方面源于后起国家自身经济的相对落后性及对维护和增进本国利益的考虑；另一方面也是先进国家的经验刺激和歧视的结果。"落后就要挨打"，这在人类世界似乎永远要作为普遍法则而运行。

因此，落后国家普遍提出要迅速实现工业化的要求。

三、后发优势理论的发展

1. 国外的理论研究

美国社会学家 M. 列维从现代化的角度将后发优势理论具体化。列维认为后发优势有五点内容：（1）后发国家对现代化的认识要比先发国家在自己开始现代化时对现代化认识丰富得多。（2）后发国家可以大量采用和借鉴先发国家成熟的计划、技术、设备以及与其相适应的组织结构。（3）后发国家可以跳越先发国家的一些必经发展阶段，特别是在技术方面。（4）由于先发国家的发展水平已达到较高阶段，可使后发国家对自己的现代化前景有一定的预测。（5）先发国家可以在资本和技术上对后发国家提供帮助。列维尤其提到资本积累问题，认为先发式现代化过程是一个逐步进化的过程，因而对资本的需求也是逐步增强的。后发式现代化因在很短的时间内迅速启动现代化，对资本的需求就会突然大量增加，因此，后发国家需要特殊的资本积累形式。实行这种资本积累，也必然要有政府的介入。

继列维之后，1989 年阿伯拉莫维茨（Abramoitz）又提出了"追赶假说"，即不论是以劳动生产率还是以单位资本收入衡量，一国经济发展的初始水平与其经济增长速度都是呈反向关系的。阿伯拉莫维茨同时指出，这一假说的关键在于把握"潜在"与"现实"的区别，因为这一假说是潜在的而不是现实的，只有在一定的限制下才能成立。第一个限制因素是技术差距，即后发国家与先发国家之间存在着技术水平的差距，它是经济追赶的重要外在因素，正因为存在技术差距才使经济追赶成为可能。即生产率水平的落后，使经济的高速发展成为可能。第二个限制因素是社会能力，即通过教育等形成的不同的技术能力，以及具有不同质量的政治、商业、工业和财经制度，它是经济追赶的内在因素。因此，与其说是处于一般性的落后状态，不如说是处于技术落后但社会进步的状态，才使一个国家具有经济高速增长的强大潜力。

1993 年，伯利兹、保罗·克鲁格曼等（Brezis, Paul Krugman, et al.）在总结发展中国家成功发展经验的基础上提出了基于后发优势的技术发展的"蛙跳"（Leap - flogging）模型。它是指在技术发展到一定程度、本国已有一定的技术创新能力的前提下，后进国可以直接选择和采用某些处于技术生命周期成熟前阶段的技术，以高新技术为起点，在某些领域、某些产业实施技术赶超。1995 年，罗伯特·巴罗和萨拉易马丁（Robert J. Barro and Sala - I - Martin）假定一国进行技术模仿的成本是该国过去已经模仿的技术种类占现有技术总数量比例的增函数，也就是说，一国过去模仿的技术越多，其继续实行技术模仿的相对成本就越高。1996 年，范艾肯（R. Van Elkan）在开放经济条件下建立了技术转移模仿和创新的一般均衡模型，他强调，经济欠发达国家可以通过技术的模仿、引进或创新，最终实现技术和经济水平的赶超，转向技术的自我创新阶段。

格申克龙的后发优势理论，首次从理论高度展示了后发国家工业化存在着相对于先发国家而言取得更高时效的可能性，同时也强调了后发国家在工业化进程方面赶上乃至超过先发国家的可能性。列维则强调了现代化进程中，后发国家在认识、技术借鉴、预测等方面所具有的后发优势。阿伯拉莫维茨提出的"追赶假说"，伯利兹、克鲁格曼等提出的"蛙跳模型"（Leap-flogging），都指出后发国家具有技术性后发优势，并讨论了后发优势"潜在"与"现实"的问题。巴罗和萨拉易马丁以及范艾肯等人又从计量经济学的角度，验证了经济欠发达国家可以通过技术的模仿、引进或创新，最终实现技术和经济水平的赶超。后发优势理论的提出和发展研究，为后发地区的加速发展提供了理论依据和现实途径。

马克思主义经典作家们虽然没有专门论述后发优势问题，也没有使用后发优势的概念，但从他们的著作中，从不同的角度谈论了这一问题。马克思和恩格斯把一生都贡献给了他们所追求的共产主义事业，在他们看来，社会主义的成功相对于他们所批判的资本主义而言就是一种后发优势。马克思认为，共产主义是在吸收、继承发达资本主义国家所取得的一切文明成果基础上，社会物质文明和精神文明都达到高度均衡发展的社会。不发达国家不吸收资本主义的文明成果，是不可能过渡到社会主义的，也就难以跨越资本主义"卡夫丁峡谷"。列宁进一步发展了马克思和恩格斯的思想。他反复多次地强调要借鉴资本主义的宝贵经验，继承资本主义遗留下来的全部文化遗产，这些经验和遗产包括科学技术、知识和艺术、管理经验与各类人才。列宁认为，在俄国发动社会革命容易，但建设却比西欧发达国家困难得多，因为在俄国资本主义的发展明显不足，致使大工业生产力和商品经济发展程度低，广大群众的民主素质和科学文化素质不高，封建主义残余和影响较严重等。经典作家们的论述充分显示出他们对这一问题的敏锐观察。

19世纪欧洲的一般模式是，落后国家（德国、意大利等）的工业化往往比工业革命的先行者英国以更快的速度发展。这种"落后的优势"来自于落后国家直接采用当时最先进的技术，而不用承受一开始逐步发展这种技术的代价。落后国家工业化的鲜明特色是突变性和"不连续性"，与先进国家的工业部门之间的前后关联是逐渐自然形成的不同，在落后国家的工业化过程中，必须同时性地建立起各工业部门之间的前后关联。这种"不连续性"和建立产业前后关联的同时性，使得落后国家的政府在工业化中比工业革命先行国家的政府的作用要大。

2. 我国的理论研究

后发优势理论由西方学者提出以后，引起了广大发展中国家的浓厚兴趣，特别是中国作为最大的发展中国家，正在现代化的道路上奋起直追，希望尽快赶上甚至超过西方发达国家，在如此氛围之下，国内学术界对后发优势问题也作了广泛研究。罗荣渠认为，后发优势主要表现在如下几个方面：一是西方殖民主义的扩张，用强制方式打破传统社会自身无力克服的封闭性与停滞性，传播现代化因素，促使落后国家的现代化启动；二是可以借鉴先进国家的经验，避免走弯路，采取赶超战略实现跳跃式的前进，快速地进入较高的工业化阶段；三是借用先进国家的新技术与资本及各种有利条件，提高国际竞争力；四是后发国家联合对付先进国家的损人利己政策，以求得深入的发展。

除此之外，国内其他学者对后发优势的研究也得出了一些颇有见地的结论。我国学者结合我国实际，提出并阐述了"后发优势驱动假说"，指出后发地区通过引进、模仿、学习（包括技术和制度两方面），可获得后发利益（Late - developing Advantage），从而具有后发优势。由于其学习成本（Learning cost）大大低于创新成本，使后发优势（包括技术性后发优势和制度性后发优势）不小于先发优势。这种由后发利益而具有的后发优势是后发地区追赶式高速增长的主要动因。这些研究表明，我国学术界对后发优势已有一定的认识。

四、后发优势理论对我国经济发展的现实指导意义

上述理论分析表明，后发地区存在着通过有别于先发地区的方式或途径来达到与先发地区同样发展水平或状态的可能性，即后发地区也存在着因其相对落后所拥有的特殊利益。这种益处既不是先发地区所能拥有的，也不是后发地区通过自身努力创造的，而完全是与其经济的相对落后性共生的，这种特殊利益既有技术性的，也有制度性的。但是，这种后发优势是潜在的，不是现实的，只有通过自身努力、创造条件，才能使潜在变为现实。就我国的现状而言，东部地区属于先发地区，中西部地区则是后发地区。因此，中西部地区在实现经济增长、经济赶超过程中，要从实际出发、创造条件，通过引进、模仿、学习，充分发挥技术性和制度性的后发优势，从而实现地区经济高速增长。

1. 发挥技术性后发优势

技术性后发优势，表现为后发经济体的技术学习，从先发经济体引进各种先进技术，并经模仿、消化、吸收和创新所带来的利益和好处。首先，从技术研究与开发环节看，模仿创新能冷静观察率先创新者的创新活动，研究不同率先者的技术动向，向每个技术先驱学习，选择成功的率先创新进行模仿改进，避免大量技术探索中的失误，大大降低其技术开发活动的不确定性；其次，从产品的生产环节看，模仿创新能直接借助于从率先者处获得生产操作培训，聘请熟练工人来企业传授经验等方式迅速提高自身的生产技能，从而使生产成本随产量增加而下降的速度有可能快于率先创新；最后，从市场环节看，模仿创新节约了大量新市场开发的公益性投资，能够集中投资于

宣传推销自己的产品品牌，而且模仿创新产品由于入市晚，还有效地回避了新产品市场成长初期的不确定性和风险。

我国中西部后发地区与东部沿海地区相比，无论是在技术研究与开发环节还是生产环节、市场环节都存在着极大的差距，因此，通过技术模仿创新（将先发经济体已被应用于生产的新技术、科研新成果引入后发经济体的生产领域），形成复制效应，从而迅速促进本地区技术进步，大大缩短因研究与开发先进技术所花费的时间，并节约相应资源的投入。同时中西部后发地区可以缩短甚至跳跃式地缩短与先发地区的技术差距，以在更高点上发动和推进工业化。经过学习研究，中西部后发地区不仅可以较快地掌握先发经济体的先进技术，而且在消化吸收先进技术中有所创新，甚至可以迅速赶上、超过技术先进的竞争对手。

2. 发挥制度性后发优势

在经济增长的诸多要素中，制度因素起着相当重要的作用。道格拉斯·诺思指出，"制度提供了一种经济的刺激结构，随着该结构的演进，它规定了经济朝着增长、停滞或衰退变化的方向"。经济增长是技术、资本、制度等多种因素共同作用的结果。制度性后发优势就是后发地区向先发地区的制度学习，即效仿或移植各种先进制度并经本土化改造所产生的效率和益处。后发地区通过强制性和诱制性制度移植变迁所形成的后发优势，主要表现在三个方面：（1）成本优势，即后发地区直接模仿、吸收和采纳先发地区已经形成的有效的制度，与先发地区的制度创设变迁相比较，避免了因不断"试错"而支付的高额成本（政治成本和经济成本）所具有的优势；（2）时间优势，指与制度创设变迁往往要花费较长的时间相比，后发地区对有效制度的及时模仿、跟进和移植只需较短的时间而具有的优势；（3）经验优势，就是通过吸取先发经济体制度变迁的经验教训获得的后发利益。制度性后发优势使后发地区能提高资源配置的效率、改变激励机制、降低交易费用和风险，从而促进经济增长。

目前我国中西部后发地区应充分发挥模仿、吸收和采纳有效制度的成本优势、时间优势和经验优势，通过强制性和诱制性制度移植变迁，提高资源配置的效率、改变激励机制、降低交易费用和风险。具体而言，首先应通过制度移植变迁，大力发展非公有制经济，建立健全现代企业产权制度，充分发挥地区经济特色和当地资源优势；其次，中西部后发地区要通过向东部先发地区学习，解放思想，更新观念，树立现代市场意识，消除地方保护主义，扩大市场领域，建立、完善市场体系和机制，从而缩小同东部先发地区在制度和机制方面的发展差距；最后，通过政府干预，发挥政府第一推动力作用，实行区域经济政策倾斜，使中西部后发地区获得制度性后发利益，并使其地区经济能高速发展。

第四节　循环累积因果理论

一、循环累积因果理论概述

1957 年，瑞典经济学家缪尔达尔（Karl Gunnar Myrdal）在《经济发展与不发达地区》一书中首次提出循环累积因果理论（Cumulative Causation Model）（累积因果理论）。缪尔达尔利用"扩散效应"和"回流效应"阐述地理上的二元经济结构，指出了经济发达地区的优先发展对落后地区所具有的促进作用和消极影响。缪尔达尔指出，生产要素的区际流动具有两种效应：回流效应和扩散效应。"回流效应"是指劳动力、资本和技术等在生产要素回报率差异的引导下发生由落后地区向发达地区流动的现象。这种效应不仅会阻碍落后地区的发展，而且还会降低整个经济的增长速度。同时，缪尔达尔认为回流效应的作用不是无节制的，发达地区在发展到一定程度后，生产成本会明显上升，外部经济效应逐渐变小，从而使生产要素从发达地区流向落后地区，这就是"扩散效应"。但是，从总体上看，两种效应的作用是不均衡的，回流效应（即极化作用）的作用要大于"扩散效应"。在市场机制自发作用的情况下，会出现发达地区越来越富，贫困地区相对越来越穷的"马太效应"。要缩小地区差距，唯一可行的办法就是加强国家干预。

在缪尔达尔之后，尼古拉斯·卡尔多（Nicholas Kaldor）又对循环累积因果理论予以发展。卡尔多提出了效率工资概念，并用以解释循环累积效应的形成。卡尔多指出，各地区的效率工资，即货币工资与生产率的比值的大小，决定了各地区的经济增长趋势。效率工资低的地区，经济增长率高；效率工资高的地区，经济增长率低。从理论上来讲，一国之内各地区的效率工资应该相同。但在繁荣地区，由于经济聚集引致规模报酬递增，生产率较高，降低了效率工资，因而经济增长率高。经济增长率的提高，又提高了生产率，进而又降低了效率工资，反过来，又使经济增长率提高。如此循环累积，繁荣地区将更加繁荣，落后地区将更加落后。

美国发展经济学家赫希曼（A. O. Hirshman）在 1958 年进一步提出下渗效应或滴涓效应（trickling - down effect）的概念，认为经济发展初期，某些具有区位优势的中心地区，处于优先发展的地位，吸引周围地区的资金和劳动力流入，区域间的差异增大。但是"增长极"发展到一定阶段后，将向周围地区进行资本、知识、经验技术等方面的扩散，下渗效应或滴涓效应增大，区域间差异逐步缩小，趋于平衡。其他学者也对这一理论进行了评价，尽管褒贬不一，客观存在的区域经济发展非均衡的规律还是始终起作用的，只是对于不同的区域、不同的发展阶段其表现形式不同。由于生产要素的流动，高梯度区域往往是各种有利要素长期累积的结果，对于区域经济发展初期和工业化阶段尤其如此，而落后区域相反，是各种有利要素长期外流的结果。

二、循环累积因果理论的理论核心

我们可以将缪尔达尔的思想归纳为以下两点：

第一，事物的发展变化首先产生"初始变化"，然后产生"次级强化"，最后产生"上升或下降"，即进一步强化或减弱的结果，反过来又影响"初始变化"。因此，社会经济的变动是多因素综合作用的结果，经济发展不仅包括经济产出的增长，还包括政治、经济、文化、社会、制度等方面的变化。同样，影响经济发展的主要因素有产出与收入、生产条件、生活水平、工作和生活的态度、制度和政策等等。

第二，在动态的社会经济发展过程中，各种因素是相互影响、互为因果的，一个因素的变化，会引起另一个或另一些因素发生相应的变化，并产生次级变化，强化先前因素，使经济发展过程沿着原先的因素的发展方向发展，这是一种积累性的因果循环。在发展中国家，人均收入水平低，造成生活水平低，营养不良，卫生健康状况恶化，教育文化落后，人口质量下降，劳动力素质不高，就业困难；反过来，劳动力素质低，劳动生产率也低，产出停滞或下降，造成低产出和低收入，其结果是贫困进一步恶化。这样，发展中国家总是陷入低收入和贫困的积累性循环中难以自拔。缪尔达尔分析认为，收入水平低是发展中国家贫困的重要原因，而产生低收入的原因是多方面的，但起重大作用的因素是资本形成不足和收入分配的不平等。他提出的政策建议是，应当通过权力关系、土地关系以及教育体制方面的改革，逐步使收入趋于平等，增加贫困人口的消费。

循环累积因果原理是缪尔达尔经济理论的核心。这一原理被现代一些经济学家推崇为"新的社会经济分析方法的新的规范"，对制度经济学的发展具有重要意义。它体现了制度经济学的演进、整体的研究方法。这一原理也为制度学派提出的社会改革主张提供了理论依据。

三、对循环累积因果理论的评价

显然，缪尔达尔的思想否定了传统资产阶级经济理论中的自动稳定均衡的观念。缪尔达尔认为，在正常的情况下，社会发展过程中并不存在走向自动均衡的力量。社会过程中各种变动不可能朝某种均衡方向移动。相反，却从某种均衡状态逐渐偏离。例如，美国黑人问题中，白人对黑人的偏见和歧视，以及黑人物质文化生活低下，是引起黑人不能和白人享受同样待遇的两个主要因素。这两个因素又互为因果，白人的歧视使黑人生活低下，而黑人的贫困、文化修养差，又增加了白人对黑人的歧视。可见，这二者相互作用、相互加强。这两个因素不会处于一个稳定的均衡状态。其中任何一个因素的变动必然会引起另一因素的变动，另一因素的变动反过来又会引起最初变动因素加强的变动，而不是使另一种变动来抵消这种最初的变动。因此，事物的常态是动态变化的累积趋势，而不是像传统学说所说的那样，经济的变动总能由均衡到不均衡再恢复到均衡的变化过程。

缪尔达尔认为，循环累积因果原理适用于对整个社会关系的研究。根据这一原理，一个国家的政治、经济、文化等因素都相互依存、互为因果，因而可用以说明社会经济发展中的许多问题。例如，假定某一地区的大部分居民赖以为生的一个工厂被烧了，当然会使该工厂工人失业，收入和需求减少，于是，该地区其他企业的收入也会减少，从而又会引起一部分工人失业。这种累积过程的循环因果关系使这一地区越来越穷。由此，缪尔达尔认为，某一国家或某一地区的贸易条件变化，以及其他任何经济变量（如需求、生产能力、收入、投资等）的变化都会引起累积性的效果。市场上各种相关力量的作用，不但不会减少各地区间的不平衡，反而会扩大其不平衡。缪尔达尔认为，正是由于存在这种循环累积的因果关系，原来比较贫穷的国家和地区，或者说发展中国家和地区，难以产生累积上升的力量。这些国家和地区在发展过程中与经济发达的先进国家和地区之间的差距就越来越大，因此，传统的"利益调和"、"自由放任"、"自动均衡"及自由的国际贸易等理论和方针，都不适合于落后国家与地区的经济开发与发展。国际分工和自由贸易只会有利于富国，而会使穷国产生经济停滞及降低生活水平的向下累积过程趋势。这是因为，在自由的国际贸易中，富国把大规模生产的工业品大量输往穷国，会使穷国的工业衰退以至消失，工人不得不转业于农业，从而使穷国更穷。

缪尔达尔认为，穷国要摆脱落后贫困的局面首先必须立足国内，制订和实施一种能使社会经济向上发展的计划，抑制消费，加强投资，尤其是要加强交通、电力、教育及卫生等事业的公共投资，实行严格的经济管理，如保护关税，补贴出口，管制外汇，土地改革等，同时要争取经济发达国家的帮助，如设法使本国产品能出口到发达国家，稳定初级产品的国际市场价格，促进外国资本流向本国等。应当说，缪尔达尔的循环累积因果原理并不符合生产关系一定要适合生产力性质这一历史唯物主义原理，他没有看到社会生产关系的变革对解放生产力的巨大作用。然而，我们绝不能因此否认这一原理中所包含的某些合理成分。在促进欠发达地区发展的过程中，需要重视的是缪尔达尔运用这一原理对发展中国家和地区的社会经济发展所做的一系列分析以及所提出的一些建设性意见，包括他对发展中国家和地区的土地所有权的改革、教育、人口控制、公共行政、贪污等一系列问题的解决所提出的不少建议。这些分析和建议对发展中国家（包括我国在内）规划本国社会及经济发展是有参考价值的。缪尔达尔"循环累积因果关系理论"下中国的发展方式见图 2-1。

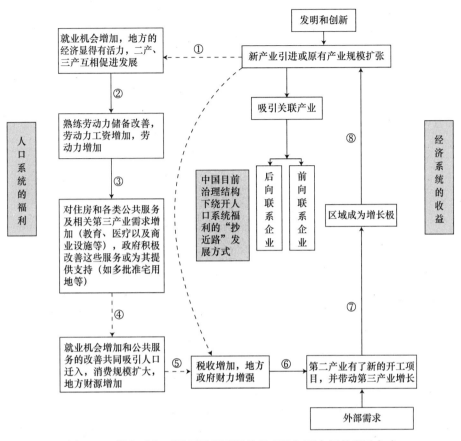

图 2-1　缪尔达尔"循环累积因果关系理论"下中国的发展方式

　　总之，对于发展中国家和地区来说，如何从本国本地区实际情况出发，兼顾历史、政治、经济、人口、教育等方面的相互关系来求得经济和社会的发展，缪尔达尔的意见不无借鉴意义。

第五节　贫困恶性循环理论

一、贫困恶性循环理论的提出

　　贫困恶性循环理论（Vicious Circle of Poverty）是美籍爱沙尼亚经济学家，哥伦比大学教授纳克斯（Nurkse）于 1953 年在其著作《不发达国家资本的形成》一书中提出的关于资本与经济发展关系的理论。纳克斯认为，"一国穷是因为它穷"（A country is poor because it is poor），即他认为发展中国家长期贫困的原因，并非国内资源不足，而是因为经济中存在若干互相联系、互相作用的"恶性循环系列"。

纳克斯认为，发展中国家（或地区）之所以贫困，主要不是因为这些国家（或地区）内部资源不足，而是因为这些国家（或地区）的经济中存在着若干个互相联系、互相作用的"恶性循环系列"，而在这个"恶性循环系列"中，主要是存在相对的资本缺乏，从而使促进区域发展的资本不足。

二、贫困恶性循环理论的主要内容

贫困恶性循环理论主要从供给和需求两个方面的循环来论述：

从供给方面来看，资本形成有一个恶性循环。发展中国家经济不发达，人均收入水平低，低收入意味着人们不得不把大部分收入用于生活消费，而很少用于储蓄，从而导致了储蓄水平低、储蓄能力低；低储蓄能力会造成资本形成不足，资本形成不足又会导致生产规模难以扩大，生产效率难以提高；低生产率造成低产出，低产出又造成低收入。周而复始，形成"低收入—低储蓄—低资本形成—低生产率—低产出—低收入"的恶性循环。见图 2 - 2。

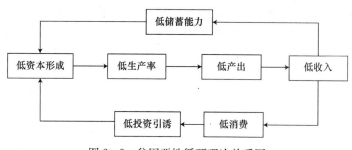

图 2 - 2　贫困恶性循环理论关系图

从需求方面来看，资本形成同样也形成一个恶性循环。发展中国家经济落后，人均收入水平低下，这就意味着较低的购买力和消费能力；低购买力导致引诱不足；投资引诱不足又会造成资本形成不足；资本形成不足又会使得生产规模难以扩大，生产率难以提高；低生产率又带来低产出和低收入水平。这样，形成"低收入—低消费—低投资引诱—低资本形成—低生产效率—低产出—低收入"恶性循环。见图 2 - 2。

将两个循环联系起来，可以看出：一方面，即使有了投资引诱，也缺少储蓄可以用来投资；另一方面，即使有了储蓄，也会因为投资引诱不足而难以消化储蓄。这两个恶性循环相互联系，很难打破，很难由向下的循环转变为向上的循环，因而发展中国家的长期困难是难以改变的。要打破恶性循环，必须采取平衡增长方式，增加储蓄的同时扩大投资，在许多行业同时进行大规模的投资，形成各行业之间的相互需求，扩大市场容量，以保证投资成功。

"贫困恶性循环"理论的核心，是要说明发展中国家（或地区）要加快经济发展，摆脱贫困，打破恶性循环，必须大规模地增加投资，增加居民储蓄，促进资本积累和形成。纳克斯的"贫困恶性循环"理论反映了发展中国家（或地区）贫困的重要特征，并初步探讨了产生贫困的根源和摆脱贫困的途径，但是，它的理论过分强调了储蓄和资本积累对经济发展的重要性，因而受到一些学者的批评。

三、贫困恶性循环理论对我国贫困地区发展的启示

贫困地区金融资源配置的扭曲从供给和需求两个方面使贫困地区陷入了贫困恶性循环中，形成了"金融资源配置扭曲－贫困－金融资源配置扭曲"的"恶性循环圈"。我国贫困地区金融资源配置扭曲表现在金融人才匮乏、金融机构服务缺位、金融资源配置的非市场和低效率状态等方面，打破贫困地区金融资源配置扭曲可以从以下方面着手：加大对贫困地区的扶贫力度，加快政府职能转变，制定各种金融优惠政策，完善金融市场体系，提高金融资源配置效率，建立良好的金融服务体系，大力开展金融生态环境建设，等等。

第六节 核心与边缘理论

一、核心与边缘理论概述

美国区域发展和区域规划专家 J. R. 弗里德曼（John Friedmann）受罗斯托阶段理论的影响，以中心地理体系与区域经济发展不平衡的思想为基础，于 1956 年在其专著《区域发展政策》（*Regional Development Policy*）中提出了一个具体的中心—外围理论，亦称核心—边缘模型。该理论认为，区域发展是通过一个不连续的，但又是逐步累积的创新过程实现的，而发展通常起源于区域内少数的"变革中心"，创新由这些中心向周边地区扩散，周边地区依附于"中心"而获得发展。弗里德曼的研究明确地把区域经济发展与经济发展阶段联系起来。他认为任何区域的空间系统都可以看作是中心和外围两个空间子系统组成。在区域经济的增长过程中，空间子系统的边界将发生变化，使空间关系重新进行组合。这种过程将按照一定的秩序进行，直到实现全国经济的完全一体化。

这一理论把社会变迁理论和空间理论联系起来，把文化、政治过程与经济发展综合起来作为整体的社会系统进行研究。该理论探讨的空间系统取决于其内部的联系方

式，只要存在一个支配外围地区重大决策的核心区，二者就组成一个空间系统。因此，空间系统可以有多个级别和水平，如全球级、洲级、国家级、省级等等。区域的核心区和边缘区构成了一个以权威性和依附性关系为标志的空间体系。

在弗里德曼看来，经济发展是一个不连续但是逐渐累积的创新过程。这里的创新不仅包括技术创新，还包括组织形式等方面的制度创新。发展通常源于区域内的少数"变革中心"，并由这些中心自上而下、由内及外地向创新潜能较低的周边地区扩散。创新变革中心就是中心区，而组成特定空间系统的其他地区则属于外围区。中心区处于支配地位而外围区则处于依附地位。中心区通过支配效应、信息效应、心理效应、现代化效应、链锁效应和生产效应等六种反馈机制来巩固和强化自身的支配地位。

弗里德曼认为，由于资源、市场、技术和环境等导致的区域分布差异是客观存在的，这决定了任何国家的区域系统都是由核心和边缘两个子空间系统组成的：当某些区域的空间聚集形成累积发展之势时，就会获得经济竞争优势，形成区域经济体系的中心（发达地区）；没有获得竞争优势的地区就会处于外围（落后地区），由于外围地区依附中心地区，缺乏经济自主，从而形成了空间二元结构，并随着时间的推移而不断强化。但是，政府的作用和区际人口的流动会影响要素的流向，并且随着市场的扩大、交通条件的改善和城市化的加快，中心与边缘的界限会逐步消失，从而推动空间经济的一体化发展。但是，弗里德曼也认为，区域发展过程是不平衡的，核心区的经济增长会扩大它与边缘区的经济发展差距。

二、核心与边缘理论的区域划分

1. 核心区域

弗里德曼所指的核心区域一般是指城市或城市集聚区，这些地区工业发达，技术水平较高，资本集中，人口密集，经济增长速度快。

空间系统发展过程中，核心区的作用主要表现在以下几个方面：（1）核心区通过供给系统、市场系统、行政系统等途径来组织自己的外围依附区。（2）核心区系统地向其所支配的外围区传播创新成果。（3）核心区增长的自我强化特征有助于相关空间系统的发展壮大。（4）随着空间系统内部和相互之间信息交流的增加，创新将超越特定空间系统的承受范围，核心区不断扩展，外围区力量逐渐增强，导致新的核心区在外围区出现，引起核心区等级水平的降低。

弗里德曼曾预言，核心区扩展的极限可最终达到全人类居住范围内只有一个核心区为止。

2. 边缘区域

边缘区域是国内经济较为落后的区域。它又可分为两类：过渡区域和资源前沿区域，过渡区域又可以分为两类：

（1）上过渡区域。这是联结两个或多个核心区域的开发走廊，一般是处在核心区域外围，与核心区域之间已建立一定程度的经济联系，经济发展呈上升趋势，就业机会增加，具有资源集约利用和经济持续增长等特征。该区域有新城市、附属的或次级中心形成的可能。

（2）下过渡区域，其社会经济特征处于停滞或衰落的向下发展状态。其衰落向下发展的原因，可能是由于初级资源的消耗，产业部门的老化，以及缺乏某些成长机制的传递，放弃原有的工业部门，与核心区域的联系不紧密等。

三、核心区与边缘区在空间结构中的发展阶段

核心边缘理论的核心是强调区域经济增长的同时，必然伴随经济空间结构的改变。随着社会经济的发展，经济空间结构的变化可划分为如下四个阶段：

一是前工业化阶段：生产力水平低下，经济结构以农业为主，工业产值比重小于10%，各地经济发展水平差异较小。城镇发展速度慢，各自成独立的中心状态。区际之间经济联系不紧密，城镇的产生和发展速度慢，城镇等级系统不完整。

二是工业化初期阶段：城市开始形成，工业产值在经济中的比重在10%～25%之间，核心区域与边缘区域经济增长速度差异扩大。区域内外的资源要素是由经济梯度较低的边缘区流向梯度较高的核心区。核心区域经济实力增大，必然导致政治力量集中，使核心区域与边缘区域发展不平衡进一步扩大。

三是工业化成熟阶段：快速工业化阶段，工业产值在经济中的比重在25%～50%之间，核心区发展很快，核心区域与边缘区域之间存在不平衡关系。在工业化成熟期，核心区的资源要素开始回流到边缘区，边缘区工业产业群开始集聚。

四是空间相对均衡阶段：后工业化阶段，出现资金、技术、信息等从核心区域向边缘区域流动加强。整个区域成为一个功能上相互联系的城镇体系，形成大规模城市化区域，开始了有关联的平衡发展。

四、核心与边缘理论的应用领域

核心-边缘理论对于经济发展与空间结构的变化都具有较高的解释价值，对区域规划师具有较大的吸引力，所以该理论建立以后，许多城市规划师、区域规划师和区域经济学者都力图把该理论运用到实践中去，特别是在处理城市与乡村

的关系、国内发达地区与落后地区的关系；发达国家与发展中国家的关系等方面都有一定的实际价值。

　　总体而言，核心—边缘理论的全部价值在于提供了一个关于区域空间结构和形态变化的解释模型，并且把这种区域空间结构与经济发展的阶段相联系，与佩鲁的增长极理论、缪尔达尔的循环累积因果理论等结合在一起，为区域经济的发展提供了理论工具。

第三章

我国区域经济发展战略思想及其实践的演进

区域经济发展战略是指对一定区域范围内的经济社会发展中有关全局性、长远性、重大性的问题所做的筹划和决策，它是一个国家发展战略的重要组成部分。加快经济发展是每一个发展中国家所面临的头等任务，然而，如何有效推进区域经济的发展，却存在着不同的模式。根据经济发展所实现的目标的不同，区域发展战略可以分为以均衡（或公平）优先的均衡战略和以增长（或效率）优先的非均衡战略。改革开放以来，我国非常重视区域经济社会的发展与繁荣，先后提出了一系列有关区域经济发展的战略思想。自新中国成立以来，我国区域经济发展战略大致经历了三个大的阶段，分别是：新中国成立至改革开放前的区域经济均衡发展阶段（1949~1978年）、改革开放以后至20世纪末的非均衡发展阶段（1979~1999年）和21世纪以来的区域经济协调发展阶段（2000年至今）。系统梳理不同阶段区域经济发展战略的提出背景、内容以及影响效应，认真总结区域经济发展战略制定的历史经验，对于当前我国全面实现"十二五"规划目标以及"十三五"规划中的科学合理的区域发展战略的制定具有一定的理论和实践意义。

第一节　区域经济均衡发展战略的探索与实践

一、我国区域经济均衡发展战略的实施

1. 新中国成立初期我国的社会环境

我国是一个国土辽阔、地区经济发展差异明显的大国，各地区之间发展的不平衡态势由来已久。新中国成立时，我国区域经济格局的特点是，生产力分布极不平衡，东部沿海大城市是当时我国区域经济的中心。当时全国工业总产值77％以上集中在占国土面积不到12％的东部沿海狭长地带，其中仅天津、辽宁、上海三个省市就集中了沿海地区工业总产值的55％以上；占国土面积45％的西北和内蒙古广大地区，工业总产值仅占全国的3％，占国土面积23％的四川、重庆、云南、贵州和西藏，工业总产值仅占全国的6％。特别是边疆少数民族地区的近代工业几乎是一片空白。中国共产党面对的是经济基础薄弱且生产力布局不合理的社会现实。如何缩小各地区的发展差距，就成为新中国成立初期党和国家领导人着重关注的重大战略问题。

同时，从国外环境来看，新中国成立时，世界上已形成了资本主义和社会主义两大相互对峙的阵营，以美国为首的西方资本主义国家对中国采取敌视、封锁和孤立政策。随着1950年6月朝鲜战争的爆发，美国对台湾海峡实施了封锁，新中国原本就十分紧张的安全形势立即变得极其严峻。

综合考虑上述因素，从"一五"计划开始，国家采取了均衡发展战略，即在维持沿海城市发展的同时，对内地在投资和生产力布局上给予倾斜。

2. 我国区域经济均衡发展战略的实施

1950年8月下旬，中财委召开计划会议，讨论了编制1951年计划和三年奋斗目标的问题，提出经济战线在今后两三年内的主要任务是搞好经济的调整与恢复，同时进行一些必要的建设。会议要求在三年内必须做好以下几项工作：组织生产过去依赖国外供应的原材料；将一部分工厂迁移到接近原料、市场的地区，改变工业生产过分集中于沿海地区的不合理现象；三年内在工业方面新的建设应放在加强国防力量上。

在上述政策思想的指导下，经过三年经济恢复，我国生产力布局不合理的状况有所改观。按1952年不变价格计算，1949～1952年间，沿海工业产值由100.2亿元增加到243.2亿元，内地工业产值由40亿元增加到100.1亿元，两者分别增长了1.43倍和

1.5 倍。这个时期，沿海工业产值占工业总产值的比重由 71.5％下降到 70.8％，内地工业产值占工业总产值的比重由 28.5％上升到 29.2％。经过三年的国民经济恢复，虽然内地得到了建设和发展，但旧中国遗留下来的沿海与内地生产力布局不合理的状况并未得到根本改观。1952 年，在全国 343 亿元的工业总产值中，沿海所占比重仍然高达 69.4％，而内地却仅占 30.6％；工业固定资产原值沿海所占比重为 72％，内地仅为 28％。

面对这种格局，中国共产党领导集体在编制"一五"计划时，将"平衡工业布局"作为有计划地发展国民经济的重要任务之一。《关于发展国民经济的第一个五年计划的报告》指出，"要逐步地改变旧中国遗留下来的这种不合理的状态，在全国各地区适当地分布工业的生产力，使工业接近原料、燃料的产区和消费地区，并使工业的分布适合于巩固国防的条件，逐步地提高落后地区的经济水平，这是有计划地发展我国国民经济中的重要任务之一"。从 1953 年开始，以"一五"计划的制订为契机，国家开始了大规模的经济建设。

据统计，"一五"期间建设的项目，特别是苏联援建的项目，主要配置在东北地区、中部地区和西部地区。150 项中的 106 个民用工业企业，布置在东北地区 50 个，中部地区 32 个；44 个国防企业，布置在中部地区和西部地区 35 个，其中有 21 个安排在四川、陕西两省。这一时期国家把建设重点首先放在重工业有一定基础的东北地区，集中全国基本建设投资的 1/4，在原有基础上进行以冶金、煤炭、机械工业为中心的大规模扩建和新建。同时还集中建设了武汉、包头、兰州、西安、太原、郑州、洛阳、成都等工业基地。这 5 年内动工兴建的限额以上 694 个工业建设项目，有 472 个分布在内地，占总额的 68％；有 222 个分布在沿海地区，占 32％。在全国基本建设投资总额中，沿海与内地投资之比为 0.79：1。

"一五"后期，我国经济建设中的许多问题开始暴露出来，主要表现为过于重视内地建设，而忽略了沿海地区的发展，从而导致 1954 年和 1955 年内地工业分别增长了 22.4％和 9.9％；而沿海地区只增长了 13.7％和 3.6％。针对这一问题，党和国家领导人开始重新探索沿海与内地的发展关系。1956 年毛泽东在中共中央政治局扩大会议上作了《论十大关系》的报告，专门谈了沿海和内地的关系。他指出，"沿海的工业基地必须充分利用，但是，为了平衡工业发展的布局，内地工业必须大力发展。只是最近几年，对于沿海工业有些估计不足，这要改变一下"。"新的工业大部分应该摆在内地，使工业布局逐步平衡，并且有利于备战，这是毫无疑义的。但是沿海也可以建立一些新的厂矿，有些也可以是大型的。""好好地利用和发展沿海的工业老底子，可以使我们更有力量来发展和支持内地工业。如果采取消极态度，就会妨碍内地工业的迅速发展。"

根据毛泽东这一发展沿海经济、促进内地建设的思想，中共八大通过的《关于发展国民经济的第二个五年计划（1958－1962）的建议》指出："在第二个五年计划期间，必须根据资源情况和合理分布生产力的原则，在内地继续建立和积极准备建立新的工业基地，使全国各地区经济逐步走向平衡发展。但是在内地进行大规模工业建设的同时，还必须积极地、充分地利用并且适当地发展近海各地原有的工业，这不仅是为了适应国家和人民日益增长的需要，而且也是为着支援内地的建设。"

中共八大提出的合理布局生产力的原则，是中国共产党对适合中国国情的区域生产力布局战略的一次新的探索和尝试，为正确处理沿海与内地的关系提供了新的思路，即区域经济发展应采取均衡发展战略，将内地工业作为战略重点，使其得到大力发展，但为了保证战略重点的建设，也必须允许沿海工业有一定程度的发展。但是，1957年下半年以后，由于受反右斗争中滋长起来的"左"的指导思想的影响，中共中央要求各协作区或有条件的各省、自治区、直辖市，也要形成各自独立的比较完整的工业体系，这引发了一场"全民大炼钢铁、大办工业、盲目追求高速度"的"大跃进"运动。"大跃进"时期，中央将全国划分为七大协作区，要求各个经济区域按照全国统一规划，"尽快地分别建立大型的工业骨干和经济中心，形成若干个具有比较完整的工业体系的经济区域"。这使中共八大设定的"二五"时期的生产力布局方针和部署发生变化，同时还带来了各地区产业结构趋同、生产布局呈现"星罗棋布、遍地开花"的状况，极大地影响了中国区域经济的良性发展。1961年1月，中共八届九中全会提出"调整、巩固、充实、提高"的八字方针，对国民经济进行全面调整，地方独立工业体系的建立被迫告停。同时，国家也加大对内地的投资建设，以内地建设的投资额占全国总投资额的比重为例，继"二五"时期提高到53.7%之后，1963～1965年又上升到58%。

20世纪60年代，中苏关系恶化，出于国防安全的考虑，国家做出了"集中力量、加强战略后方建设"的决策。1964年5月15日至6月17日，中共中央召开计划会议，对第三个五年计划进行讨论，会议期间毛泽东初步提出要加快"三线"建设的思想。8月中旬，中央书记处举行会议，继续讨论三线建设问题。毛泽东指出，"现在工厂都集中在大城市和沿海地区不利于备战，工厂可以一分为二，要抢时间迁到内地去。各省都要建立自己的二、三线。"依据这一指示精神，1965年4月，中央发出《关于加强备战工作的指示》，提出"以战备为中心，重点建设中西部地区（包括四川、贵州、陕西、甘肃以及湘西、鄂西等地区）"。在这种形势下，以备战为目的开展"三线"建设成为当时国民经济发展的中心任务。

三线建设是中共中央在20世纪60年代作出的以发展国防军事工业为主要内容的西部开发运动，是指1964～1980年长达十几年的时间内，我国在内地十几个省、自治区（主要是西南、西北地区）开展的一场以战备为中心、以工业交通为基础、国防科技为基础的大规模基本建设。所谓"三线"，是由沿海、边疆地区向内地划分为三条线。一线指沿海和边疆地区；三线指四川、贵州、云南、陕西、甘肃、宁夏、青海的全部或大部分地区，以及湖南、河南、湖北、山西的西部地区和广西的西北部一部分地区。二线是介于一、三线之间的中部地区。其中西南、西北地区俗称为大三线，各省份自己靠近内地的腹地俗称小三线。

三线建设时期对西部的开发，虽然主要是出于军事考虑，把国防军事工业放在优先发展的位置，但也带有区域经济均衡发展的成分，在一定程度上也是为了缩小内地同东部沿海地区的差距。1966～1975年的"三五"和"四五"两个时期，全国基本建设投资沿海分别占30.9%和39.4%，内地占66.8%和53.5%，其中三线占52.7%和41.1%。由于当时过高估计了战争爆发的可能性和紧迫性，从1965年到1972年的"三线"建设时期，国家投资重点放在四川、贵州和"三西"地区（豫西、鄂西、湘西），"三五"时期内地基本建设投资占到全国比例的66.8%。

总体来说，从"一五"计划到"四五"计划，内地地区的投资比重一直大于沿海地区，在"一五""二五""三五""四五"计划时期，国民经济总投资的内陆与沿海地区分配比例分别为1：0.87、1：0.79、1：0.46、1：0.74。在此期间，内地与沿海累计投资比大约为1：0.74。单就工业投资而言，内地所占比重更大，接近60%。这种均衡发展战略拓展了生产力发展的空间，对于加快广大内陆地区经济的发展、缩小地区差距具有重要意义。

二、对我国区域经济均衡发展战略的评价

虽然我国政府在1949～1978年间的相关文献中没有明确提及"区域经济均衡发展战略"这一概念，但从这一阶段国家政策倾斜地域、产业布局区域以及投资重点区域的层面来看，国家在此期间事实上已经在实施以"平衡生产力布局、加强内地建设、巩固国防"为目标的区域经济均衡发展战略。因此，学术界习惯于将从新中国成立到改革开放之前时期的区域发展战略称为"均衡发展"战略。

1. 区域经济均衡发展战略的成效

在新中国成立至改革开放前的30年，中央政府通过计划指令来实现地区间的均衡发展，主要的政策手段有两种：一是通过财政收入的划拨，要求沿海发达地区上缴较高比例的财政收入，同时对西部给予适当的补贴；二是通过计划指令，主要是通过五年发展计划，将国家基本建设投资和布局向中西部倾斜。正是因为在工业布局上向广大内陆地区倾斜，使得原先"一穷二白"的中西部地区社会生产力获得了迅速的发展，广大内地基本上建立了以重工业为基础、门类比较齐全的战略后方基地，实现了生产力在全国各地的相对均衡布局。特别是在三线建设时期，东、西部的工业差距得到了进一步的平衡。到1975年，三线地区的11省区全民所有制工业固定资产原值在全国全民所有制工业固定资产原值总额中占的比重，由1965年的32.9%上升到35.3%；工业总产值在全国的比重，由22.3%提高到25%。全国将近1500家大型企业，分布在三

线地区的占 40％以上。1965～1975 年间，内地工业总产值增长 143.9％，快于沿海 123.3％的速度；内地工业总产值占全国工业总产值的比重，由 1965 年的 36.9％，提高到 1975 年的 39.1％，基本实现了生产力均衡布局的区域经济发展目标。这在很大程度上改变了我国工业历来的畸形分布格局，不仅极大地推动了我国中西部丰富的自然资源的开发利用，增强了国民经济的整体实力，而且对于加强国防建设，促进内地和少数民族地区经济的发展也发挥了重要的促进作用。

从省际人均生产总值方面来看，长期大规模的投资向内地倾斜在省际人均生产总值方面也取得了显著的效果，把区域间的收入差距控制在比较平均的限度之内。1952 年，全国 29 个省区市人均生产总值标准方差为 104.7 元，到 1978 年，除北京、上海、天津三个直辖市人均生产总值分别高达 1290 元、1120 元和 2498 元外，其他沿海省份与内陆省份之间的差距没有出现显著扩大，一些内陆省份的人均生产总值还高于东部沿海省份，除三个直辖市之外的 26 个省区人均生产总值标准方差为 106.5 元，与 1952 年相比变动不大。1970 年，各个省份人均 GDP 排名中前 12 名依次是：广东、上海、北京、江苏、吉林、青海、云南、辽宁、黑龙江、陕西、宁夏和贵州。属于三线地区的有五个省份，其中青海和云南分属第六和第七。这是三线建设所带来的一次大的区域经济格局调整，在随后的年份里，随着战略重点的转移，"三线"建设的终止，排名出现了变化，到了 1985 年，前 12 名的省份里面已经没有一个"三线"地区的省份。

2. 区域经济均衡发展战略的不足

区域均衡发展战略源自于苏联的"社会主义生产布局理论"，这种经济发展战略存在着根本上的缺陷：一是这种发展战略没有把区域经济的平衡发展建立在生产力发展的客观规律上，它是通过抑制东部区域、沿海区域的发展，来强化内地区域的发展，从而使得东部沿海地区经济潜力的发挥受到严重制约，反过来削弱了东部对内地经济发展的支持能力，实际上违背了生产力发展的客观规律，所追求的是一种低水平的平衡。二是这种发展战略过分强调区域平衡，以牺牲投资效益为代价来推动区域间的生产力布局调整，忽视了经济发展和区域生产力布局的效率原则，使沿海地区既有工业基础的经济效能不能充分发挥，延缓了全国经济的发展，造成了较大的经济损失，导致了国民经济效率与社会公平的同时失落。尤其是"三线"建设，在内地，特别是在经济较为落后的区域所进行的生产力布局，实际上是一种"嵌入"的方式，把大工厂建立在交通不便、远离原料产地和市场、劳动力素质低下、技术力量薄弱的内地山区，大小企业一律"靠山、分散、进洞"，违背了聚集产生规模效益的经济规律，企业之间、工业部门之间无法建立起正常的经济联系，使项目建成后不配套，难以形成综合生产能力和产生规模经济效益。三是这种战略造成产业结构失衡，严重影响了我国经济发展的质量。由于资金短缺、基础设施落后、"重重工业、轻轻工业"等因素影响，造成轻工业产品的严重短缺。"三五"时期,轻工业投资仅占全国基本建设投资总额的4.4%,"四五"期间,仅占5.8%,造成很长时期的轻工业产品的严重短缺。与此同时,许多相关的国民经济部门的发展都受到了不同程度的影响。

此外,这种追求沿海与内地平衡发展的过程是一种封闭式的,过分强调国内平衡和循环,没有重视引入国外市场这个因素来平衡国内区域间和产业间的发展差距。尽管这在当时特定的国际环境条件下具有一定必然性,但是随着国际形势的缓和,对外开放政策的实施,如果再继续坚持这种政策,势必不利于对外开放,使国内经济不能顺利融入全球经济的发展浪潮。

从区域均衡发展的目标实现程度来看,经过近30年的内地倾斜式投资建设,虽然沿海与内地的发展差距在1952~1965年间曾一度出现缩小的趋势,但其后"三线"建设更大规模的内地投资倾斜仍然没有能够有效阻止沿海与内地区域发展差距扩大的趋势。1952年,东部地区11个省区市在全国GDP所占比重高达50.7%,而包括18个省区的内地所占比重仅为49.3%。经过中央长期大规模的投资倾斜,内地省份在全国GDP中所占比重到1978年仍然下降了1.8个百分点,东部地区则相应提高了1.8个百分点。这也意味着,政府所期待的真正意义上的区域经济均衡发展的局面始终未能实现。

第二节　区域经济非均衡发展战略的实施及其成就

一、我国区域经济非均衡发展战略的提出与实施

随着国内外形势的变化和十一届三中全会召开后我国经济发展指导方针的转变,学术界和决策层开始反思新中国成立以来我国区域经济政策。

邓小平在1978年召开的中央工作会议上所做的《解放思想、实事求是,团结一致向前看》著名讲话中,指出:"在经济政策上,我认为要允许一部分地区、一部分企业、一部分工人农民,由于辛勤努力成绩大而收入先多一些,生活先好起来。一部分人生活先好起来,就必然产生极大的示范力量,影响左邻右舍,带动其他地区、其他单位的人们向他们学习。这样,就会使整个国民经济不断地波浪式地向前发展,使全国各族人民都能比较快地富裕起来。"

邓小平的这一思想是在客观分析我国区域经济状况、反思新中国成立以来区域经济发展的经验教训并重新审度国际形势的基础上提出的,它既是新时期改革开放的一项基本的、重大的政策,也是新时期推动整个国民经济发展的重大思路,还是新时期

我国区域经济发展战略转换的理论基础。根据邓小平的上述思想，中央对区域发展政策进行了调整，放弃了改革开放以前实施的基于公平但牺牲了效率、具有"平均主义"特征的区域均衡发展政策，转向以提高效率为目的的区域非均衡发展，具体地讲，就是"向东倾斜、梯度推进"的发展战略，旨在充分利用东部沿海地区的优势，让一部分地区先富起来，以迅速提高国家的整体经济实力。

从"六五"计划开始，中国生产力布局和区域经济发展的指导方针，由过去主要强调备战和缩小地区差别，逐步转移到以提高经济效益为中心，向沿海地区倾斜。《国民经济和社会发展第六个五年计划》明确指出，要积极利用沿海地区的现有基础，"充分发挥它们的特长，带动内地经济进一步发展"；同时要"努力发展内地经济"，"继续积极支持和切实帮助少数民族地区发展生产，繁荣经济。""六五"时期，在全国基本建设投资分配中，沿海地区所占比重由"五五"时期的42.2%提高到47.7%，内地由50%下降到46.5%。这期间全国更新改造投资中，沿海地区占51.5%，内地只占45.8%。《国民经济和社会发展第七个五年计划》进一步将全国划分为东部、中部、西部三大经济地带，提出"要加速东部沿海地带的发展，同时把能源、原材料建设的重点放到中部，并积极做好进一步开发西部的准备"。1985~1988年，在全国基本建设投资的地区分配中，沿海地区所占比重由48.4%提高到53.2%，内地由45.0%下降到39.9%，沿海地区与内地投资之比由1.07：1增加到1.36：1。1988年，中共中央、国务院还提出了以沿海乡镇企业为主力、"两头在外，大进大出"为主要内容的沿海地区经济发展战略。

到"七五"前期，我国生产力布局进一步向沿海地区倾斜。1990年，在全国基本建设投资的地区分配中，沿海地区占50.9%，内地占40.1%，沿海与内地投资之比下降到1.27：1。但在整个"七五"时期，沿海与内地基建投资之比仍高达1.29：1，远高于"六五"时期的1.03：1，更高于"五五"时期的0.84：1。

为了加速东部沿海地区的发展，在对其进行投资倾斜的同时，政府还在这些地区率先实行对外开放：1979年7月，国务院正式批准广东、福建两省，在对外经济活动中，实行特殊政策、灵活措施。1980年以来，国家相继设立了深圳、珠海、汕头、厦门和海南5个经济特区，实行特殊的经济政策和特殊的管理体制。1984年以后，国家又决定进一步开放大连、秦皇岛、天津、烟台、青岛等14个沿海港口城市，设立了大连、秦皇岛等14个经济技术开发区，实行类似经济特区的政策。之后，又相继把长江三角洲、闽南厦漳泉三角地区、辽东半岛、胶东半岛等的61个市县开辟为沿海经济开发区，并设立了福建台商投资区。1988年4月，七届全国人大一次会议通过设立海南省并正式设立海南经济特区的决定。1990年6月，国务院正式批准上海市开发和开放浦东新区，实行经济特区的某些优惠政策，由此就形成了一条由南到北沿海岸线延伸的沿海对外开放地带。

这些制度性的优惠安排，使得东部地区取得了中西部地区难以比拟的发展优势，东部沿海地区经济获得了快速发展，全国经济发展的重心开始东移，全国区域经济格局在较短的时间内已经实现了重大的变化。1952～1978 年，东部地带人均国民收入年均增长 4.63%，中部地带年均增长 2.92%，西部地带年均增长 3.53%；而在 1978～1992 年，东部地带人均国民收入年均增长 8.28%，中部地带年均增长 6.73%，西部地带年均增长 7.1%。这种变化直接促成了全国区域经济格局的再次调整与划分，"七五"时期，中国的区域经济大格局由长期占主导地位的沿海与内地两大板块调整为"东、中、西"三大经济地带的"三带推进"格局。这种强调东、中、西非同步发展的非均衡发展战略是在综合考虑我国现实的经济发展能力后提出的优化发展战略。这种战略不同于新中国成立初期和"三线"建设中的均衡发展思路，"效率优先，兼顾公平"开始成为区域经济发展战略的主导思想。三大经济地带的发展格局，成为此后很长一段历史时期内我国区域经济发展的基本格局。三大经济地带范围的划分，较为客观地反映了中国经济技术发展水平存在的梯度差异特征。《国民经济和社会发展第七个五年计划（1986—1990 年）》强调指出："我国地区经济的发展，要正确处理东部沿海、中部、西部三个经济地带的关系。'七五'期间以至 90 年代，要加速东部沿海地带的发展，同时把能源、原材料的建设重点放在中部，并积极做好开发西部地带的准备。把东部沿海发展同中、西部的开发很好地结合起来，做到互相支持、互相促进。"

1988 年 9 月，邓小平在听取关于价格和工资改革方案的汇报时，指出："沿海地区要加快对外开放，使这个拥有两亿人口的广大地带较快地先发展起来，从而带动内地更好地发展，这是一个事关大局的问题。内地要顾全这个大局。反过来，发展到一定时候，又要求沿海拿出更多力量来帮助内地发展，这也是个大局。那时沿海也要服从这个大局。"邓小平提出的"两个大局"的发展思想进一步打破了过去计划经济体制下片面遵循均衡布局的传统模式，集中了有限的资金、人力、物力，促进了东部沿海地区经济的优先发展，从整体上提高了我国的综合经济实力。

正是这些指导思想的变化，使得国家的区域经济发展观进行了战略调整，主要表现在：政策目标由过去的追求区域平衡发展转向以效率为中心的区域非均衡发展；开发的重点区域由过去的中西部地区转向沿海地区；政策工具由过去的单一的指令性计划下的国家投资转向投资主体多元化，特别是地区开发的制度创新和差别性的地区开放政策，体现了国家的区域经济发展思想。

二、对我国区域非均衡发展战略的评价

1. 我国区域非均衡发展战略的积极效应

改革开放初期至 20 世纪 90 年代末期实施的区域经济非均衡发展战略，对我国的

经济社会发展产生了巨大的影响，不仅促进了东南沿海省份的快速发展，为推进改革开放积累了宝贵经验，而且加快了我国的经济市场化改革的步伐，对建立社会主义市场经济新体制奠定了坚实的经济基础。

1978~1999 年，我国国内生产总值平均每年增长 9.6％，大大高于世界 3.2％ 的年平均增长率。从 1997 年起我国的经济总量居世界第七位，仅次于美国、日本、德国、法国、英国、意大利，我国的综合国力大大增强，人民生活水平显著提高。在区域非均衡战略实施的近 20 年的时间里，东部地区的表现最为突出。1978 年，东部地区 GDP 占全国 GDP 的比重是 52.61％，1990 年这一比重继续上升到 54.02％，1999 年则已经上升到 58.66％。根据国家计委 1998 年的统计，每平方公里的工业产值，全国平均为 35.9 万元，东部为 152.97 万元，中部为 31.87 万元，而西部仅为 9.27 万元；人均工业产值东部为 4273 元，中部为 2086 元，而西部只有 1380 元。三大地带人均 GDP 之比分别为 1.91：1：0.78，进出口总值之比为 20.27：1：0.91，累计利用外资之比为 9.18：1：0.55。

事实证明，非均衡发展战略对于我国经济发展的作用是巨大的，它所产生的经济效益和积累能力，比分散投入、平衡增长要大得多，从而使我国的经济总量在短短的 20 年里有了大幅度的增长。从另一个意义上来讲，东部地区的率先发展尤其是特区、开放城市和开发区的发展，提高了资金的运转效益，不仅有效地促进了沿海地带的高速增长，使沿海地区成为最具活力的经济高速增长区，而且通过示范效应、扩散效应和技术经济合作等多种途径，在一定程度上促进了中西部地区的繁荣，实现了国民经济整体效率的最大化。在整个 20 世纪 80 年代，我国国民经济以超过 12％ 的速度增长，20 世纪 90 年代也未低于 8％，这主要得益于东部地区更高的增长水平。

2. 我国区域非均衡发展战略的消极效应

在区域经济非均衡发展战略中，由于国家经济发展重心的"东移"，西部的发展势头被削弱，东部地区与中西部地区的差距在迅速扩大。

从表 3-1 来看，1980 年东、中、西部 GDP 总量占全国的比重分别为 51.13％、30.20％、18.67％，经过 10 年的发展，到 1990 年，东部地区占全国比重达到 52.64％，提升了 1.51 个百分点，而中部所占比重下降了 1.84 个百分点，为 28.36％，西部所占比重略微提高了 0.32 个百分点，到 18.99％。到 1999 年，东、中、西部三大经济地带 GDP 总量占全国比例的差距明显拉大，东部地区的 GDP 占全国总量已接近 60％，为 56.59％，比 1978 年增加了 5.46 个百分点，而中部、西部地区持续下降，分别下降了 4.3 个和 1.16 个百分点。三大经济区域差距的进一步扩大，说明地区经济发展呈现出一种失衡的态势。

表 3-1　　　　　　　　　　　　东、中、西部 GDP 占全国的比重　　　　　　　　　　单位:%

年份	东部地区	中部地区	西部地区
1980	51.13	30.20	18.67
1985	51.96	29.69	18.35
1990	52.64	28.36	18.99
1995	55.54	26.09	18.37
1999	56.59	25.90	17.51

资料来源:根据历年《中国统计年鉴》计算整理。

从人均 GDP 来看,1978 年东、中、西部地区人均 GDP 分别为 458.07 元、311.03 元和 257.72 元,1998 年,东、中、西部地区人均 GDP 分别为 9482.75 元、5249.17 元和 4051.93 元。1978 年,中国东部地区与中、西部地区之间人均 GDP 的绝对差距分别为 145.04 元和 200.35 元,到 1998 年又分别扩大到 4233.58 元和 5430.82 元。1980 年,东部地区人均 GDP 分别相当于中、西部地区的 1.53 倍和 1.8 倍,1990 年为 1.62 倍和 1.90 倍,1998 年则扩大到 1.8 倍和 2.4 倍。1999 年,人均 GDP 排名中居于前十位的省市是上海、北京、天津、浙江、广东、福建、江苏、辽宁、山东和黑龙江。其中前九位都是东部地区的省市(另一个是中部地区的省份),没有一个西部的省份。1999 年东部地区人均 GDP 最高的上海为 30805 元,西部地区人均 GDP 最低的贵州省为 2475 元,前者是后者的 12.446 倍。

从居民收入水平来看,东部地区城镇居民收入水平及增速均明显高于中、西部地区,收入差距逐年扩大。从 1981 年至 1999 年,东部地区城镇居民人均收入增长了 15.01 倍,中部地区增长了 12.2 倍,西部地区增长了 9.5 倍,以中部地区收入为 1,东、中、西三大地带的收入比例从 1981 年的 1.20∶1∶1.80 改变为 1.48∶1∶1.10,中、西部与东部的收入绝对差额由 79 元、8 元扩大到 1999 年的 2299 元和 1844 元,分别扩大了 29 倍和 231 倍。1999 年城镇居民人均收入最低的是甘肃省,为 4502.26 元,最高的是上海市,为 10988.90 元,上海是甘肃的 2.44 倍。如果对这两个省市的农民人均纯收入进行比较则差距更大。1999 年甘肃农民的人均纯收入为 1357.28 元,上海为 5409.11 元,上海是甘肃的 3.99 倍。

另外,从固定资产投资、利用外资、社会消费品零售总额、居民储蓄存款以及进出口贸易等各项经济指标来看,东部地区都远高于中西部地区。可以说,经过这 20 年的发展,我国经济增长速度和经济总量快速扩大的结果,不但没有使东、中、西部地区的差距缩小,反而呈现扩大的趋势,使东、中、西部三大地带人均经济指标的差距明显拉大。其主要原因是,由于地理位置、交通运输条件以及国家政策的影响,东部地区与中、西部地区之间在发展机会上形成了事实上的不均等。东部地区借助区位优势和体制优势,迅速摆脱了旧体制的束缚,形成了市场体系相对完善、产业外向度高、区域经济良性循环的发展态势；而西部地区由于经济发展相对落后，为了加快本地区的经济发展，当地政府和人民往往是以资源消耗、生态破坏和环境污染为代价来发展经济，造成一定程度的恶性循环。日益恶化的生态环境，极大地制约着西部地区的经济和社会发展，也直接影响到全国经济、社会的可持续发展。

此外，一些地区为了发展和保护自身的经济利益，往往设卡封关，大搞市场封锁，地方保护主义限制本地资源流出和外地产品流入，形成地区间贸易和要素流动的壁垒，直接妨碍了资源在全国范围的合理流动和全国统一市场的形成。

综上所述，在非均衡发展战略导向下，我国的经济发展重心向东部沿海地区倾斜，使东部经济快速发展、综合国力快速提升，东、中、西三大地带的经济发展进入快车道，但市场经济的极化效应在三大区域发展中也开始日益显著地表现出来：这种战略过分注重"效率"，忽略了各地区间经济发展条件和发展能力的差距，导致了东、中、西三大地带的区域经济发展差距较为明显，区域经济发展日益失衡，地区之间的差距在不断扩大，从而深刻改变了我国原有的区域经济发展格局。

第三节　区域经济协调发展的规划与推进

一、我国区域经济协调发展战略的萌芽

随着改革开放的深化，我国地区发展差距特别是东、西部之间的差距不断扩大，这种形势下，在实现经济快速增长的同时，地区经济的协调发展也成为制定区域政策目标的取向。于是，我国政府正式把促进地区经济协调发展提到了重要的战略高度。

早在1991年3月，李鹏在《关于国民经济和社会发展十年规划和第八个五年计划纲要的报告》中首次提出，要"促进地区经济的合理分工和协调发展"，认为"生产力的合理布局和地区经济的协调发展，是我国经济建设和社会发展中一个极为重要的问题"。《国民经济和社会发展十年规划和第八个五年计划纲要》进一步明确提出了区域经济发展的新的基本指导原则，即统筹规划、合理分工、优势互补、协调发展、利益兼顾、共同富裕，同时制定了"效率优先、兼顾公平，充分发挥各地区的比较优势"的基本目标。可以看出，这一时期的区域经济政策目标调整，继续强调效率目标，但已经开始重视区域经济协调发展的目标取向。

为此，国务院于1992年下发了《关于加快发展中西部地区乡镇企业的决定》，指出：乡镇企业发展的区域分布很不平衡，占全国人口约2/3的广大中西部地区只拥有

全国乡镇企业产值的 1/3，已成为我国中西部与东部地区经济发展差距的重要原因。提出"把加快发展乡镇企业作为中西部地区经济工作的一个战略重点"。同年，中共中央又提出了由沿海沿江、沿边、沿线向内陆纵深推进的全方位开放布局，密切了内地与沿海在对外开放上的联系。在沿海地区开放的基础上批准长江沿岸 28 个城市和 8 个地区以及东北、西南和西北地区的 13 个边境城市对外开放，内陆省会城市开放，从而形成了由"经济特区—沿海开放城市—沿海经济开放区—沿江沿线沿边开放城市—内地经济特区"逐步推进的开放开发的梯次格局。

这一时期，中央还扩大了中、西部地区地方政府在外贸、财政、金融等方面的自主权，也开始酝酿并着手实施国家扶贫开发政策和进一步完善民族地区政策。1994 年，中央下发了《90 年代国家产业政策纲要》和《国家八七扶贫攻坚计划》，明确表明国家对沿海非均衡发展政策的调整，要对中、西部地区进行援助，要按照今后 10 年地区经济发展和生产力布局的基本原则，正确处理发挥地区优势与全国统筹规划、沿海与内地、经济发达地区与较不发达地区之间的关系，促进地区经济朝着合理分工、协调发展的方向前进。

1996 年 3 月 17 日，八届全国人大四次会议通过的《中华人民共和国国民经济和社会发展"九五"计划和 2010 年远景目标纲要》，将解决地区发展差距问题提高到具有全局意义的高度，专门设立了题为"促进区域经济协调发展"部分，将"坚持区域经济协调发展，逐步缩小地区发展差距"作为九条重要指导方针之一，并指出："从'九五'开始，要更加重视支持内地的发展，实施有利于缓解差距扩大趋势的政策，并逐步加大工作力度，积极朝着缩小差距的方向努力。"这标志着我国从基本国情及经济发展的现状实际出发，区域经济协调发展战略实践探索的开始。

从"九五"开始实施的一系列促进内地经济发展的政策，有力地缓解了东部沿海地区与中、西部地区差距扩大的趋势。"九五"期间，东、中、西部地区的固定资产投资总额年均增幅分别为 2.1％、5.2％和 9.0％，中、西部地区投资增幅明显高于东部地区，体现出国家对中、西部地区投资的倾斜。

1997 年 9 月，中共十五大确定了以合理布局、协调发展、效率为主、兼顾公平为特色的区域协调发展思想，并提出要在保持东部地区经济迅速发展的前提下，加快中、西部地区的发展。江泽民在中共十五大报告中特别强调，要"从多方面努力，逐步缩小地区发展差距"，"促进地区经济合理布局和协调发展"。1999 年底召开的中央经济工作会议上，正式把实施西部大开发战略列为 2000 年经济工作的一项重要内容，自此，国家区域经济政策的目标调整到促进地区协调发展上来。

二、我国区域经济协调发展战略的实施

出于区域协调发展的战略考虑，以及扩大内需、生态保护等方面的全面考虑，

西部大开发战略是中共中央面向新世纪作出的重大决策。1999 年 6 月 17 日，时任中共中央总书记的江泽民指出："加快开发西部地区是全国发展的一个大战略、大思路，加快西部地区的经济发展是保持国民经济持续快速健康发展的必然要求，也是实现我国现代化建设第三步战略目标的必然要求。"从此，我国正式提出了"西部大开发"战略，拉开了西部大开发的序幕。1999 年 9 月召开的党的十五届四中全会明确提出"国家要实施西部大开发战略"，并决定将西部大开发作为 21 世纪我国经济发展的重要战略之一。2000 年 3 月，时任国务院总理的朱镕基在政府工作报告中指出："实施西部大开发，加快中西部地区发展战略，是党中央贯彻邓小平关于我国现代化建设'两个大局'战略思想，面向新世纪所作出的重大决策。这对于扩大内需、推动国民经济持续增长，对于促进各地区经济协调发展，最终实现共同富裕，对于加强民族团结、维护社会稳定和巩固边防，都具有十分重要的意义。"2000 年 10 月，党的十五届五中全会通过的《中共中央关于制定国民经济和社会发展第十个五年计划的建议》，对西部大开发战略作了专题阐述。在纲要中，中央明确提出"实施西部大开发战略，加快中西部地区发展，合理调整地区经济布局，促进地区经济协调发展"的指导方针，强调按照西部、中部和东部地区的先后顺序，对各地区的发展进行总体安排，由此从根本上扭转了"七五"计划中按东、中、西部梯度推进的思想。同年 12 月，《国务院关于实施西部大开发若干政策措施》正式出台，标志着我国实施西部大开发战略迈出实质性的步伐，也意味着我国区域经济协调发展战略正式拉开帷幕，进入全面实施的发展新阶段。

西部大开发战略实施以来，在中央大规模资金投入和优惠政策的推动下，西部地区综合经济实力大幅提升，地区生产总值占全国比重由 1999 年的 17.5% 提高到 2010 年的 18.6%，人均地区生产总值从相当于全国平均水平的 58% 提高到 68%，主要经济指标年均增速高于全国平均水平。2011 年，西部地区地区生产总值占全国的比重达到 19.2%。2012 年西部地区实现生产总值 11.4 万亿元，增速同比增长 12.8%，分别比东部地区、中部地区快 3.18 个和 1.54 个百分点，占全国 GDP 比重进一步提升为 19.75%。此外，西部地区在基础设施、生态环境保护和建设、特色优势产业发展、人民生活水平等各方面也取得了显著性成就，初步扭转了与东部地区尤其是全国发展差距快速扩大的势头。

如果将东、西部经济差距的扩大理解为市场化改革以及非均衡发展战略的成本，那么西部大开发作为新世纪我国区域经济发展战略中的一个重大战略则对于缩小发展差距、协调区域经济发展、进行成本补偿起到了积极的重要作用。

在上述区域发展战略提出不到 3 年的时间内，中央首次在十六大报告中明确提出："支持东北地区等老工业基地加快调整和改造，支持以资源开采为主的城市和地区发展接续产业。"支持东北地区等老工业基地加快调整和改造的战略部署，是中央从协调区域发展和全面建设小康社会的全局着眼做出的又一个战略决策。2003 年 10 月，中共中央、国务院下发《关于实施东北地区等老工业基地振兴战略的若干意见》。2003 年 10 月 14 日，党的十六届三中全会做出了《中共中央关于完善社会主义市场经济体制若干问题的决定》，郑重提出完善社会主义市场经济体制要贯彻"五个统筹"，即：统筹城乡发展、统筹区域发展、统筹经济社会发展、统筹人与自然和谐发展、统筹国内发展和对外开放，其中把统筹区域发展放在了重要的位置。2005 年，为了防止"中部塌陷"，使中部地区真正承担起承东启西的经济发展梯度传递者的重任，党的十六届五中全会又明确提出了"实施西部大开发，振兴东北地区等老工业基地，促进中部地区崛起，鼓励东部地区率先发展，形成东中西、优势互补、相互促进、共同发展的格局"，是从全面建设小康社会和加快现代化建设全局出发做出的总体战略部署的整体区域发展战略。党的十七大报告进一步强调指出："继续实施区域发展总体战略，深入推进西部大开发，全面振兴东北地区等老工业基地，大力促进中部地区崛起，积极支持东部地区率先发展。"

此后，国家陆续批复了 30 多个区域发展规划，规划区域涉及长三角、珠三角、北部湾、环渤海、海峡西岸、黄三角、东北三省、中部和西部，由此，我国初步形成了一整套有机结合的、统一的区域发展整体战略。2010 年，时任国务院总理的温家宝在政府工作报告中强调要"实施区域发展总体战略，重在发挥各地比较优势，有针对性地解决各地发展中的突出矛盾和问题；重在扭转区域经济社会发展差距扩大的趋势，增强发展的协调性"。

区域经济协调发展战略的实施，使各地区呈现出良好的发展态势。区域的内涵也在不断演化，从核心向边缘再到外围的空间扩展进一步扩大。在短短不到 10 年的时间内，我国新的区域经济版图逐渐成型，区域协调发展战略得到进一步完善、发展和深入。

回顾 21 世纪以来我国区域经济发展历程，可以看出，随着西部大开发、振兴东北地区等老工业基地和中部崛起战略的实施，随着我国鼓励有条件的东部地区率先基本实现现代化，东部沿海地区与中部地区、西部地区互联互动、优势互补、协调发展的"四轮驱动"的发展格局已经初步形成，四大经济区域之间地域范围明确，发展任务和目标清晰，这将成为中国统筹区域发展、构建中国社会主义和谐社会的主要着眼点和落脚点，成为我国改革深化、开放升级的重要空间依托，为我国区域协调发展战略奠定了坚实的发展基础。

三、对我国区域经济协调发展战略的评价

实施区域经济协调发展战略，是对改革开放以来我国实施非均衡区域经济发展战略的重大调整，但这种调整并不是向计划经济时期实行的均衡发展战略的回归，而是体现了充分发挥各地区的发展优势和潜力，促进区域间共同发展和统筹互动的协调发

展的思路。区域协调发展所讲的协调，不仅仅指要形成区域差距缩小和区域协调互动的发展格局，而且也要求各个地区的社会经济发展必须与自身的资源环境承载力相适应，充分根据各地区的自身条件和资源特点，发挥比较优势，优化生产力的空间布局。

这一战略思想的形成，很大程度上源于新中国成立以来区域发展战略的实践。改革开放前我国实施的区域均衡发展战略是在高度集权的计划经济体制下进行的。该战略在资源配置上主要依靠指令性计划制定区域发展目标，由中央集中统一管理全国的物资分配，通过强制性的行政手段限制部分地区的发展，结果造成了巨大的资源浪费和经济损失。改革开放后，随着区域非均衡战略的推进以及社会主义市场经济体制的逐步建立和完善，市场在资源配置中的作用日益凸显，生产要素以利益最大化为驱动力，趋于向投入产出率高的地区流动。市场机制的作用促进了区域比较优势的发挥，推动了宏观经济的最优化，但也使地区经济发展的"循环累积因果效应"和"马太效应"日益明显，区域差距不断拉大。因此，单纯的计划手段和单纯的市场机制运作都不利于区域经济的协调发展，只有将两者有机结合才能保证区域经济发展战略顺利实施。因此，区域协调发展战略的一个重要内容就是，政府发挥对区域经济发展的宏观调控作用，在尊重市场经济客观规律的前提下，加强相关政策的协调和机制建设，形成既各具特色又有机统一的区域政策体系，促进各经济区域间的合理分工与协调发展。

与此同时，区域协调发展战略也可以看成是效率与公平相协调的发展战略。经历了以公平优先的区域均衡发展战略和以效率优先的区域非均衡发展战略之后，随着我国东、中、西部三大经济地带经济发展差距的不断扩大，区域经济发展战略在考虑经济增长效率的同时，不得不考虑经济发展的公平问题。以"效率公平兼顾"双重政策目标指导下的区域经济协调发展战略摒弃了传统的均衡发展和非均衡发展模式，提出了效率与公平目标相统一的思想，试图在二者的统一中寻找最佳的"结合点"。通过这些地区发展战略的实施，超越了以往发展战略在效率与公平两难矛盾中形成的价值冲突，把地区间经济发展差距的缩小和地区间资源要素的优化配置有机结合起来，把公平维度和效率维度有机地结合起来，在进一步发挥东部沿海地区优势的同时，逐步促进中西部地区和落后地区的经济发展，进而缩小地区发展差距，实现区域经济的协调、共同发展。

总的来看，我国区域经济发展战略经历的均衡发展、非均衡发展和协调发展三个时期，是中国共产党的历代领导集体与时俱进、对我国区域经济发展战略的探索与创新的过程。在这一发展过程中，我国的区域经济发展战略一方面遵循着"均衡—非均衡—新的均衡"的全球性的客观经济规律；另一方面，把握中国国情、中国特色，探索出"平衡布局—点轴开发—协调发展"的中国式的区域经济发展道路。这一演变过程是区域经济发展走向和决策思路螺旋式上升的轨迹，是区域发展理论的提升、实践的进步和战略的升华。

第四章

大别山试验区的提出及其基本概况

大别山革命老区经济社会发展试验区，简称为大别山试验区，是湖北省委、省政府于 2011 年率先在鄂豫皖三省针对大别山革命老区的发展作出的一个重大战略决策，旨在结合大别山革命老区的实际情况强化顶层设计，推进制度创新和体制改革，探索欠发达地区新农村建设、扶贫开发、区域协调发展的具体路径，为革命老区、欠发达地区实现跨越式发展提供模式借鉴和理论参考。

第一节　大别山试验区提出的宏观背景

2011 年 2 月 17 日，湖北大别山革命老区经济社会发展试验区启动工作会议在武昌召开，正式拉开了大别山试验区建设的序幕。

建立大别山革命老区经济社会发展试验区，是湖北省委、省政府在全面实施"两圈一带"总体战略的基础上做出的一项重大部署，是加快湖北经济社会跨越式发展，促进大别山革命老区人民尽快脱贫致富，缩小与发达地区发展差距所采取的一项具有战略意义的区域发展战略。

早在 1988 年 4 月，湖北省人民政府就发文把黄冈地区列为经济改革开发试验区，对财政体制，税收体制和政策，基本建设和技术改造项目的审批权限，外资、外贸的政策和管理权限，信贷资金政策，物价、工资管理体制，粮食和棉花提取种子改良基金 7 个方面作出了若干特殊政策规定，扩大其管理权限，放宽政策，在试验区探索改革开放的新路子。

进入21世纪以后，在科学发展观的指引下，如何进一步加快革命老区经济社会发展步伐，缩小革命老区与发达地区的发展差距，促进区域协调发展，成为党和政府关注的重大战略问题。从2005年开始，全国政协、各民主党派、湖北省委、省人大、省政府、省政协的领导及许多知名的专家学者，分别多次深入大别山革命老区腹地进行调研，了解大别山革命老区经济发展状况，分析形成贫困的原因，探究促进革命老区发展的路径，为建立湖北大别山革命老区经济社会发展试验区奠定了基础。

2005年6月，全国政协副主席、致公党中央主席罗豪才率致公党中央及国家有关部门领导和专家，在大别山考察后提出了建议建立大别山绿色扶贫实验区的意见。当时湖北省人民政府就责成省扶贫办开展了相关工作。

2009年8月10日，湖北省委、省政府多位领导对华中科技大学宋子良等5位教授和中国地质大学（武汉）刘爱玲教授合写的《关于建议在大别山设立革命老区经济社会发展试验区的报告》做出重要批示，再次强调了，湖北省是一个老区较为集中的省份，老区发展不够又是一个重大的现实问题，在大别山革命老区全面建立试验区，不仅对湖北，而且对全面都有重要的示范意义。它不仅是探索新农村建设的一种新模式，同时也是推进省域均衡、协调发展的重要尝试。

2009年11月，根据湖北省政协年初制定的委员视察计划，在陈春林副主席带领下，省政协民族和宗教委员会组织无党派、少数民族、宗教三个界别的部分委员组成省政协委员视察团，就"大别山区扶贫开发工作情况"到省政府扶贫开发办公室进行了专题调研，冒着风雪到武汉、黄冈、孝感三市及罗田、麻城、红安、大悟、黄陂等地进行了视察，在深入调查研究的基础上，认真听取了各个方面的意见和建议，形成了《关于大别山区扶贫开发工作情况的视察报告》，提出了：借鉴"仙洪新农村建设试验区"的经验，从促进发展入手，先期在湖北省设立"大别山革命老区经济社会统筹发展试验区"，把大别山区扶贫开发与新农村建设结合起来，科学制定发展规划，并纳入全省国民经济社会发展规划；后期努力争取国家在鄂豫皖三省交界设立"大别山革命老区经济社会统筹发展试验区"，争取国家更多政策支持和更大资金投入等建议。视察报告由省政协办公厅报送省委、省政府后，引起省领导的高度重视。2009年12月30日，赵斌副省长批示："视察报告深入、翔实、客观、可行。既充分肯定了大别山扶贫开发的成效，又客观分析了当前面临的主要困难，同时有针对性地提出了工作建议。请省扶贫办抓紧研究落实。关于设立大别山革命老区试验区问题，我曾向清泉、鸿忠同志提出建议并获同意，望积极策划申报。关于加大支持力度问题，请省扶贫办积极争取国家项目，亦请省发改委、省财政厅在投资项目安排和农业综合开发项目安排上积极予以考虑。请鸿忠同志阅示。"2009年12月31日，时任省委副书记、省长李鸿忠批示："同意赵斌同志的意见。请省扶贫办大力推进。"

在 2010 年 1 月湖北省政协十届三次会议上，省政协陈春林副主席、民族和宗教委员会李传锋主任、周瑞超专职副主任联名提出了提案《关于设立"大别山革命老区统筹发展试验区"的建议》。2010 年 1 月 25 日，省发展和改革委员会对省政协该提案给出答复，表示将继续按照省政府要求，配合省扶贫办、省老区办，会同大别山相关县市共同推动各项工作开展。同时加强向国家发改委的衔接汇报，积极争取国家层面支持。

2010 年 5 月 10 日，赵斌副省长专门召集省发改委、省扶贫办专题研究了大别山革命老区经济社会发展试验区相关问题。根据专题会议要求，由省扶贫办牵头组织开展深入的研究论证，提出课题研究成果，并拟订工作方案。下一步，省发政委将继续按照省政府要求，配合省扶贫办、省老区办，会同大别山相关县市共同推动各项工作开展。同时加强向国家发改委的衔接汇报，积极争取国家层面支持。

2010 年 11 月 8 日，李鸿忠省长批示："建议除在省委'十二五'规划建议中写明外，请省委农办和省扶贫办牵头，尽快就'大别山革命老区经济社会发展试验区'问题，提出研究方案，提请省委省政府审定，作为'十二五'全省新农村工作重点之一予以推进。"2010 年 11 月 30 日，省委九届九次全会通过的《中共湖北省委关于制定湖北省经济和社会发展第十二个五年规划的建议》明确提出：要进一步推进仙洪新农村建设、鄂州等县市城乡一体化、山区群众脱贫奔小康、竹房城镇带城乡一体化、大别山革命老区经济社会发展试验区等试点工作。自此，大别山试验区纳入湖北省"十二五"发展规划，成为省级区域发展战略。

2010 年 12 月 15 日，省委书记李鸿忠在大悟、红安调研时再次强调，当前要按照省委、省政府的决策部署，根据省委九届九次全会通过的《中共湖北省委关于制定湖北省经济和社会发展第十二个五年规划的建议》中确定的相关意见，抓紧启动大别山革命老区经济社会发展试验区建设，进一步加快革命老区发展。

2011 年 2 月，省十一届人大四次会议通过"十二五"规划纲要，其中提出"支持建设湖北大别山革命老区经济社会发展试验区"。随后，省委、省政府举行了建设试验区的启动仪式，出台了《关于推进湖北大别山革命老区经济社会发展试验区建设的意见》。根据意见，建设湖北大别山革命老区经济社会发展试验区，旨在围绕建设"红色大别山、绿色大别山、发展大别山、富裕大别山"的总体要求，以红色资源和生态资源为优势，以产业发展和基础设施建设为重点，以激发内生动力为着力点，以改善民生为落脚点，全面促进湖北大别山革命老区的快速发展。同时，努力探索在新的历史条件下促进落后地区实现跨越式发展、缩小区域差距的新路子，探索在资源环境约束日益加大的条件下实现生态重要功能区绿色发展的新路子，探索革命老区新农村建设、扶贫开发、区域协调发展的新路子。

2011 年 3 月 5～14 日，在十一届全国人大四次会议上，湖北代表团内包括湖北省委书记李鸿忠、黄冈市市长刘雪荣在内的人大代表提出促进大别山试验区上升为国家战略的建议或议案，引起与会代表的积极响应，成为两会的热点话题之一，并得到包括国家发改委等有关部门的积极回应。自此，促进大别山试验区上升为国家战略逐步得到社会各界的广泛关注。

第二节 大别山试验区的基本概况

一、大别山区概况

大别山位于湖北省、河南省、安徽省交界处，地理位置介于北纬30°10′～32°30′，东经112°40′～117°10′，西接桐柏山，东延为霍山（也称皖山）和张八岭，西段作西北—东南走向，东段作东北—西南走向，长270千米，是长江、淮河的分水岭。主峰天堂寨，位于湖北罗田、英山和安徽省金寨三县交界处，处于北纬31°，东经115°，海拔1729.13米；另一主要山峰为白马尖（也称霍山），海拔1774米，位于安徽省霍山县南。

大别山区位于我国东部地区，东西绵延约380公里，南北宽约175公里，是长江和淮河两大水系的分水岭，它横跨安徽、湖北、河南3省8市，现有43个县（市、区），其中安徽17个，湖北16个，河南10个，总面积8万多平方公里，总人口3400多万人，其行政区划分布见表4-1。

表4-1 大别山行政区划分布表

省份	市名	涵盖市县	市县数量
湖北	黄冈	黄州区、麻城市、红安县、蕲春县、英山县、罗田县、浠水县、团风县、武穴市、黄梅市、龙感湖区	11
	孝感	大悟县、孝昌县	2
	随州	广水市	1
	武汉	新洲、黄陂	2
河南	信阳	浉河区、平桥区、罗山县、淮滨县、新县、商城县、固始县、光山县、息县、潢川县	10
安徽	安庆	安庆市、桐城市、怀宁县、太湖县、宿松县、枞阳县、岳西县、潜山县、望江县、庐江县	10
	六安	六安市、寿县、霍山县、霍邱县、舒城县、金寨县	6
	合肥	肥西县	1

资料来源：根据三省政府相关文件整理。

大别山区是全国著名的革命老区，是中国革命的重要策源地之一。大别山革命根据地被誉为"红军摇篮、将军故乡"，是土地革命战争时期中国共产党领导创建的仅次于中央苏区的全国第二大革命根据地，经历了创建与统一、巩固与发展、坚持与保卫等阶段，一直到迎来全国革命的胜利。中国共产党建党初期，这里诞生了中国农村第一个共产党性质的组织——共存社；大革命时期，这里的农民运动风起云涌，成为全国农民运动发展最好的三个地区之一；土地革命战争初期，这里先后爆发了著名的黄麻起义、商南起义、六霍起义，诞生了红四方面军、红二十五军、红二十八军等红军主力部队。抗日战争时期，从这块土地上诞生了新四军第五师；解放战争时期，从这里展开了震惊中外的中原突围，拉开了全国解放战争的帷幕，继之，刘邓大军千里跃进大别山，奏响了全国战略反攻的序曲。在整个新民主主义革命时期，大别山地区革命红旗始终不倒，武装斗争坚持不断。为了中国革命的胜利，大别山200多万人民投身革命，近百万英雄儿女英勇献身。在这块英雄的土地上，先后有董必武、李先念两任国家主席，走出了徐向前、林彪、吴焕先、高敬亭、许世友、李德生、郑维山等300多位叱咤风云的元帅、将军和省部级以上领导干部，以及一大批党和国家、人民军队的优秀人才。大别山地区的党组织和人民群众，为中国革命的胜利作出了巨大的历史贡献。

然而，由于战争创伤，基础设施薄弱以及自然灾害频繁，加之多年来投入不足，欠账太多，导致大别山地区经济社会发展严重滞后，人民生活水平较低，成为全国少有的集中连片特困地区。

二、大别山试验区经济社会发展的基本情况

2011年2月，湖北省在鄂豫皖三省中率先提出了建设大别山革命老区社会经济发展试验区的战略任务。湖北大别山革命老区包括环大别山山脉的武汉市新洲区、黄陂区，随州市的广水市，黄冈市的所有县市和孝感市的大悟县、孝昌县等县（市、区）。初期启动范围以国家和省确定的扶贫开发重点县为主，具体包括黄冈市的红安县、麻城市、英山县、罗田县、团风县、蕲春县、孝感市的大悟县、孝昌县8个县市，并提出按照"三年明显变化、五年大变化、十年跨越式大发展"的要求，实现"红色的大别山、发展的大别山、绿色的大别山、富裕的大别山"这一总体目标，把大别山革命老区经济社会发展试验区基本建成具有较强经济活力、基础设施配套、区域协调发展的综合性试验区，成为全国同类型地区经济社会发展的示范区。

从表4-2可以看出，2010年，大别山区总人口达到3421.45万，占鄂豫皖三省总人口的15.58%，国土面积为8.32万平方公里，占鄂豫皖三省面积的16.89%。然而，与人口数和行政面积数不相匹配的是，大别山区生产总值、全社会固定资产投资总额、全社会消费品零售总额以及地方财政一般预算收入分别为4561.08亿元、3841.16亿

元、1761.14 亿元以及 218.13 亿元，占鄂豫皖三省的比重仅为 8.90％、9.79％、9.33％和 3.49％，城镇居民人均可支配收入和农村居民人均纯收入分别为 13739.00 元、5489.87 元，为三省平均水平的 86.26％和 99.44％。反映出大别山革命老区在经济发展规模以及人民生活水平上都低于三省平均水平。

表 4-2　　　　　　　　　2010 年度大别山区主要经济指标

名称		总人口（万人）	国土面积（万平方公里）	地区生产总值（亿元）	全社会固定资产投资总额（亿元）	全社会消费品零售总额（亿元）	地方财政一般预算收入（亿元）	城镇居民人均可支配收入（元）	农村居民人均纯收入（元）
鄂豫皖三省		21955.7	49.25	51257.75	39237.94	18875.16	6255.83	15924.33	5520.77
鄂豫皖大别山革命老区	绝对值	3421.45	8.32	4561.08	3841.16	1761.14	218.13	13739.00	5489.87
	占鄂豫皖三省比值	15.58	16.89	8.90	9.79	9.33	3.49	86.28	99.44
湖北大别山区	绝对值	1150.87	2.71	1606.77	1286.56	710.65	73.43	12871.00	5599.67
	占鄂豫皖大别山比值	33.64	32.55	35.16	33.50	40.35	33.67	93.68	102.00
黄冈大别山试验区	绝对值	742.41	1.75	862.30	736.06	407.00	39.98	12836.00	4634.00
	占湖北大别山比值	64.51	64.40	53.77	57.21	52.27	54.44	99.73	82.75
	占鄂豫皖大别山比值	21.70	21.03	18.91	19.16	23.11	18.33	93.43	84.41

数据来源：根据三省统计年鉴计算整理。

2010 年，湖北大别山革命老区在经济和社会发展总量上，均超过了鄂豫皖大别山区的 1/3，全社会消费品零售总额占比更是达到 40％以上；城镇居民可支配收入 12871 元，为大别山区城镇居民可支配收入的 93.68％；农村居民人均纯收入 5599.67 元，为大别山区农村居民人均纯收入的 102.00％。表明湖北大别山区城镇居民收入要低于大别山区的平均水平，农村居民人均纯收入略高于大别山区的平均水平。

作为湖北省率先成立的试验区的主体，2010 年，黄冈大别山试验区人口规模占到湖北省大别山区的 64.51％，大别山区的 21.70％，但地区生产总值、全社会固定资产投资总额、全社会消费品零售总额以及地方财政一般预算收入分别占到湖北省大别山区的 53.77％、57.21％、52.27％、54.44％，占大别山区的 18.91％、19.16％、

23.11%、18.33%，同样也反映出大别山试验区在人口上的数量优势并没有转化为经济发展中的规模优势。在收入方面，黄冈大别山试验区城镇居民可支配收入为12836.00元，分别占到湖北省大别山区平均水平和大别山区平均水平的99.73%、93.43%，农村居民人均纯收入为4634.00元，分别占到湖北省大别山区平均水平和大别山区平均水平的82.75%、84.41%，反映出黄冈大别山试验区城乡居民收入水平偏低的社会现实。

第三节　设立大别山革命老区经济社会发展试验区的现实意义

一、革命老区概况

革命老区是指第二次国内革命战争时期和抗日战争时期，在中国共产党和毛泽东等老一辈无产阶级革命家领导下创建的革命根据地。依此定义可知，革命老区是中国的一个特殊行政区划，那里的人民是对中国共产党的革命事业做出了特殊贡献的，是对中华人民共和国的建立做出了特殊贡献的。

根据民政部（民发［1979］30号）、财政部（［79］财税85号）文件规定，革命老根据地包括第二次国内革命战争根据地和抗日根据地。土地革命战争时期根据地的标准是：曾经有党的组织，有革命武装，发动了群众，进行了打土豪、分田地、分粮食牲畜等运动，主要是建立了工农政权，并进行了武装斗争，坚持半年以上时间的。抗日战争时期根据地的标准是：曾经有党的组织，有革命武装，发动了群众，进行了减租减息运动，主要是建立了抗日民主政权并进行武装斗争，坚持一年以上时间的。根据上述划分标准，我国的革命老区遍布全国大陆除新疆、青海、西藏以外的28个省（区、市）的1389个县，占全国总县（市、旗、区）数的48.5%，接近全国总县数的一半；18955个乡（镇），占全国乡镇总数的41.7%。

改革开放以来，我国革命老区有了不同程度的发展变化。但与其他地方相比，其经济社会发展速度和水平还存在较大差距，目前，我国革命老区中国家重点贫困县有310个，占全部592个国家贫困县的52.5%；列入省（区、市）重点扶持的421个，二者合计731个县，贫困老区县占到全部老区县的52.6%。由于革命老区一般位于交通不便的偏远地区、生存条件较差的山区等落后地区，资源条件尤其是资金、技术、高素质的人力资源条件非常匮乏，总体上发展还十分缓慢，甚至是严重滞后，一些老区依然是贫穷落后的代名词。这与革命老区人民作出的牺牲与贡献，与科学发展观和构建社会主义和谐社会的要求，形成了强烈的反差。因此，在推进社会主义和谐社会建设的进程中，必须关心老区，重视老区，支援老区，使老区人民和全国人民一道，共享改革发展成果。这既是老区人民的期盼，更是全面建成小康社会的需要，不仅在经济社会发展方面具有重要意义，而且在巩固政权建设、发挥政治优势、传承革命精神、形成正确导向等方面具有更加重要的意义。

二、对中央支持革命老区政策的反思

周恩来在新中国成立初期曾说："革命胜利了，不要下了山就忘了山，进了城就忘了乡，如果忘了，就是忘本。"胡锦涛讲："老区人民为中国革命胜利做出了重大贡献。中央会继续支援老区的建设和发展。"从历代领导人的讲话可以看出，从新中国成立至今，中共中央对革命老区的发展一直十分重视。中共中央也先后出台了一系列的政策和措施，扶持革命老区的建设与发展。

从时间序列上，我们可以把中共中央颁布的这些政策和措施划分为三个阶段：

第一阶段：新中国成立至1965年。中央为了全面掌握老区的情况，制定切实可行的措施，于1951年派出大规模的调查团奔赴各个革命老区进行调研和慰问。1952年，政务院发布了《关于加强老根据地工作的指示》，要求"无论从政治上或经济上都必须十分重视加强老根据地的工作，大力领导与扶植老根据地人民恢复与发展经济建设与文化建设"。为了进一步推动扶持革命老区工作的开展，内务部对以往的工作进行了全面总结，并根据革命老区恢复和发展的状况，把革命老区划分为三类。1957年，内务部在第二次大规模调查活动的基础上，对革命老区的工作重新做了部署：第一，党政各级领导，必须始终重视老区工作；第二，结合老区特点，从发展生产着手，使老区摆脱贫困；第三，全面规划，逐步实施；第四，派干部亲自参加实践，做好带头作用；第五，发挥老区政治优势，提高老区人民建设老区的积极性；第六，勤俭节约，防止浪费。1958年，受"左"倾思想的影响，老区发展陷入困境。1962年，中共中央提出"调整、巩固、充实、提高"的发展方针，但救济效果不显著，基本上属于治标不治本。

第二阶段：1966～1976年。这十年我国处在"文化大革命"时期，原有扶持老区的政策被否定，建设老区的工作完全停滞下来了，有些老区领导在"左"倾思想的影响下，制定了违背客观规律的发展政策，把老区建设引上了一条歧路，给老区带来了灾难性的后果。

第三阶段：1978年至今。十一届三中全会的召开使得革命老区的建设呈现出健康发展的趋势。1994年4月15日，国务院印发了《国家八七扶贫攻坚计划》，决定集中人力、物力、财力，动员社会各界力量加大对包括老区在内的贫困地区的扶贫工作，基本解决全国农村八千万贫困人口的温饱问题。2007年，时任中共中央总书记的胡锦涛在十七大报告中明确提出了"一个加大、两个提高"，即"加大对革命老区、民族地区、边疆地区、贫困地区发展扶持力度"。"提高扶贫开发水平，逐步提高扶贫标准"的任务。总体上看，国家扶持革命老区的政策在不断健全和完善，为革命老区的发展提供了强大的后盾。革命老区以发展经济为主轴进行的改革，也为国家积累了重要的改革经验。但这些政策在一些重点领域和关键环节上存在不少问题，使革命老区尚未取得深层次的突破，具体包括以下几个方面：

首先，针对革命老区的扶持政策缺乏规范性、系统性。现行相关政策措施大多散见于有关部门的政策文件中，对扶持主体的牵头单位、扶持对象的划分标准、扶持目标的具体实施方案未作出明确规定。有的仅是为响应国家号召临时起草编制的，实施难度较大。

其次，我国大多数政府部门都出台过扶持革命老区发展的政策，但由于各部门缺乏沟通协调，致使扶持政策内容交叉重复较多，尚未形成统一规划、相互补充、相互衔接的有机整体。

再次，扶贫政策与扶贫资金来源渠道不配套，致使扶贫资金难到位或难落实。革命老区在争取扶贫资金支持上，基本处于"跑部钱进"的状态。

最后，革命老区优惠政策缺乏法律保障。建设和发展老区是一项长期而艰巨的系统工程，在目前我国扶贫开发法规尚不成熟的情况下，许多老区优惠政策难以落实，革命老区群众难以共享现有社会主义建设所取得的成果。总而言之，国家在经济、政治、社会、法律等方面尚未形成协调统一的总体规划来解决老区问题。

更为重要的是，革命老区自身缺乏协同发展的意识，从中央到地方也缺乏协同发展的区域政策。比如，同为陕甘宁革命老区的各革命老区县，本来具有相同的自然条件、文化传统、风俗习惯和区位优势，即具有良好的区域整合基础，理应相互合作，形成区域规模经济优势。但实际上，各革命老区县实施的是行政区经济，区内政府各自为政，只谋求行政区域内的发展，忽略区内力量、资源的整合，没有从整体角度考虑和安排经济的发展，也没有制定相应的区域经济发展政策。大别山革命老区也大致如此。到目前为止，同处大别山革命老区的湖北、河南、安徽3省6市36县，仅就红色旅游区域建立"大别山旅游区域协作联合体"进行协商，并就相关方案达成共识，并由此开始了大别山地区红色旅游真正意义上的合作，其他方面的合作还未有实质性进展。

另外，在学术研究上也远远落后于形势发展的需要。虽然已有不少文章涉及老区问题，但过去的研究视角不广，不全面，大多局限在"脱贫"这一扶贫的层次上，对革命老区的发展问题探讨较少；大多局限在某一具体问题（如红色旅游）的研究上，缺乏综合性、整体性思考；大多局限在某一革命老区的个别问题的解决上，缺乏对中国整个革命老区的综合思考。更为重要的是，没有把"革命老区的发展问题"研究，放在中国宏观政策制定的大背景下进行审视。其结果，革命老区如何发展，仍然是一个远没有从根本上解决的问题。

当然，上述问题的存在折射出的是深层次上的问题，非地方政府单方面可以解决。可喜的是，目前已经有了进步和改观的苗头。随着《陕甘宁革命老区振兴规划》和《国务院关于支持赣南等原中央苏区振兴发展的若干意见》的正式出台，中国深化改革的大幕也许将由此徐徐拉开，革命老区或将迎来最好的发展机遇。

综上所述可知，一些传统的做法面临的问题主要表现在：传统的发展模式（即以发达地区带动不发达地区）加大了贫富差距，会限制全国发展的高度，会影响全国的发展速度；传统的扶贫模式会造成贫困地区无法实现跨越式发展；过去对革命老区的政策尚无法使革命老区取得深层次的突破。很显然，要解决这些问题，就需要转变思维方式，创新思路。为此，必须选择革命老区作为突破口，优先实现革命老区的跨越式发展。由于革命老区是不发达地区，这种选择等于将传统的发展模式倒了过来：让不发达地区先实现跨越式发展，并在此基础上再去提升中国经济的整体水平。由于革命老区是贫困地区，这样的选择又克服了传统扶贫模式存在的问题，同时使革命老区取得了深层次的突破，实现了跨越式发展。因此，这就需要对革命老区的发展采取特殊的政策和模式，通过"试验区"的模式和特殊的政策，来积极探索革命老区经济社会发展的重大问题。

三、在大别山设立革命老区经济社会发展试验区的现实意义

1. 革命老区的特殊地位

革命老区的发展问题不完全是一个经济问题，更应看作一个政治问题。这是因为革命老区有它明显的特殊性，应该予以特殊对待。一是政治特征。老区是一个政治概念，是在中国共产党领导下，为摧毁旧制度、建立新中国这个宏伟的政治任务而创建的革命根据地。老区是因革命战争创伤才造成的贫困，并一直影响了数代人。二是历史特征。老区是一个历史概念，是在新民主主义革命时期诞生的历史产物。在这个历史阶段以革命战争为主，老区人民创造的物质财富几乎全部支援了前线。到建设时期，老区因缺乏原始的资本积累，发展受到了严重的影响。三是区位特性。老区是一个地域概念，是当时国民党反动派统治最薄弱、能够保护自己有利打击敌人的地区。现在老区的状况与发展较快的地区相比，发展不平衡的问题相当突出，应该对曾经做出特殊贡献的特殊地区予以特殊对待。

在革命战争年代，老区人民养育了中国共产党及其领导的人民军队，提供了坚持长期斗争所需的人力、物力和财力，为壮大革命力量付出了巨大牺牲，为新中国的建立作出了巨大的贡献。以湖北省为例，至全国解放，湖北省经查证注册的烈士就有12万多人，实际上为革命捐躯的有百万之众，载入中国共产党革命英烈大典的也有陈

谭秋等 380 多人。

社会主义建设时期，老区人民积极发展农业生产，为工业发展提供了原材料，支持了全国的工业化进程。改革开放 30 多年来，革命老区大量的高素质、青壮年农村剩余劳动力进城务工，成为经济增长的有力助推剂，创造了连续几十年快速发展的"中国奇迹"。他们作为事实上的城市产业工人的主力军，创造了大量的剩余价值，为社会主义现代化建设作出了新的贡献。而在这一过程中，社会财富向城市集聚，进一步拉大了革命老区与发达地区的发展差距。

因此，国家现在对老区采取扶持政策，不是对老区人民的"施舍"，而是"回报"，是一种义务和责任。这种扶持不仅要长期坚持，还应加大力度反哺老区，创新体制机制促进老区经济社会快速发展。中央领导同志在许多场合都曾说过这样的话。如江泽民同志在历次中央扶贫开发工作会议上都强调要尽快帮助老区人民脱贫致富，他说："革命老区在战争年代为党和人民的事业作出了巨大贡献，付出巨大牺牲，我们有责任帮助老区群众尽快脱贫致富。否则我们就难以向烈士交代，向人民交代。应该集中一切财力、物力和人力，尽快地解决好这些地区的问题。"胡锦涛同志也指出："在新的历史时期，一定要继承和发扬光荣革命传统，加快老区建设步伐，使革命老区在现代化建设的征途中取得更大成绩，作出更大的贡献"。

2010 年 12 月，在谈到大别山革命老区的发展时，湖北省委书记李鸿忠深情地说："算历史账，我们无限怀念；算感情账，我们十分惭愧；算政治账，我们责任重大；算发展账，我们心情急切。"他指出，建立大别山革命老区经济社会发展试验区，要算好这四笔账，建设"红色大别山""绿色大别山""发展大别山""富裕大别山"，实现大别山区的跨越式发展，"我们有义不容辞的政治责任和社会责任"。

由此可见，革命老区的发展，具有不同于其他地区的特殊意义，其重要性不仅仅体现在经济社会发展方面，更多地体现了国家对于老区人民的一种人文关怀和对革命年代巨大付出的回报与补偿。

2. 设立革命老区经济社会发展试验区的意义

改革开放以来，我国采取的发展模式是：让一部分地区先富起来，然后由先富的地区去带动落后地区的发展。而设立革命老区经济社会发展试验区，则是在科学发展观的指引下，积极探索老区发展的新路径和新措施，在保持发达地区经济发展效益与效率的同时，实现不发达的革命老区的跨越式发展，从而促进全国区域经济协调发展目标的实现。

（1）在革命老区设立国家级经济社会发展试验区是坚持"发展是第一要义"的必然要求。

胡锦涛同志曾指出："在新的历史时期，一定要继承和发扬光荣革命传统，加快老区建设步伐，使革命老区在现代化建设的征途中取得更大成绩，作出更大的贡献。"但革命老区经济社会发展相对缓慢，经济规模总量较小，严重影响了全国总体经济水平的提高。革命老区如果生产力得不到解放和发展，经济水平持续偏低，那么全国经济又好又快发展的目标就难以实现，区域实现跨越式发展就是一句空话。

（2）在革命老区设立经济社会发展试验区是坚持以人为本的必然要求。

以人为本的"人"，是指以工人、农民、知识分子等劳动者为主体，包括社会各阶层人民在内的中国最广大人民群众。坚持以人为本，就是要不断满足人民群众日益增长的物质文化需要，就是要妥善协调各方面的利益关系，使广大人民群众走上共同富裕的道路，发展成果由人民共享。革命时期，革命老区人民抛头颅、洒热血，为中国革命的历史谱下了辉煌的篇章，为中华人民共和国的诞生立下了不可磨灭的历史功勋。在新时期，革命老区在让一部分人、一部分地区先富起来的政策体制下，为一部分人、一部分地区又做出了巨大牺牲和无私奉献。现在应该是部分先富起来的人、先富起来的地区反哺革命老区的时候了。加快革命老区的建设与发展，也是坚持以人为本的必然要求。

（3）在革命老区设立经济社会发展试验区是实现全面协调可持续发展的必然要求。

全面协调可持续发展离不开统筹兼顾，统筹兼顾是我们党在长期革命、建设、改革实践中形成的一条宝贵经验。党的十六届三中全会提出了"五个统筹"的思想，即统筹城乡发展、统筹区域发展、统筹经济社会发展、统筹人与自然和谐发展、统筹国内发展和对外开放。按照这一基本思想，党和国家就需在指导方针、政策措施上，注重加强经济社会发展的薄弱环节，实现由重城轻乡向以城带乡的转变。特别是要重视解决老、少、边的发展问题，促进革命老区又好又快的发展。现阶段，革命老区建设与发展面临诸多挑战，主要表现在以下几个方面：首先，受市场竞争机制的影响，革命老区经济社会发展越来越滞后。革命老区由于自身，在市场竞争机制中无法获得各种资源，在经济博弈中处于弱势地位。其次，受地理区域位置的影响，革命老区与本省经济、社会发展平均水平的差距越来越大。因此，坚持统筹兼顾的根本方法就是要促进协调发展，加大对革命老区的扶持力度，必要时需采取特殊措施，以便加快革命老区建设与发展的步伐。

（4）在革命老区建立经济社会发展试验区是确保社会公平，避免财富两极化的重要途径。

确保社会公平必须避免政府俘获。"政府俘获"（State Capture；Government Capture）一词首先出现于斯蒂格勒 1971 年在 The Bell Journal of Economics and Management Science 上发表的 The Theory of Economic Regulation 一文中。意指"立法者和管理机构也追求自身利益的最大化，因而某些特殊利益集团能够通过'俘获'立法者和管制者而使政府提供有利于他们的管制"。他首先揭示了在成熟的市场经济国家，"政府俘获"现象是客观存在的。从 1999 年起，世界银行专家丹尼尔·考夫曼（Daniel Kaufmann）、乔尔·赫尔曼（Joel S. Hellman）等人在世界银行组织和欧洲复兴开发银行的支持下，对22个转轨国家进行了调查，证实在这些国家中也存在着严重的"政府俘获"社会现象。

其实"政府俘获"的思想渊源可以追溯到马克思。他在提出"经济基础决定上层建筑"这一著名论断时就提到，大财团、大企业会控制政府机构。同样，中国也存在着"政府俘获"这一社会现象。一旦"政府俘获"现象发生，它产生的影响是多方面的。首先是会影响中国的持续改革。因为"俘获"了政府的强势集团会综合运用在经济上、话语上甚至是道德上的影响力，来控制改革的方向，制定有利于"俘获者"的政策、法律，使得利益集团可以合法地进行"不合法"财富转移和掠夺，从而使改革走进歧途或夭折。其次，被"俘获"的政府会由维护者变成公平的破坏者。因为政府被"俘获"后，会打破国家原有的社会分配方式，使市场中的资源不是在市场中自由流动，而是与政府的公共权力资源相互合谋，共同瓜分社会财富。这就会产生两个极大的问题：一是社会财富总量的减少，社会中绝对贫困人口增加；二是社会中形成官商"食利者阶层"，导致社会分化成对立的两个阶层——富有的食利者阶层和贫穷的劳动者阶层。

"政府俘获"产生的前提是利益集团的存在，并且存在着强势利益集团。所以解决"政府俘获"的方法之一，就是政府要去鼓励其他利益集团的发展，使得利益集团之间参与竞争，以使社会利益集团的调和由政府行为变为利益集团之间的谈判行为。为此，就要维护弱势群体的利益，让弱势群体形成集团，更好地利用自身的力量。

中国的利益集团可以简单分为富人集团和穷人集团。目前最容易"俘获"政府的是富人集团。为了防止"俘获"政府现象的发生，就应该维护穷人集团的利益，发展壮大穷人集团。发展壮大穷人集团的最好办法，就是促进贫困地区的发展，提高贫困地区的经济社会发展水平。由于革命老区大多是贫困地区，促进革命老区的经济社会发展，就是促进穷人集团的发展。所以积极推动革命老区的经济社会发展，就是为了防止"政府俘获"发生的一种保障措施。

第四节　大别山试验区建设的成效

大别山革命老区经济社会发展试验区自2011年2月提出以来，得到了包括湖北省委省政府、省直20多个部门、试验区所在地市、相关院校和科研院所、行业协会组织等部门的关注和大力支持。大别山试验区各市县按照省委、省政府的统一部署，围绕建设"科学发展的示范区、解放思想的试验区、艰苦奋斗的创业区、民生改善的先行区"的目标，以建设"四个大别山"为重点，科学规划试验区的发展路径，全力推进试验区的各项建设。从目前的情况来看，试验区建设已经取得了初步的成效。

统计数据显示，湖北先期进入试验区的 8 个县市，2011 年国内生产总值、财政收入和农民人均纯收入等主要经济指标，均以超过 10% 的速度增长。作为大别山试验区建设的主体，2011 年黄冈市 GDP 实现了 14% 的增幅，高于湖北省 13.8% 的平均增长水平。这与先期进入试验区的 6 个县市的较快发展有着必然的联系。下面仅以黄冈市所属的试验区县市的发展情况进行对比分析。

从地区经济总量来看，2010 年，试验区 6 县市的地区生产总值为 438.85 亿元，占黄冈市地区生产总值的 50.89%；2011 年试验区 6 县市地区生产总值为 542.58 亿元，同比增长 23.64%，占黄冈市地区生产总值的比重提升到 51.92%，提高了 1.03 个百分点。从人均 GDP 来看，试验区从 2010 年的 11072.01 元增加到 2011 年的 15674.71 元，同比增长 41.57%，分别是黄冈市人均 GDP 的 82.50% 和 92.71%，与黄冈市人均 GDP 的差距由 2010 年的 2348.99 元，减少为 1233.29 元。见表 4-3。

表 4-3 　　　　　　　　试验区的地区生产总值占黄冈市的比重变化

	地区生产总值（GDP）（亿元）		人均 GDP（元）	
	2010 年	2011 年	2010 年	2011 年
试验区	438.85	542.58	11072.01	15674.71
黄冈市	862.30	1045.1	13421	16908
试验区占黄冈市的比重（%）	50.89	51.92	82.50	92.71

资料来源：根据 2012 年《湖北统计年鉴》计算整理。

从个人收入水平来看，2010 年试验区农民人均纯收入为 3988 元，是黄冈市农民人均纯收入平均水平的 86.06%；2011 年，试验区农民人均纯收入达到 4642 元，同比增长 16.40%，低于黄冈市农民人均纯收入 17.35% 的增长率，是黄冈市农民人均纯收入平均水平的 85.37%，表明试验区的建设并没有给 6 县市农民收入水平产生明显的促进作用。另外，从城镇居民人均可支配收入来看，2010 年，试验区城镇居民人均可支配收入为 12185 元，是黄冈市平均水平 12832 元的 94.96%；2011 年，试验区城镇居民人均可支配收入提高到 14341 元，同比增长 17.69%，比黄冈市城镇居民人均可支配收入 14.80% 的增长率高 2.89 个百分点，占黄冈市平均水平的比重提高到 97.35%。表明在 2011 年试验区的建设中，对个人收入水平的促进作用，更多地体现在对城镇居民收入的提高上面，而对于农村居民收入的促进作用还不是很明显。见表 4-4、表 4-5。

表 4-4 　　　　　　　　试验区农民人均纯收入与黄冈市平均水平的比较

农民人均纯收入	2010 年（元）	2011 年（元）	同比增长（%）
试验区	3988	4642	16.40
黄冈市	4634	5438	17.35
试验区占黄冈市的比重（%）	86.06	85.37	

资料来源：根据 2012 年《湖北统计年鉴》计算整理。

表4-5　　　　　　　　试验区城镇居民人均可支配收入与黄冈市平均水平的比较

城镇居民人均可支配收入	2010年（元）	2011年（元）	同比增长（%）
试验区	12185	14341	17.69
黄冈市	12832	14731	14.80
试验区占黄冈市的比重（%）	94.96	97.35	

资料来源：根据2012年《湖北统计年鉴》计算整理。

与个人收入水平密切相关的一个经济指标是居民储蓄余额。从统计数据来看，2010年试验区居民储蓄余额为343.50亿元，占黄冈市居民储蓄余额681.40亿元的50.41%；2011年试验区居民储蓄余额达到416.80亿元，同比增长21.34%，高于黄冈市居民储蓄余额19.86%的增长率，占黄冈市居民储蓄余额的比重提高到51.30%。居民储蓄余额的持续增长表明试验区居民可支配的资金逐渐增多，同时也为试验区的经济建设提供了充足的资金来源保障。见表4-6。

表4-6　　　　　　　　试验区的居民储蓄余额占黄冈市的比重变化

居民储蓄余额	2010年（亿元）	2011年（亿元）	同比增长（%）
试验区	343.50	416.80	21.34
黄冈市	681.40	816.71	19.86
试验区占黄冈市比重（%）	50.41	51.03	

资料来源：根据2012年《湖北统计年鉴》计算整理。

在试验区众多的经济指标中，招商引资额的变化较为突出。2010年，试验区招商引资额为46.89亿元，占黄冈市招商引资总额的37.63%；2011年，在大别山试验区建设一年的情况下，黄冈6县市招商引资额达到77.66亿元，同比增长65.63%，比黄冈市招商引资7.07%的增长率高将近60个百分点，占黄冈市招商引资总额的比重提升到58.21%，成效极其显著。见表4-7。这与试验区建设以项目为载体，积极推进政策项目化、项目具体化的具体措施密不可分。据统计，试验区建设启动以来，全市招商引进项目4933个，协议投资超过千亿元，其中亿元以上项目432个，包括总投资200亿元的浠水兰溪低碳陶瓷产业园、总投资150亿元的湖北（黄冈）融园食品产业城、100亿元的红安中部轻纺服装城等一批重大项目成功落户黄冈市，为大别山试验区注入了发展的强大动力。

表4-7　　　　　　　　试验区的招商引资额占黄冈市的比重变化

招商引资	2010年（亿元）	2011年（亿元）	同比增长（%）
试验区	46.89	77.66	65.63
黄冈市	124.60	133.41	7.07
试验区占黄冈市的比重（%）	37.63	58.21	

资料来源：根据2012年《湖北统计年鉴》计算整理。

伴随着大别山试验区建设的推进，黄冈市基础设施建设也得到了极大改善。总长458公里的大别山红色旅游公路建成通车，连接大别山旅游经济带三大片区，一线串起大别山沿线的红色革命遗址、绿色生态、禅宗文化三大旅游区的38个景点，惠及沿线23个乡镇230万群众；连接武汉城区、构筑区域发展平台的黄冈长江二桥加快速度完成主体施工，武汉至黄冈城际铁路加速推进，黄冈至武汉半小时经济圈初现雏形。这些都为大别山试验区的快速发展奠定了坚实的基础。

大别山试验区建设的实践证明，通过有力的扶持政策允许特定区域先行先试，在体制机制创新和特色产业培育方面探索出一条符合区域实际的发展之路，有利于发挥欠发达地区的后发优势，促进地区的跨越式发展。

第五章

大别山试验区提升为国家战略的必要性

正是鉴于先期进入大别山试验区的相关县市取得了较为明显的成效，湖北省委、省政府决定，在初期启动 8 个县市的基础上扩大试验区范围，将黄冈市所属其余 5 个县（市、区），随州市的广水市，武汉市的黄陂区、新洲区，孝感市的安陆市、双峰山旅游度假区等纳入试验区范围。至此，湖北省大别山革命老区经济社会发展试验区共涉及 4 个市、18 个县（市、区）。然而，如果要更好地促进大别山革命老区的发展，必须站在国家战略层面的高度，依靠鄂豫皖三省的区域协作来建立国家级的大别山试验区，也就是说，在湖北大别山试验区建设的基础上，进一步把试验区提升为国家战略，从更高的层面和更广的范围积极推动老区的跨越式发展。

第一节　大别山试验区提升战略是贯彻国家区域发展战略的重要内容

一、21 世纪以来我国国家区域发展规划的基本情况

进入 21 世纪以来，我国加强了对区域发展的指导，相继设立了许多在国家战略层面上推动改革发展的重点区域，特别是 2009 年以来，区域发展规划密集出台的趋势更

为明显。区域规划和政策已经成为国家宏观调控的重要手段，成为落实区域发展总体战略的重要举措，推动了国家经济增长格局的深刻改变，各区域自我发展能力和区域间协调性得到明显增强，有力地促进了我国经济的增长。近年来，我国区域经济蓬勃发展，已经从依靠行政区域转向区域联合协作、从传统的经济合作发展为现代的战略协作、从区域性发展战略上升为国家级发展战略，区域的联合协作已成为促进区域协调发展的重要载体和最大亮点。

从表5-1可以看出，近年来，上升到国家战略层面的区域规划大体可以分为两种类型：国家综合配套改革试验区和国家级区域发展战略。这些上升为国家战略的区域规划和试验区大致包括了以下几种主题：（1）注重公共事务的改革，探索城乡均衡发展模式，如成渝特区；（2）解决和谐发展、可持续发展问题，如武汉城市圈、长株潭城市群两型社会建设；（3）探索老工业基地实现新型工业化的问题，如辽宁沿海经济带、沈阳经济区；（4）行政管理体制、经济体制改革的先行先试，如浦东新区、滨海新区和深圳特区；（5）探索"一国两制"下与港澳合作的新模式，如横琴新区；（6）探索循环经济与生态经济发展模式，如黄河三角洲、鄱阳湖生态经济区；（7）打造两岸人民交流合作的先行先试区域，促进祖国统一大业，如海峡西岸经济区；（8）国际、国内多区域合作示范区，如广西北部湾经济区、图们江开发区；（9）承接和联动东、中、西部经济发展的区域，如皖江城市带、中原经济区；（10）探索能源结构和产业结构的转型，如山西省国家资源型经济转型综合配套改革试验区；（11）发展以海洋经济为主题的区域发展战略，如山东半岛蓝色经济区；（12）对欠发达地区的扶持，如西部、西藏、新疆、青海等省的发展定位；（13）对特定领域的探索与试验，如浙江省温州市金融综合改革试验区、义乌市国际贸易综合改革试点区、中国（上海）自由贸易试验区；（14）对革命老区的重视与扶持，如陕甘宁革命老区振兴规划、赣南等原中央苏区振兴规划。

表5-1   2000年以来国家战略经济区一览表

序号	经济区名称	批准时间	覆盖范围	功能定位
1	西部	2000年10月	西部12省（区、市），即四川、云南、贵州、西藏、重庆、陕西、甘肃、青海、新疆、宁夏、内蒙古和广西	国家重要的能源基地、资源深加工基地、装备制造业基地、战略性新兴产业基地。
2	东北老工业基地	2003年10月	以大连、沈阳、哈尔滨、长春为轴线的东北工业基地。辐射有齐齐哈尔、大庆、吉林、鞍山、本溪等工业城市	具有国家竞争力的装备制造业基地、国家新型原材料和能源保障基地、国家重要商品粮和农牧业生产基地、国家重要的技术研发与创新基地、国家生态安全的重要保障区。

序号	经济区名称	批准时间	覆盖范围	功能定位
3	上海浦东新区	2005 年 6 月	浦东新区	改革开放先行先试区、自主创新示范引领区、现代服务业核心集聚区、综合配套改革的试验区、开放和谐的生态区。
4	成渝统筹城乡发展综合配套改革试验区	2007 年 6 月	以成都、重庆两市为中心，主要包括：重庆（市区）、成都、雅安、乐山、绵阳、德阳、眉山、遂宁、资阳、宜宾、泸州、自贡、内江、南充、广安、达州、广元、都江堰、彭州、邛崃、崇州、广汉、什邡、绵竹、江油、峨眉山、阆中、华莹、万源、简阳以及重庆的江津、合川、永川	西部地区的经济中心、西部地区的产业聚集区、内陆推进开放的试验区、全国统筹城乡发展的示范区、长江上游生态安全的保障区。
5	武汉城市圈	2007 年 12 月	以武汉为圆心，包括黄石、鄂州、黄冈、孝感、咸宁、仙桃、天门、潜江周边 8 个城市所组成的城市圈	全国资源节约型和环境友好型社会建设的示范区，全国重要的综合交通枢纽、科技教育以及汽车、钢铁基地，区域性的信息产业、新材料、科技创新基地和物流中心。
6	长株潭城市群	2007 年 12 月	长沙、株洲、湘潭三市	全国资源节约型和环境友好型社会建设的示范区，全国重要的综合交通枢纽以及交通运输设备、工程机械、节能环保装备制造、文化旅游和商贸物流基地，区域性的有色金属和生物医药、新材料、新能源、电子信息等战略性新兴产业基地。
7	河北曹妃甸循环经济示范区	2008 年 1 月	唐山市曹妃甸工业区、南堡经济开发区、唐山市唐海县和唐山市曹妃甸新城	中国能源矿石等大宗货物的集疏港，新型工业化基地，商业性能源储备基地，国家级循环经济示范区，中国北方商务休闲之都和生态宜居的滨海新城。
8	广西北部湾经济区	2008 年 1 月	南宁、北海、钦州、防城港四市和玉林、崇左两个市物流中心"4＋2"所辖行政区域组成	中国—东盟开放合作的物流基地、商贸基地、加工制造基地和信息交流中心。带动、支撑西部大开发的战略高地和开放度高、辐射力强、经济繁荣、社会和谐、生态良好的重要国际区域经济合作区。

续表

序号	经济区名称	批准时间	覆盖范围	功能定位
9	天津市滨海新区	2008 年 3 月	天津港、天津经济技术开发区、天津保税区、原塘沽、汉沽、大港三个管委会和东丽、津南区	我国北方对外开放的门户、高水平的现代制造业和研发转化基地、北方国际航运中心和国际物流中心。
10	珠江三角洲地区	2009 年 1 月	广州、深圳、珠海、佛山、江门、东莞、中山、惠州市和肇庆市	探索科学发展模式试验区，深化改革先行区，扩大开放的重要国际门户，世界先进制造业和现代服务业基地，全国重要的经济中心。
11	深圳经济特区	2009 年 5 月	罗湖、福田、南山、宝安区、龙岗区和光明新区、盐田区	科学发展示范区，改革开放先行区，自主创新领先区、现代产业集聚区，粤、港、澳合作先导区，法制建设模范区。
12	海峡西岸经济区	2009 年 5 月	福州、厦门、泉州、漳州、龙岩、莆田、三明、南平、宁德；浙江温州、丽水、衢州；江西上饶、鹰潭、抚州、赣州；广东梅州、潮州、汕头、揭阳共计 20 个市	两岸人民交流合作先行先试区域、我国重要的自然和文化旅游中心、东部沿海地区先进制造业的重要基地。
13	江苏沿海地区	2009 年 6 月	连云港、南通和盐城三市	重要的综合交通枢纽，沿海新型的工业基地，重要的土地后备资源开发区、东部地区重要的经济增长极和辐射带动能力强的新亚欧大陆东方桥头堡。
14	关中—天水经济区	2009 年 6 月	陕西省西安、铜川、宝鸡、咸阳、渭南、杨凌、商洛（部分区县）和甘肃省天水所辖行政区域	全国内陆型经济开发开放战略高地，全国先进制造业重要基地。全国现代农业高技术产业基地。彰显华夏文明的历史文化基地。统筹科技资源改革示范基地。
15	横琴	2009 年 6 月	珠海市横琴岛所在区域	把横琴建设成为"四基地一平台"，即：粤港澳地区的区域性商务服务基地，与港澳配套的世界级旅游度假基地，珠江口西岸的区域性科教研发平台和建设融合港澳优势的国际级高新技术产业基地。
16	辽宁沿海经济带	2009 年 7 月	大连、丹东、锦州、营口、盘锦、葫芦岛等沿海城市	东北亚国际航运中心和国际物流中心、具有国际竞争力的临港产业带。

序号	经济区名称	批准时间	覆盖范围	功能定位
17	中部地区	2009年9月	山西、河南、湖北、安徽、湖南和江西	重要的粮食生产基地、能源原材料基地、现代装备制造及高技术产业基地、综合交通运输枢纽。
18	长吉图开发开放先导区	2009年11月	吉林省长春市、吉林市部分区域和延边朝鲜族自治州	我国沿边开发开放的重要区域，面向东北亚开放的重要门户，以及东北亚经济技术合作的重要平台，成为东北地区新的重要增长极，建设成为我国沿边开发开放的先行区和示范区。
19	黄河三角洲高效生态经济区	2009年11月	东营市：东营区、河口区、广饶县、垦利县、利津县 滨州市：滨城区、邹平县、沾化县、惠民县、博兴县、阳信县、无棣县 德州市：乐陵市、庆云县 潍坊市：寿光市、寒亭区、昌邑市 烟台市：莱州市 淄博市：高青县	全国重要的高效生态经济示范区、特色产业基地、后备土地资源开发和环渤海地区重要的增长区域。
20	鄱阳湖生态经济区	2009年12月	南昌、景德镇、鹰潭3市，以及九江、新余、抚州、宜春、上饶、吉安市的部分县（市、区），共38个县（市、区）和鄱阳湖全部湖体在内	生态经济示范区和中国低碳经济发展先行区、全国大湖流域综合开发示范区、长江中下游水生态安全保障区、加快中部崛起重要带动区和国际生态经济合作重要平台。
21	甘肃省	2009年12月	甘肃省	国家循环经济示范区
22	皖江城市带	2010年1月	合肥、芜湖、马鞍山、铜陵、安庆、池州、巢湖、滁州、宣城9市，以及六安市的金安区和舒城县，共59个县（市、区）	长三角拓展发展空间的优选区、长江经济带协调发展的战略支点，引领中部地区崛起的重要增长极；合作发展的先行区、科学发展的试验区、中部地区崛起的重要增长极、全国重要的先进制造业和现代服务业基地。
23	海南国际旅游岛综合试验区	2010年1月	海南	中国旅游业改革创新的试验区、全国生态文明建设示范区、国际合作交流的重要平台、南海资源开发和服务基地、国家热带现代农业基地。

序号	经济区名称	批准时间	覆盖范围	功能定位
24	青海省柴达木循环经济试验区	2010年3月	格尔木、德令哈、乌兰、大柴旦、都兰、天峻、冷湖、茫崖	依托交通干线、围绕优势资源、培育特色产业、发展循环经济、构建"一区四园"（格尔木工业园、德令哈工业园、乌兰工业园、大柴旦工业园）。
25	沈阳经济区	2010年4月	沈阳、鞍山、抚顺、本溪、营口、阜新、辽阳、铁岭	国家新型工业化综合配套改革试验区。
26	长江三角洲地区	2010年5月	上海、南京、苏州、无锡、常州、南通、扬州、泰州、镇江、盐城、连云港、淮安、宿迁、徐州 浙江省：杭州、宁波、衢州、绍兴、嘉兴、台州、湖州、舟山、金华、丽水、温州	亚太地区重要的国际门户、全球重要的现代服务业和先进制造业中心、具有较强国际竞争力的世界级城市群。
27	两江新区	2010年6月	江北区、渝北区、北碚区三个行政区部分区域	西部内陆地区对外开放的重要门户、长江上游地区现代商贸物流中心、长江上游地区金融中心、国家重要的现代制造业和国家高新技术产业基地、内陆国际贸易大通道和出口商品加工基地、长江上游的科技创新和科研成果产业化基地。
28	新疆喀什霍尔果斯经济开发区	2010年10月	喀什市、伊尔克什坦、霍尔果斯、伊宁市、清水河配套产业园区	我国向西开放的重要窗口，新疆跨越式发展新的经济增长点。
29	山西省国家资源型经济转型综合配套改革试验区	2010年12月	山西省	加快产业结构的优化升级和经济结构的战略性调整，建设资源节约型和环境友好型社会。
30	山东蓝色经济区	2011年1月	山东全部海域和青岛、东营、烟台、潍坊、威海、日照6市及滨州市的无棣、沾化2个沿海县所属陆域	黄河中下游地区对外开放的重要门户和陆海交通走廊，全国重要的先进制造业、高新技术产业基地，全国重要的蓝色经济区。
31	西藏	2011年3月	西藏自治区	重要的国家安全屏障、重要的生态安全屏障、重要的战略资源储备基地、重要的高原特色农产品基地、重要的中华民族特色文化保护地、重要的世界旅游目的地。

序号	经济区名称	批准时间	覆盖范围	功能定位
32	浙江省义乌市国际贸易综合改革试点区	2011年3月	义乌市	转变外贸发展方式的示范区,带动产业转型升级的重要基地、世界领先的国际小商品贸易中心和宜商宜居的国际商贸名城。
33	中原经济区	2011年9月	以河南省为主体,包含山东、山西、湖北、安徽省部分地区。	国家重要的粮食生产和现代农业基地,全国工业化、城镇化和农业现代化协调发展示范区,全国重要的经济增长板块,全国区域协调发展的战略支点和重要的现代综合交通枢纽,华夏历史文明传承创新区。
34	厦门市深化两岸交流合作综合配套改革试验区	2011年12月	厦门市	两岸经贸合作最紧密区域,文化交流最活跃平台、直接往来最便捷通道、同胞融合最温馨家园。
35	浙江省温州市金融综合改革试验区	2012年3月	温州市	构建与经济社会发展相匹配的多元化金融体系。
36	陕甘宁革命老区	2012年3月	陕西省延安、榆林、铜川,甘肃省庆阳、平凉,宁夏回族自治区吴忠、固原、中卫等8个地级市,以及陕西省富平、旬邑、淳化、长武、彬县、三原、泾阳,甘肃省会宁,宁夏回族自治区灵武等9个县(市)	黄土高原生态文明示范区,国家重要能源化工基地,国家重点红色旅游区,现代旱作农业示范区,基本公共服务均等化试点区。
37	赣南等原中央苏区	2012年7月	福建省的浦城、建宁、泰宁、宁化、清流、明溪、龙岩、长汀、连城、上杭、永定、武平、漳平、平和、将乐、沙县、邵武、诏安、武夷山、光泽、建瓯、建阳。江西省的瑞金、兴国、宁都、于都、石城、会昌、寻乌、信丰、安远、广昌、黎川、上犹、崇义。广东省的兴宁市、梅县、平远、大埔、饶平、南雄、龙川	全国革命老区扶贫攻坚示范区、全国稀有金属产业基地、先进制造业基地和特色农产品深加工基地,重要的区域性综合交通枢纽,我国南方地区重要的生态屏障,红色文化传承创新区。

序号	经济区名称	批准时间	覆盖范围	功能定位
38	宁夏内陆开放型经济试验区	2012年9月	宁夏回族自治区	国家向西开放的战略高地，国家重要的能源化工基地，清真食品和穆斯林用品产业集聚区，承接产业转移的示范区。
39	中国（上海）自由贸易试验区	2013年8月	上海市外高桥保税区、外高桥保税物流园区、洋山保税港区和上海浦东机场综合保税区	推进改革和提高开放型经济水平的"试验田"。

资料来源：根据收集的资料整理。

二、我国国家区域发展规划的主要特点

从现有国家批准区域规划的内容来看，主要体现了四个战略指向：一是有利于培育重要增长极和提高国家综合国力的区域；二是有利于破解特殊困难和提升自我发展能力的地区；三是有利于推进国际区域合作和提升对外开放能力的区域；四是有利于探索区域发展、区域管理先进模式的区域。值得指出的是，上升为国家战略的区域发展规划，大部分是地方基于国家发展战略调整而制订的规划，这些地方规划由于对国家整体发展有示范、实验、带动和辐射作用而被纳入国家战略层面。一方面，表明这些特定地区战略地位的重要，具有从国家层面来考虑支持其发展的必要性；另一方面，这些特定区域的规划也是为了培育"次增长极"，解决特定区域的发展问题，从而促进各区域之间及其内部的协调发展。

从国家批准相关规划的时间序列来看，近年来密集出台的十多个国家级区域规划和试验区存在以下两个显著特征：一是区域发展注重经济意义的同时，兼顾政治意义；二是区域发展更加突出生态环境保护，强调地区经济社会的可持续发展。改革开放以来的特区经济在推动我国对外开放和城市化进程中发挥了重要作用，探索创新作为特区的主要任务，其扮演的角色主要是经济上的改革者，这一时期的区域发展更注重经济意义。随着我国区域经济发展战略的调整，当前的区域经济发展除了经济层面的考虑之外，还从政治上肯定了区域规划的重要性。与此同时，在科学发展观指导下，区域发展规划也要求根据资源环境的承载力、开发条件和潜力，确定能够体现区域经济特色的战略目标定位，并对产业布局、基础设施、生态环境和社会发展做出统一的、合理的部署和谋划。可见，地方的发展现状、区位条件、资源特色以及试验内容的"引领性"、重点任务的"攻坚性"和改革成果的"示范性"等战略意义成为决定地方的区域规划能否上升为国家发展战略的重要条件。

三、大别山试验区提升为国家战略符合我国区域发展规律

大别山地区是我国著名的革命老区，也是全国 14 个集中连片的重点贫困地区之一，还是湖北省四大贫困山区（大别山区、武陵山区、秦巴山区、幕阜山区）之一，是集革命老区、边远山区和贫困地区于一身的典型代表，在全省乃至全国具有独特的地位。党和国家一直以来都非常重视革命老区的发展，始终把革命老区作为扶贫开发的重点区域。党的十七大明确提出"加大对革命老区、民族地区、边疆地区、贫困地区扶持力度"，中共十七届五中全会通过的《中共中央关于制定国民经济和社会发展第十二个五年规划的建议》中进一步指出："要实施区域发展总体战略和主体功能区战略，加大对革命老区、民族地区、边疆地区、贫困地区扶持力度，构筑新的区域发展格局。"因此，把大别山试验区提升为国家战略，是对中央扶持老区政策的贯彻落实，不仅有利于促进革命老区经济社会的发展，具有重要的经济意义，而且是贯彻国家扶持老区发展政策的具体体现，具有重大的政治意义。另外，从国家现已批准的涉及两个以上省份的跨省区规划的目的来看，一是为了解决单一省份内部无法解决的发展问题，比如跨省区之间的交通网络建设、生态环境保护、重大产业分工协作以及相关地方政策的协调；二是为了培育国家一级的经济增长极，从而带动辐射更大范围的区域发展。大别山区是鄂豫皖三省的重要结合部，也是连接皖江城市群、长三角和武汉城市圈的重要桥梁和纽带，具有重要的战略地位。把大别山试验区上升为国家战略，有利于通过国家层面的规划，统筹考虑，建立鄂豫皖三省的跨区域协调机制，实现区域公共服务、基础设施、生态环境保护以及公共事务等公共项目的衔接与融合，促进区域间要素禀赋的合理分工与资源的有效共享，构建相互促进、优势互补、良性互动、利益共享的区域合作新模式，推进三省合作关系的深化，为"中部崛起"战略提供强有力的支撑。

第二节　大别山试验区提升战略是促进区域
经济协调发展的内在要求

一、我国区域经济协调发展的基本历程

促进区域经济协调发展，逐步扭转地区差距扩大的趋势，是我国现代化建设中的一个重大战略问题，也是牢固树立与认真落实"以人为本，全面、协调、可持续"的科学发展观的必然选择。

我国自 20 世纪 80 年代实施沿海地区率先发展战略以来，迄今已经历 30 多个年头，现已形成了"经济特区—沿海开放城市—沿海经济开放区—内地"全方位、多层次、宽领域的对外开放格局。"梯度推移战略"下的非均衡发展促进了沿海地区的开发与繁荣，同时也导致了东、中、西部以及城市与农村之间差距的进一步拉大。随着我国区域经济发展在深度和广度上的提升，区域的进一步开发开始受到资源、环境、技术、行政区划等各种因素的约束，促进区域协调发展，共享改革发展成果，逐渐成为我国区域发展战略高度重视和践行的重要理念。

2002 年，党的十六大提出了全面建设小康社会的奋斗目标，并将逐步扭转"地区差别扩大的趋势"作为这一宏伟目标的重要组成部分，明确提出了促进区域协调发展的指导方针。2003 年 10 月 14 日党的十六届三中全会通过的《中共中央关于完善社会主义市场经济体制若干问题的决定》，是新世纪我国全面建设小康社会的又一个纲领性文件，其所提出的"以人为本，树立全面、协调、可持续的发展观，促进经济社会和人的全面发展"的科学发展观和"统筹城乡发展、统筹区域发展、统筹经济社会发展、统筹人与自然和谐发展、统筹国内发展和对外开放"的"五个统筹"的思想，以及"建立有利于逐步改变城乡二元经济结构的体制，形成促进区域经济协调发展的机制"的任务要求，构成了改革开放以来我国发展战略思想上的一次重大转折，标志着我国贯彻了 20 多年的非均衡发展战略思想正在向"以人为本，协调发展"的战略思想转变。2007 年 2 月 15 日，胡锦涛在中共中央政治局第三十九次集体学习时强调"把区域协调发展摆在更加重要位置，切实贯彻落实好区域发展总体战略"。2007 年 10 月 15 日党的十七大报告进一步指出："缩小区域发展差距，要继续实施区域发展总体战略，深入推进西部大开发，全面振兴东北地区等老工业基地，大力促进中部地区崛起，积极支持东部地区率先发展，要遵循市场经济规律，突破行政区划界限，形成若干带动力强、联系紧密的经济圈和经济带。"由此可见，促进区域经济的协调发展，逐步扭转区域发展差距扩大的趋势，是我国面临的一个重大的战略难题，已经成为我国当前及今后相当长一段时期内国民经济发展中的一个重大历史任务。

二、大别山区经济发展是实现我国区域经济协调发展的重要条件

位于鄂豫皖三省交会处的大别山区，是我国贯通南北、承东启西的中部腹地，处在中部和东部两大区域经济板块的结合部，是实现区域经济优势互补、战略协作的重要地区，有着广阔的发展空间、巨大的发展潜能，在我国区域经济发展格局中占有重要的地位。然而，在新一轮区域经济发展进程中，鄂豫皖三省都将发展的重点转向基础设施优良、区位条件优越、人力资源具有优势的地区。安徽省皖江城市带承接产业转移示范区、合肥经济圈，湖北省武汉城市圈的资源节约型与环境友好型社会建设综合配套改革试验区，河南省中原经济区，这些区域发展战略有的已经上升或正在争取成为国家战略，有的已经成为本省的重点发展战略，它们都具有对市场要素、社会资

源的强大集聚功能、整合功能，成为全省、全国率先发展的示范区、经济增长极。因此，在区域经济协调发展的时代背景中，地处鄂豫皖三省边缘地带的大别山区，却有被国家和各省经济发展边缘化趋势，目前的态势为三个边缘化，一是本地区经济发展的边缘化，二是各区域战略辐射的边缘化，三是国家经济战略的边缘化。三个边缘化的叠加使得大别山地区的生态优势难以转化为经济优势，资源优势难以转化为竞争优势，从而导致其逐渐成为我国中部地区经济社会发展的"洼地"，与国家实施"中部崛起"战略的要求相去甚远，并严重影响到鄂豫皖三省区域经济的协调性。

正是基于上述认识，湖北省委、省政府审时度势，确定了建设"大别山革命老区经济社会发展试验区"的发展战略，并以"红色大别山、绿色大别山、发展大别山、富裕大别山"为总体目标，力争把试验区建成全国重要的革命传统教育基地、红色旅游基地、红色文化传播基地、生态文明教育示范基地，建成全国革命老区经济社会发展先行区、全省统筹城乡发展试验区和生态保护示范区。然而，对于这种跨省和交叉的特定区域发展，往往由于缺乏统一规划、合理布局，造成区域间产业结构雷同、政策相互攀比等现象，如果不能从宏观大局考虑，便会导致区域规划的同质化和产业结构的趋同化，由此带来的重复竞争和"大跃进"式的投资只会导致资源的浪费和经济的扭曲发展。只有依靠国家层面的区域发展规划打破长期以来经济发展存在的行政阻碍的制约，强化区域间的一体化和区域内的一体化，实现优势互补，区域联动，才能最大限度地实现优势互补、资源共享和共同发展。从这个意义上来看，国家战略层面的空间规划对于跨区域的经济发展与合作起着重要的引导作用。

因此，促进大别山试验区提升为国家战略，通过从国家战略的高度，科学地定位大别山区的区域功能，整合区域资源，更多地从整体格局来考虑大别山地区的资源和政策的分布，建立起区际互动机制，在资源利用、产业布局、交通等方面实现互利，才有利于实现区域战略协同，发挥大别山区的区域纽带作用，形成三省区域协调发展的示范效应，才能为具有良好的区位和资源组合优势但发展长期滞后的大别山区域创造跨越式发展的战略机遇，进而实现鄂豫皖三省区域经济的协调发展。

第三节　大别山试验区提升战略是改变革命老区落后面貌的现实需要

一、大别山主要城市发展的基本情况比较

革命老区或老区，是指土地革命战争时期和抗日战争时期，在中国共产党和毛泽东等老一辈无产阶级革命家领导下创建的革命根据地，主要分布于全国大陆除新疆、

青海、西藏以外的 28 个省、自治区、直辖市的 1300 多个县（市、区）。革命老区既是为中国革命作出重大贡献的地区。也是经济欠发达地区。加快革命老区发展是构建和谐社会的现实需要，是摆在党和政府面前的一项重大而紧迫的任务。

大别山革命老区经过近 30 年的发展，老区贫困状况得到明显改变，人民生活水平大幅提高，综合经济实力不断增强，社会事业全面进步，基础设施条件显著改善，农民收入快速增长，老区人民已跨过温饱逐步迈向脱贫奔小康的新阶段。然而，由于历史和自然条件的制约，大别山地区的经济社会发展与全国平均水平还有一定的差距，仍然是我国区域经济发展中最薄弱的地区之一，其中心区域山洪、泥石流等自然灾害极其频繁，交通、电力等基础设施相对落后；第二、第三产业发展缓慢，经济结构比较单一，文教科卫等社会事业发展滞后，人口素质不高，经济发展滞后，城乡居民收入增长缓慢，人民生活还较为贫困。

2010 年，大别山所在的黄冈、信阳、安庆、六安四个地级市的人均国内生产总值分别为 13421 元、16936 元、18647 元和 12074 元，大大低于全国的平均水平，分别仅为全国人均国内生产总值 29992 元的 44.75%、56.47%、62.17% 和 40.26%；四市的人均财政收入分别为 525.05 元、559.02 元、821.52 元和 576.40 元，仅为全国人均财政收入 6197 元的 8.47%、9.02%、13.26% 和 9.30%；四市的城镇居民人均可支配收入分别为 15376 元、13348 元、15147 元和 14508 元，分别比全国人均 19109 元低 3733 元、5761 元、3962 元和 4601 元；四市的农村居民人均纯收入分别为 4634 元、5311 元、4985 元和 4714 元，分别比全国人均 5919 元低 1285 元、608 元、934 元和 1205 元；四市中城镇化率最高的安庆市也仅为 36.8%，低于全国城镇化率 49.68% 的平均水平。见表 5-2。

表 5-2　　　　2010 年大别山四个地级市相关经济指标与全国平均水平的比较

	人均国内生产总值（元）	人均地方财政一般预算收入（元）	城镇居民人均可支配收入（元）	农村居民人均纯收入（元）	城镇化水平（%）
黄冈市	13421	525.05	15376	4634	35.7
信阳市	16936	559.02	13348	5311	34.4
安庆市	18647	821.52	15147	4985	36.8
六安市	12074	576.40	14508	4714	35.9
全国平均	29992	6197	19109	5919	49.68

资料来源：根据各省相关年鉴整理。

目前，大别山地区国家级、省级贫困县占 $\frac{3}{4}$，贫困人口达到 230 万，是全国第二大集中连片贫困区，在全国 14 个集中连片贫困山区中人口仅次于秦岭大巴山地区，历来都是我国扶贫攻坚的主战场之一。2011 年 12 月，国家出台了《中国农村扶贫开发纲要（2011－2020年）》，大别山区依然位列连片扶贫开发区域，表明经过了改革开放30多年的发展，大别山老区人民脱贫致富的任务依然艰巨。从表5－3可以看出，在大别山区的23个国家级贫困县中，湖北占了7个，安徽有11个，河南有5个。

表5－3　　　　　　　　　　大别山地区国家级贫困县分布情况

省份	市　名	国家级贫困县	数量
湖北省	黄冈市	麻城市、红安县、蕲春县、英山县、罗田县	5
	孝感市	大悟县、孝昌县	2
安徽省	安庆市	太湖县、宿松县、枞阳县、岳西县、潜山县	5
	六安市	寿县、霍山县、霍邱县、裕安区、舒城县、金寨县	6
河南省	信阳市	淮滨县、新县、商城县、固始县、光山县	5

资料来源：根据各地相关资料统计整理。

在湖北省初期启动的大别山革命老区经济社会发展试验区中，包括了黄冈市和孝感市的7个国家级贫困县和1个省级贫困县团风县。从2010年湖北省县域经济综合排名情况来看，大别山试验区的8县市均处于比较靠后的位次。见表5－4。

表5－4　　　　　　2010年大别山试验区8县市在湖北省县域经济的排名情况

县市	综合排名	进位情况
蕲春县	49	－8
麻城市	52	2
孝昌县	56	5
大悟县	62	2
红安县	69	－20
罗田县	70	－10
团风县	74	－9
英山县	76	－5

资料来源：根据湖北省统计局相关资料整理。

从表5－4可以看出，相对于湖北省其他县市，大别山试验区各县市县域经济发展总体水平较低，除了蕲春县排名在前50位以外，其他7个县市排名都比较靠后，排名最低的英山县位列第76，且8个县市中有5个县市在2010年排名发生了下降，在退位幅度达到10位以上的5个县（市、区）中就有红安县和罗田县，其中红安县出现了20个位次的大幅度下降，揭示了大别山试验区内各县市在湖北省县域经济发展中相对滞后的严酷现实。

从表 5-5 可以进一步看出，2010 年，湖北省 80 个县（市、区）平均生产总值为 111.54 亿元，在试验区的 8 个县市中超过县域平均水平的仅有麻城市，其地区生产总值为 119.55 亿元，最低的为团风县，其地区生产总值为 42.33 亿元，仅为全省县域经济平均水平的 37.9%；在人均地区生产总值方面，8 县市均低于全省县域的平均水平 19522 元，更远低于全国平均水平 29992 元。最高的麻城市为 18558 元，最低的罗田县仅为 7435 元，分别为全省县域平均水平的 95.1% 和 38.1%，为全国平均水平的 61.9% 和 24.8%；在地方财政一般预算收入方面，8 县市中只有蕲春和麻城两县市超过了全省的平均水平 4.14 亿元，其余 6 县市均低于全省平均水平的 75%，最少的英山县财政一般预算收入仅为 1.56 亿元，占全省平均水平的 37.7%；人均地方一般预算收入只有麻城市超过了全省平均水平 723.9 元，达到 734 元，最低的罗田县仅有 254 元，占全省平均水平的 35.1%。与全国人均地方一般预算收入 6197 元相比，麻城市人均地方一般预算收入仅占全国平均水平的 11.8%，罗田县仅占 4.1%。

表 5-5　　　　　　　　　　　2010 年黄冈大别山试验区 8 县市主要经济指标

县市	总人口（万人）	地区生产总值（亿元）	人均地区生产总值（元）	地方财政一般预算收入（亿元）	人均地方一般预算收入（元）	城镇居民人均可支配收入（元）	农村居民人均纯收入（元）
红安县	60.21	65.32	10849	3.01	500	12462	3663
罗田县	84.91	63.13	7435	2.16	254	12556	4189
英山县	54.47	47.61	8741	1.56	286	12422	3976
蕲春县	87.27	100.91	11563	4.57	524	12460	4213
麻城市	64.42	119.55	18558	4.73	734	11802	4050
孝昌县	58.61	61.04	10415	2.59	442	12373	4212
大悟县	56.88	68.38	12022	2.89	508	12541	4346
团风县	33.86	42.33	12501	1.81	535	11254	3617
全省县域平均	57.14	111.54	19522	4.14	723.9	12316	5697.9
全国平均	—	—	29992	—	6197	19109	5919

资料来源：根据相关统计年鉴计算整理。

从城乡收入来看，试验区 8 县市在城市与农村发展水平上呈现差距过大的状况。在城镇居民人均可支配收入方面，8 县市仅有麻城和团风两县市低于全省县域平均水平，但其余 6 县市也均在全省平均水平附近，城镇居民人均可支配收入最高的罗田县也只有 12556 元，比全省平均水平 12316 元高 240 元，仅为全国平均水平 19109 元的

65.7％；在农村居民人均纯收入方面，8县市农村居民人均纯收入都低于全省平均水平5697.7元，最高的大悟县为4346元，最低的团风县为3617元，分别仅为全省平均水平的76.3％、63.5％，为全国平均水平5919元的73.4％、61.1％。可见，城乡发展不平衡、收入差距过大，是大别山试验区建设过程中面临的一个重大问题，特别是对于处于相对贫困状态的广大农民来说，缩小与城市居民的收入差距，真正实现脱贫致富，还需要依靠自身努力与外部力量的共同作用。

二、大别山区与其他革命老区的比较

事实上，新中国成立以来，党中央、国务院都一直高度重视革命老区的开发建设工作，成立了专门的机构负责组织、协调和指导全国的老区建设。早在1952年，政务院就发布了《关于加强老根据地工作的指示》，提出在交通基础设施、社会优抚、文化教育、医疗卫生等方面给予一定的优惠政策。多年来，中央在建立革命老区转移支付制度、发展红色旅游、实施以工代赈、加强农业基础设施建设等方面都出台了正式的文件，使这些政策落实有了制度保障。此外，老区还可以统一享受国家现行的区域、产业和行业税收优惠政策。可以说，中央对老区的扶持政策逐步常态化、制度化和规范化。然而，从近年来国家对于大别山区加快发展的支持力度来看，尽管在资金数量上有着较大增幅，但单一的、局部的扶贫政策所取得的效果远远不能弥补对大别山区发展的欠账，也不足以缩小大别山区与发达地区日益扩大的差距，特别是采取的这种"普惠制"的扶贫政策与地区经济社会发展的实际不相适应。与我国其他著名的革命老区相比，大别山区的县市依然处于较为落后的位置。

相比较于山东临沂、江西赣州、福建龙岩、山西吕梁、广西百色、陕西延安、贵州遵义等全国著名的革命老区，地处大别山区的湖北黄冈与安徽六安在主要经济指标上都处于落后的地位，没有一项指标进入前三的位置。2011年，黄冈市的地区生产总值为1045.1亿元，六安市的地区生产总值为821.0亿元，仅高于百色市的656.7亿元，在上述九个老区市中分列倒数第三位和倒数第二位。在人均生产总值方面，黄冈市以18690元排名九个老区市的倒数第三位，六安市则以14635元位列倒数第一。在地方财政收入方面，黄冈市和六安市分别为51.6亿元和56.8亿元，在九个老区市中分列倒数第二位和倒数第三位，比排名第一的山东临沂市少近90亿元；在人均地方财政收入方面，排名倒数第一的黄冈市和倒数第二的六安市，分别仅为排名第一的延安市的15.08％、18.38％，比延安市分别少4680元、4498元。在城镇居民人均可支配收入方面，黄冈市和六安市分列九个老区市的倒数第一位和倒数第三位，比位列第一的临沂市的城镇居民人均可支配收入分别少6709元和4345元。在农民人均纯收入方面，黄冈市虽排在九个老区市中的第四位，但仅为排名第一的龙岩市的67.82％，比龙岩市农民人均纯收入少2796

元；六安市排名依然落后，位列九个老区市的倒数第三位，仅为排名第一的龙岩市的 57.25%，比龙岩市农民人均纯收入少 3520 元。见表 5-6。

表 5-6　　　　　　　　　　2011 年部分革命老区主要指标比较

	地区生产总值				地方财政收入				城镇居民人均可支配收入		农民人均纯收入	
	总量		人均		总量		人均					
	亿元	排名	元	排名	亿元	排名	元	排名	元	排名	元	排名
黄冈	1045.1	7	18690	7	51.6	8	831	9	14731	9	5438	4
六安	821.0	8	14635	9	56.8	7	1013	8	17095	7	4714	7
临沂	2770.5	1	27595	4	141.3	1	1407	4	21440	1	8018	2
赣州	1336.0	2	15848	8	110.1	3	1306	6	16058	8	4684	8
龙岩	1259.9	3	49215	2	84.3	6	3293	2	21085	3	8234	1
吕梁	1130.7	4	30152	3	100.5	4	2680	3	17416	5	4743	6
遵义	1121.2	5	18290	6	84.6	5	1380	5	17426	4	5216	5
延安	1113.4	6	50840	1	120.7	2	5511	1	21188	2	6565	3
百色	.656.7	9	18925	5	39.7	9	1144	7	17384	6	4052	9

资料来源：根据各省统计年鉴计算整理。

三、破解大别山革命老区发展困境必须从国家层面予以支持

为提高政策的实施效果，国家对老区的扶持政策，应该按照"分类指导、区别对待"的原则，针对不同类型老区所面临的不同困难和问题，实行差别化的国家扶持政策。低收入和贫困老区所面临的共性问题就是经济发展落后、居民收入水平低、社会发育迟缓、基础设施滞后、公共服务能力低等。特殊问题就是这些地区在社会经济发展过程中由于历史、自然、民族、政治等因素形成的，某些地区所特有的、单靠资金扶持效果不明显、常规手段难以奏效的问题。大别山区贫困原因错综复杂，除自然灾害频繁、基础设施薄弱、生存环境恶劣、人口素质不高等原因外，该区为中国革命和建设做出的巨大贡献和牺牲，没能得到休养生息和相应的补偿，也是致贫的重要原因。大别山是我国重要的生态屏障区和资源潜力区，特殊的区位和生态条件，对长三角经济区和陇海经济带经济社会发展起到重要的生态保护作用，生态影响面积约 40 万平方公里，人口近 2 亿人，分别是本区总面积和总人口的 5 倍和 7 倍。新中国成立后因长期保护生态环境，大别山区产业结构和项目布局受到很大的限制，直接影响到地区经济社会的发展，然而，为其他区域做出的这些生态环境方面的贡献却没有得到应有的经

济补偿。

因此，要提高大别山地区的可持续发展能力，真正体现党的十七大报告精神，切实加大对老区的扶持力度，就必须把加快大别山老区发展提升到国家战略层面，着力解决扶持老区发展的制度化问题，建立一种"造血机制"，为大别山区发展创造一个良好的人居创业环境，培育壮大产业基础，增强老区的自我发展能力。值得欣慰的是，国家发改委在制定出台的《2011年促进中部地区崛起工作要点》中，提出加大对中部欠发达地区扶持力度，继续加大中央财政扶贫资金对中部地区的投入力度，加大以工代赈、易地扶贫、农村危房改造对中部贫困地区的支持。其中，对于中部地区的大别山老区，明确提出，积极推动大别山革命老区振兴规划编制工作。而从目前的情况来看，国家发改委已正式启动《大别山革命老区振兴发展规划》的编制工作，可见，国家相关部门也深刻地认识到，只有从国家层面推动大别山革命老区的发展，才能从根本上解决地区经济社会发展中面临的瓶颈问题，才能真正实现老区的脱贫致富。

随着国家区域发展政策的不断推进，国家扶持革命老区的政策也在不断健全和完善，为革命老区的发展提供了强大的后盾。革命老区以发展经济为主轴进行的改革，也为国家积累了重要的改革经验。目前，湖北省在扶持大别山老区加快发展方面已经开展了试验区的改革探索，但大别山是一个跨三省的区域，区域内的发展处于不平衡的状态，如果没有一个统一的发展理念，没有一个统一的发展战略，没有一个统一的发展目标，没有一个统一的发展政策，而是自行其是、自定目标、自定政策、自我发展，就形不成发展合力，形不成统一的市场，不利于大别山地区的全面健康发展，因而迫切需要从更高的层面来推动整个大别山老区经济社会发展，探索出一条革命老区尽快走上超常规发展的道路，将老区的资源优势加速转化为产业优势，将区位优势加速转化为竞争优势，将生态优势加速转化为后发优势，促进老区的经济社会发展和人民生活水平的提高。因此，从国家层面来推动大别山试验区的发展，可以大别山革命老区为试点，探索欠发达地区转变发展方式、推动地区经济结构的战略性调整、培育新的经济增长点的具体模式，探索革命老区新农村建设、扶贫开发、区域协调发展的新思路，探索生态文明与工业文明、城镇文明的统一。同时，由于老区的政治基础特别好，还可以在这个试验区内探讨国家某些政治体制改革方面的问题。总之，推动大别山革命老区经济社会发展试验区上升为国家战略，可以像振兴东北老工业基地、西部大开发、中部崛起等政策一样，把中国的改革开放再向纵深推进一步。

第四节　大别山试验区提升战略是构建中部崛起重要战略支点的重大举措

一、大别山区的发展关系着中部崛起战略的实现

实施中部崛起战略，是我国实行区域统筹发展方略中至关重要的环节。中部地区作为继我国东部沿海、环渤海经济圈、西部和东北等地区之后的后发展区域，自古以来就是我国区域经济发展较为丰裕的地区，拥有优越的区位优势和殷实的产业资源。20世纪90年代以来，中部六省与沿海发达省市的差距逐渐拉大，与西部的差距则逐渐缩小，中部地区GDP占全国的比重逐渐下降，呈现"中部塌陷"的趋势。为了统筹区域协调发展，中央作出了"促进中部地区崛起"的战略决策。2006年，中共中央、国务院出台《关于促进中部地区崛起的若干意见》，拉开了中部各省崛起的序幕。

"十一五"期间，中部地区生产总值年均增长13％，比"十五"时期加快2个百分点。2010年，中部六省实现生产总值8.5万亿元，占全国的比重由2005年的18.8％提高到19.7％。其中，河南省生产总值突破2万亿元，湖南、湖北和安徽省超过1万亿元，山西、江西省生产总值也接近1万亿元。2010年中部地区人均生产总值达到2.4万元，相当于全国的平均水平由2005年的67.1％提高到72％；全社会固定资产投资、社会消费品零售总额、财政总收入分别是2005年的4倍、2.3倍和2.5倍，相当于全国的比值分别提高了4.7个、0.2个、0.5个百分点。2010年，中部地区城镇居民人均可支配收入和农民人均纯收入达到15958元和5500元，5年间年均分别增长10％和13.2％。

与中部各省整体处于快速发展的态势相比，大别山地区在经济社会以及人民生活水平提高方面处于较为滞后的水平，广大农村地区发展速度和水平远远低于城市，城乡发展中的不平衡和不协调的问题严重制约着中部崛起战略的有效实施和推进。

从表5-7可以看出，2005～2010年间，大别山区的四个地级市与所在的省份相比，在国内生产总值、城镇居民人均可支配收入以及农村居民人均纯收入等三个指标上变化幅度不大，有些指标还出现了明显的下滑。从国内生产总值来看，在5年的发展中，黄冈和安庆的国内生产总值在全省的比重略有上升，黄冈提高了0.05％，安庆提高了0.01％；信阳和六安则出现了不同程度的下降，占全省的比重分别下降了0.07％和0.09％。在城镇居民可支配收入方面，黄冈和信阳两市占全省的比重出现了一定程度的上升，分别提高了23.38％和5.78％，六安和安庆两市则出现了一定程度

的下滑，占全省的比重分别下降了 0.31% 和 3.18%。在农村居民人均纯收入方面，信阳和六安两市出现了一定程度的提高，占全省的比重分别上升了 1.85% 和 5.22%；黄冈和安庆占全省的比重则分别下降了 5.87% 和 7.38%。这也说明在中部崛起战略中，大别山区的县市并没有真正实现快速发展，有些县市的人民生活水平还相对出现了下降的趋势，特别是城乡收入的不平衡状态并没有得到根本的改变。如果这一状况没有得到及时妥善的处理，中部崛起的整体发展战略必将受到严重的制约。

表 5 - 7　　　　　　　　2005～2010 年大别山四市相关经济指标与所在省的比较

经济指标	国内生产总值（万元）		城镇居民人均可支配收入（元）		农村居民人均纯收入（元）	
年份	2005	2010	2005	2010	2005	2010
黄冈市	348.56	862.30	6358	15376	2644	4634
湖北省	6520.14	15967.61	8786	16058.37	3099	5832.27
占比	5.35%	5.40%	72.37%	95.75%	85.32%	79.45%
信阳市	508.56	1091.83	6762	13348	2707	5311
河南省	10587.42	23092.36	8667.87	15930.26	2870.58	5523.73
占比	4.8%	4.73%	78.01%	83.79%	94.30%	96.15%
六安市	312.82	676.11	7810.00	14508	2217.58	4713.63
安徽省	5375.84	12359.33	8470.68	15788.17	2640.96	5285.17
占比	5.82%	5.73%	92.20%	91.89%	83.97%	89.19%
安庆市	429.64	989.04	8396.00	15146.70	2685.82	4985
安徽省	5375.84	12359.33	8470.68	15788.17	2640.96	5285.17
占比	7.99%	8.00%	99.12%	95.94%	101.70%	94.32%

资料来源：根据各省历年统计年鉴整理计算。

二、大别山区的发展有利于弥补中部崛起的发展短板

事实上，在国家制定的《促进中部地区崛起规划》中，明确提出了培育城市群增长极的构想，全国主体功能区和全国"十二五"规划纲要也把武汉城市圈、中原经济区、长株潭城市群、皖江城市带、鄱阳湖生态经济区和太原城市圈列为重点开发地区和重点城镇化地区。这些地区是中部地区经济发展的重点所在，在整个区域发展中发挥着关键作用，处于最为突出的位置。

然而，根据区域经济理论，地区增长极具有的极化效应会产生吸引力和向心力，使周围地区的劳动力、资金、技术等要素转移到核心地区，进而剥夺周围区域的发展机会，使核心地区与周围地区的经济发展差距扩大。尽管增长极也具有扩散效应，会

推动各种生产要素从增长极向周围不发达地区扩散，但扩散阶段前的极化阶段是漫长的，而且由于积累性因果循环的关系，极化效应往往大于扩散效应，导致增长极地区越来越发达，周边地区越来越落后，形成地理空间上的二元经济，从而使地区经济差距进一步扩大。

因此，要推动中部崛起战略的顺利实施，必须加大对特定区域、偏远地区，特别是欠发达地区的支持力度，通过特殊的政策来把地区经济社会发展中的"短板"加长拓宽，否则将会进一步加剧区域经济社会发展的不协调状态。由此可见，位于三省结合部的大别山地区，其经济社会发展水平将会对鄂豫皖三省的区域发展产生重要的影响，进而对中部崛起战略产生重要的影响。只有从国家层面来支持大别山区的发展，赋予大别山地区与中部崛起战略相同的政策空间，才能促进大别山革命老区的快速发展，进而逐步缩小该区域与其他区域的发展差距，从而避免在中部崛起战略中出现区域发展不协调的状况。

第五节　大别山试验区提升战略是推动全面建成小康社会进程的有效措施

一、我国全面建成小康社会的总体形势

全面建成小康社会是我国实现现代化建设第三步战略目标必经的承上启下的发展阶段，是我国到 2020 年的奋斗目标。"小康社会"是由邓小平在 20 世纪 70 年代末 80 年代初在规划中国经济社会发展蓝图时提出的战略构想。随着中国特色社会主义建设事业的深入，其内涵和意义不断地得到丰富和发展，形成了从理论到政策不断丰富完善的体系。在 20 世纪末人民生活"总体上达到小康水平"的情况下，2002 年中共十六大报告明确提出了"全面建设小康社会"。2007 年中共十七大报告在此基础上提出新的更高要求，主要包括增强发展协调性、扩大社会主义民主、加强文化建设、加快发展社会事业、建设生态文明五个方面，其中尤为引人瞩目的要求是实现人均国内生产总值（GDP）到 2020 年比 2000 年翻两番。从"总量"到"人均"，体现了中国共产党"发展成果由人民共享"的执政理念。

根据《全面建设小康社会统计监测方案》，国家统计局统计科学研究所和各地统计研究部门对 2000～2010 年全国及各地全面建设小康社会进程进行了统计监测。结果表明，2010 年中国全面建设小康社会的实现程度达到 80.1%，比 2000 年提高 20.5 个百分点，平均每年提高 2.05 个百分点。包括湖北省在内的中部地区全面建设小康社会的

实现程度达到了 77.7%，比全国的平均水平低 2.4 个百分点。从经济发展、社会和谐、生活质量、民主法制、文化教育、资源环境等六大方面来看，中部地区主要在经济发展和生活质量方面落后于全国平均水平。

从全国的情况来看，目前我国全面建成小康社会的重点是农村的小康，难点是实现欠发达地区的跨越式发展。这两点在广大革命老区具有叠加效应。据各省、区、市1995 年的统计，全国有革命老区乡镇的县（市、旗、区）1389 个，分布在全国 27 个省份内。但由于这些革命老区中的相当一部分所处的地理位置的特殊性，致使许多革命老区的经济落后，发展缓慢。比如，我国贫困县共有 592 个，其中 307 个是革命老区，占贫困县总数的 51.86%（见国家"八七"扶贫攻坚计划），占革命老区总数的 22.1%。若以湖北省为独立统计对象，形势更为严峻：湖北省共有革命老区（县）32 个，占全国革命老区总数的 2.3%。但其中有 25 个革命老区为贫困县，占湖北省革命老区总数的 78.13%，占湖北省政府 2002 年确定的贫困县总数（29 个）的 86.21%。

二、大别山区的小康是我国全面小康的重点与难点

从 2011 年起，我国的扶贫工作进入攻坚阶段。这里所说的攻坚有两层意思：一是目前中国尚有 1.28 亿贫困人口（按人均年收入 2300 元的新扶贫标准计算），基数大，扶贫难度大，其中一半以上生活在革命老区内；二是扶贫的含义已经发生了变化，正如胡锦涛同志在 2011 年 11 月 29 日召开的"中央扶贫开发工作会议"上所说的那样："当前，我国扶贫开发已经从以解决温饱为主要任务的阶段转入巩固温饱成果、加快脱贫致富、改善生态环境、提高发展能力、缩小发展差距的新阶段。"若采用传统的扶贫模式，要想缩小贫困地区与发达地区的差距无疑是无法实现的。从现状来看，按照过去的传统扶贫方法，会导致区域发展和贫困地区农民年收入的差距均不断扩大的局面。"十一五"期间，湖北省 29 个重点贫困县的地区生产总值占全省份额由 2005 年的 10.6% 下降到 2010 年的 9.8%，农民人均纯收入与全省农民人均纯收入的差距由 2005 年的 1323 元扩大到 2010 年的 2381 元。按照我国的既定发展目标，2020 年要基本实现小康，必须使 1.28 亿贫困人口达到全国的平均发展水平。

对于黄冈市而言，在下属的 11 个县市区中，目前有 5 个国家级贫困县，1 个省级贫困县，6 个革命中心老区乡镇，62 个老区乡镇，20 个插花贫困乡镇，有国家级整村推进重点村 225 个，省级整村推进重点村 330 个；纯收入在 2300 元以下的贫困人口还有 145.09 万，占农业总人口的 30.8%，高于全国平均水平 17.4 个百分点，其中绝对贫困人口达 45 万余人，每年因自然灾害返贫 10 万人左右，常年约有 90 万城乡困难群众不同程度地存在生活难、医疗难等问题。整体上看，黄冈市贫困人口大多分布在生存环境较差、社会发育程度相对落后的老区、山区、库区和地方病多发地区，因自然灾害返贫、因病致贫、因供养子女上学致贫、经营不善致贫等现象极为突出。据黄冈

市发展和改革委员会的调查统计，黄冈市因灾因病导致贫困的约占40％，缺文化导致贫困的约占26％，因子女上学导致贫困的约占4％，缺劳动力导致贫困的约占8％，缺资金导致贫困的约占13％，其他原因导致贫困的约占9％。每年有近8万已经脱贫的人口因为各类原因返贫。目前，除扶贫专项资金和农村低保外，黄冈市基本上再没有其他直接针对贫困人口的到户扶持资金。目前，黄冈市每年常规中央和湖北省专项扶贫资金总量仅为2亿元左右，每个贫困人口年均不到140元；插花贫困地区资金投入量更小，贫困人口年均不足50元。全市有超过40％的农村家庭仍住土坯房，有141.44万人没有解决安全饮水，有1262个自然村不通公路，有97个行政村不通电、3.8万户用不上电，有97个行政村无卫生室，有70％的行政村没有农民体育健身工程。

面对革命老区的这些困难，唯一的解决办法只能是另辟蹊径，即应该打破思维定式，把目光转向革命老区，优先解决贫困地区的革命老区的发展问题。只有解决了革命老区的发展问题，新时期的扶贫攻坚任务才能够如期完成，全面建设小康社会的战略任务才能顺利实现。

大别山区在全国革命老区中的重要地位、该区在中部崛起战略中的战略影响以及较为落后的社会现实，决定了把大别山试验区提升为国家战略对于我国全面建成小康社会的重要性。同时还应该看到，这种理念和中央2011年12月确定的"将连片特困地区作为今后10年扶贫攻坚主战场"的扶贫新思路是相一致的。

第
六
章

大别山试验区提升为
国家战略的可行性

促进大别山试验区提升为国家战略，既是鄂豫皖三省推动革命老区跨越式发展的民心工程，也是我国区域布局深入推进的客观要求。在经济全球化和区域经济一体化的时代背景下，推动区域特别是跨区域的资源整合，促进地区之间的联动发展与统筹发展，已经成为提升区域整体竞争力、促进地区经济社会可持续发展的重要途径。在鄂豫皖三省的共同努力下，大别山试验区对大别山革命老区的全覆盖将会是必然的趋势。事实上，鄂豫皖三省大别山区各县市地缘相近，人缘相亲，具有相同的历史渊源和相近的人文特征，经济上有着良好合作交流的基础和条件，已经具备了推进区域经济一体化的基本要素，从而也为大别山试验区提升为国家战略奠定了坚实的基础。

第一节　丰富的资源禀赋是大别山试验区
提升为国家战略的现实基础

一、历史文化资源厚重

大别山地区交汇、磨合、沉淀中原文化、吴楚文化等多种文化，并形成新的文化特质，留存了众多辉耀古今的文化遗产和大量珍贵的历史文化瑰宝。从文化遗存来说，

8000多年前大别山就有人类定居，留下众多的名寨、名城、名寺、名塔，令人神往；大别山区古色斑驳、名人辈出，古有鸠鹚之役、李成之乱、陆逊追曹、徐寿辉起义称帝、马朝柱天堂聚义、太平军浴血奋战松子关。亦有东坡赤壁、李时珍纪念馆、四祖寺、五祖寺等文化旅游景点，寿县古城、六安国王陵等古色旅游资源。现代则有地质学家李四光，爱国诗人学者闻一多等一大批影响中国乃至世界历史的科学、文化巨匠。这里也是历代迁客骚人流连之所，苏轼在此作二赋一词，徐寿辉反元曾在此建"天完国"，李贽客居麻城讲学著书，太平军转战鄂东等，留下了大量历史遗迹和名篇佳作。另外，大别山民风淳朴，民俗文化丰富，例如三百六十调情歌叙腔、采茶戏、高腔、采莲船、高跷、风行庙会，还有南调花鼓、北调花鼓、说说唱唱等民间艺术，形式多样，丰富多彩。沧桑的古老历史，丰富的人文资源，众多的英才豪杰，传奇的风云故事，神秘的遗址遗迹，构成了大别山独具魅力的人文地理。

二、生物资源良好

大别山作为江淮的分水岭，是暖温带和亚热带过渡地带，是中国南北地理分界地域。从总体上看，具有北亚热带气候的基本特征：季风明显，四季分明，昼夜及季节温差变化较大，能经历严寒酷暑。年降雨量800～1400毫米，年平均气温15～16摄氏度，无霜期210～250天，大部分地区年日照时数2000小时左右，年太阳辐射总量为469～507千焦/平方厘米·年，10摄氏度以上活动积温4300～5300摄氏度。温暖而湿润的气候，既不同于我国北方山区干旱无霜期短，又不同于南方山区昼夜温差较小的南北过渡地带优势。土壤以肥力较好的黄棕壤、水稻土为主，肥力较差的红壤面积很少。生态条件既有山地、丘陵、平原垂直分布的大体优势，又有南北过渡地带的综合气候特征和山水相依的综合效应，形成许多小气候，为多种动植物生长繁衍提供了优越的自然环境，使大别山区成为我国北亚热带的自然资源宝库和建设北亚热带名优特商品生产基地的理想区域，被誉为全国六大动植物基因宝库之一。据自然资源调查，区内有各种植物4000多种，动物300多种，列为国家重点保护的珍稀动植物近40种。既有国家珍贵保护植物银杏、青钱柳、香果树、水杉、红豆杉、铁杉、香果杉、香棋、连香树、天竺桂、青檀等，国家珍贵保护动物白冠长尾雉、金雕、天鹅、鸳鸯、鹦鹉等，又有享誉国内的信阳毛尖、六安瓜片、天麻、灵芝、石耳、香菇、茯苓、板栗等地方特产。如此众多的生物种群，在世界同纬度地区也是少有的。

大别山生态保护良好，山脉主体区域森林覆盖率达到73%，千米以上的高山150多座。其中，国家森林公园55个、国家自然保护区35个、国家地质公园大型湖泊水库120多座，大小河流300多条。例如，森林公园有湖北罗田大别山国家森林公园、湖北英山吴家山森林公园、桃花冲森林公园、安徽天堂寨国家森林公园、舒城万佛山国家森林公园、霍山地小南岳森林公园和岳西妙道山国家森林公园，以及河南南湾国家森林公园、新县金兰山森林公园、江淮岭生态园和金刚台自然保护区、黄柏山国家森林公园等自然景观。大别山地区山地河流景观分布也很密集，主要分布在湖北英山县吴家山的龙潭河谷、樱桃沟和桃花冲的茅坪河谷、麒麟河谷及天堂湖景区的天堂河。山地景观在各地都有分布，如湖北的天堂寨、吴家山、薄刀峰、桃花冲景区、青苔关和安徽的白马寨、河南的鸡公山、金刚台、黄柏山等山地景观。

　　大别山区是我国蚕茧、丝麻、优质名茶的重要产区；适于松、杉、竹、油桐、乌桕等多种亚热带林特产品和速生丰产林及木耳、食用菌生长；有蜜源花粉植物300多种，适宜养蜂采蜜；有中药材品种资源近2000种，堪称药材宝库。常年收购的大宗药材就有400多种，稀有名贵药材有蜜香、霍石斛等13种，茯苓、天麻、贝母、厚朴、桔梗、断血流等驰名中外；干鲜果以板栗、柑橘为大宗，还有功猴桃、桃、柿、山檀、苹果等多种；山场、草场多、水域广阔，库塘密布，全区可养水面约25万公顷，可利用连片草场约67万公顷，饲料植物有400多种，为发展畜牧业、水禽、水产业提供了广阔前景。近年来，在发展商品粮油基地的基础上，一批名茶基地、蚕茧基地、麻类基地、烟叶基地、板栗基地、中药材基地、林特产基地、健康山菜基地、柑橘基地、水产基地、商品牛、羊、猪、兔基地，正在大别山区兴建和形成，有的已初具规模，正在进行农工贸系列开发，为把大别山区建成北亚热带名优特商品基地奠定了基础。大别山区的自然资源优势，是名特产品和农、林、牧、副、渔综合发展潜力很大的地区。

三、红色旅游资源种类多样

　　大别山是革命历史悠久光荣、贡献卓著的革命老区，红一军、红十五军、红四方面军、红二十五军、红二十七军、红二十八军先后在此组建、重建或改编，是著名的"黄麻起义"的策源地，是"大别山红旗不倒"的中心地，是土地革命时期仅次于中央苏区的鄂豫皖革命根据地，是抗日战争时期新四军的重要活动地，是解放战争时期刘邓大军千里跃进、揭开中原逐鹿之战大幕的目的地，与井冈山、韶山一起，并称为中国革命三大策源地，留下了丰富的革命历史遗存，形成了以革命遗迹、旧址、纪念建筑、名人故居为主体，以红色歌谣、革命文献、革命事迹、红军标语等为辅的立体红色旅游资源结构，内涵极其丰富。目前，大别山是全国12大红色旅游区之一，在全国100个"红色旅游经典景区"中，大别山区域就有15个。中国12大将军县此处有6个，走出了2位国家主席，1位共和国元帅和300多位开国将军。目前，仅红安县就有革命纪念场所和遗址100多处，金寨县现存革命纪念旧址遗迹285处，新县有革命遗址535处，涵盖了建党建军、土地革命、长征、抗日战争、解放战争、统一战线、革命家和革命烈士、革命精神八大类型。国家级爱国主义教育示范基地和省级爱国主义教育各有多处。六安市的金寨县、金安区、裕安区、霍山县和安庆市岳西县就有5个景区列入全国 100 个"红色旅游经典景区"中，它们分别是：金寨县革命烈士陵园、皖西烈士陵园、独山革命旧址群、红二十五军军政机构旧址、岳西县及金寨县红二十八军军部及重建旧址。这些红色旅游资源在地域分布上也很广泛，并与其他类型旅游资源结合完好。红色历史文化资源遍布大别山区域 6 个地级市，与自然类、民俗类以及文物古迹类旅游资源交错分布，形成互补。

四、矿产资源储量丰富

据地质勘探资料，大别山区有金、银、铜、铁、锰、铝、锌等多种金属矿藏；非金属矿有天然碱、化工灰岩、珍珠岩、膨润土、含碱玻璃原料、明矾、沸石、萤石、石油、天然气、石英石、大理石、花岗岩、水泥灰岩、磷等 80 余种。多数矿点适合小规模开发，在全国占有重要地位的矿产主要是建材、化工原料、有色金属三个方面，特别是主要矿产分布集中，多种矿产共生，便于综合开发利用。突出的有：共生于信阳县、罗山县交界处上天梯矿区的膨润土、珍珠岩、含碱玻璃原料、沸石等轻型建材资源，珍珠岩已探明储量 8000 万吨，居全国第二位；红安县的萤石矿是我国三大萤石矿之一，蕴藏量 1100 万吨，居全国第二位；武穴、蕲春、黄梅一带的水泥灰岩，普查储量有 5 亿多吨，已探明的 B+C 级储量 4200 万吨。霍邱周集铁矿是国内罕见的大型鞍山式铁矿，矿区地处淮河平原，由周集、张庄、周油坊、李楼、吴集等 9 个矿床组成，已探明储量 16.5 亿吨，居华东第一、全国第五。蕲春等地的硅石矿含硅量达 99.9% 以上，是全国工业指标中的典型矿度，潜在储量在 5000 万吨以上。花岗岩、大理岩遍布黄梅、蕲春、麻城、团风、浠水，分布面积大约 1000 平方公里。巴水、浠水、蕲水、倒水、举水 5 条河流是长江中下游最大的黄沙基地，资源储量在 10 亿吨以上。桐柏县的天然碱，储量居亚洲第一（固体天然碱工业储量约 3650 万吨，液体天然碱储量约 1 亿吨）；确山县化工灰岩储量 1.74 亿吨，占河南省总储量的 95.6%，居全国第五位；庐江县的硫铁矿、明矾石，储量居全国第二位；桐柏银矿储量约 2600 吨，居全国四大银矿之首；铜矿储量为全国八大铜矿之一。

五、生态环境优越

大别山区是我国中东部最大的一块绿地，是全国重点生态功能区，被誉为"中部生态之肺"和"华东最后一片原始森林"，全域森林覆盖率在 50% 以上，其中核心区 70% 以上，年平均降水 1300 毫米。大别山区北靠淮河，南临长江，不仅水资源丰富，而且水质优良。大别山区内大小河流纵横交错，向北汇入淮河的支流有竹竿河、潢河、白露河、史灌河、滠河等，向南流入长江的支流主要有浪水、摄水、倒水、举水、巴水、浠水、沂水、潜水、皖水、太湖水等。全域水资源总量达 300 多亿立方米，对发电、防洪、灌溉以及周边地区的工农业生产发挥着重要的作用。

与此同时，大别山区也是我国重要的生态屏障区和资源潜力区，特殊的区位和生态条件，是华东地区的生态敏感区，对长三角等东南沿海地区的发展起到了重要的生态保护作用，生态影响面积约 40 万平方公里、人口近 2 亿人，分别是本区域总面积和总人口的 5 倍和 7 倍。2010 年，在国务院批准《全国主体功能区规划》中，大别山革命老区的 15 个县（市）被列入国家重点山水土保持生态功能区，是我国革命老区中涉及人口最多的生态功能区。目前，安徽省的岳西县、舒城县、霍山县，河南的固始县是国家级生态示范区，其中，岳西县森林覆盖率高达 73％，生物资源极为丰富，被联合国专家称为"是一座生态保存发育完好的天然花园"，县内负氧离子含量高于世界卫生组织"清新空气"标准的 6 倍以上，超过 6000 个/立方厘米。

六、劳动力资源充裕

从劳动力资源禀赋状况来看，大别山革命老区的劳动力资源是非常丰富的。

湖北省社科院课题组用从业人员总量这一数据对黄冈大别山革命老区内各县市的劳动力丰富程度进行了比较，见表 6-1。

表 6-1　　大别山革命老区 6 县市行业从业人员年末人数（2010 年）及其禀赋系数

地　　区	全省	红安	麻城	英山	罗田	团风	蕲春
从业人员（万人）	3645.00	35.9	60.91	27.98	37.66	17.55	49.65
GDP·（亿元）	15806.09	55.87	93.85	33.68	50.30	31.46	82.67
禀赋系数		2.83	2.85	3.67	3.28	2.4	2.63

资料来源：湖北省社科院课题组. 大别山革命老区资源禀赋与开放开发新路. 当代经济，2011（7）：86－89. 该课题组所采用的数据源于 2010 年湖北省和部分县市的经济社会发展统计公报，本书中表 5-5 的数据来源于《2011 年湖北统计年鉴》，二者略有出入。

从表 6-1 可以看出，2010 年红安、麻城、英山、罗田、团风、蕲春的从业人分别达到 35.9 万、60.91 万、27.98 万、37.66 万、17.55 万、49.65 万人，在 H－O（俄林—赫克歇尔模型）的意义上，它们的禀赋系数分别达到 2.83、2.85、3.67、3.28、2.4、2.63。其中，英山的劳动力资源禀赋系数为最高，达到 3.67，团风的劳动力资源禀赋系数最低，为 2.4，都远远高于 1，突出反映了这些地区的劳动力资源是非常丰富的。实际上，经济发达地区的劳动力资源禀赋系数都是比较低的，东部沿海地区更低，一般不会超过 0.2。

从大别山革命老区整个区域来看，其人口基数在全国著名的革命老区中也是最大的，见表 6-2。

表 6-2　　　　　　　　　　我国 13 块著名革命老区基本情况一览

序号	革命老区名称	覆盖范围	2010 年人口（万人）
1	井冈山革命根据地	井冈山市	16
2	中央革命根据地	江西省的瑞金、于都、兴国、宁都、石城、会昌、寻乌、安远、信丰、南康、赣县、上犹、崇义、吉安、吉水、泰和、万安、峡江、新干、永丰、广昌、南丰、南城、宜黄、乐安、黎川、金溪、资溪、铅山、贵溪、上饶、广丰 32 县（市、区），福建省的长汀、龙岩（今新罗区）、上杭、永定、连城、武平、宁化、清流、归化（今明溪）、泰宁、建宁、崇安（今武夷山市）、光泽、邵武、建阳、浦城、将乐、沙县、建瓯、政和、松溪 21 县（市），总共 53 个县	2143
3	川陕革命根据地	以四川巴中、达州为中心	1100
4	琼崖革命根据地	白沙、保亭、乐东	91
5	鄂豫皖革命根据地	安徽、湖北、河南三省 8 市 43 县	3400
6	宁海革命根据地	包括桑洲、黄坛、双峰和宁海、天台、新昌三县交界的大块山区	254
7	左右江革命根据地	右江地区的百色、田东、田阳、平果、东兰、凤山、凌云和左江地区的龙州、凭祥、大新、崇左等县	894
8	湘赣革命根据地	湖南的茶陵、攸县、酃县、醴陵、耒阳、资兴、郴县、桂阳、宜章 9 个县及长湘区委，江西的永新、宁冈、莲花、安福、遂川、吉安、萍乡、新余、宜春、峡江、分宜、上犹、崇义、万安、信丰、大余 16 个县	1873
9	海陆丰革命根据地	广东省的海丰、陆丰、陆河地区	54
10	陕甘宁革命根据地	陕西省延安、榆林、铜川，甘肃省庆阳、平凉，宁夏回族自治区吴忠、固原、中卫 8 个地级市，以及陕西省富平、旬邑、淳化、长武、彬县、三原、泾阳，甘肃省会宁，宁夏回族自治区灵武 9 个县（市）	1762
11	鄂豫陕革命根据地	陕西的洛南、蓝田、商县、商南、山阳、柞水、旬阳、宁陕、佛坪、洋县等县，湖北的郧西、郧县等县以及河南的卢氏、淅川等县	554
12	闽浙赣革命根据地	江西的弋阳、横峰、德兴、贵溪、余江、万年、上饶、铅山、玉山、广丰、乐平、浮梁（含景德镇）、都昌、湖口、波阳、彭泽、余干、东乡、婺源、资兴、金溪，福建的崇安、建阳、建瓯、邵武、光泽、浦城、福鼎、福安、寿宁、屏南、松溪、政和，浙江的江山、开化、衢县、平阳、常山、遂昌、云和、泰顺、永嘉、青田、瑞安、庆元、景宁，安徽的祁门、东流、秋浦、休宁、太平、泾县等共计 52 个县	1146
13	湘鄂川黔革命根据地	永顺、大庸、桑植三县的大部地区和龙山、保靖、桃源、常德、慈利五县的部分地区	1024

资料来源：根据各省相关统计年鉴统计整理。

从表 6-2 可以看出，2010 年，大别山革命老区的人口数量达到 3400 万人，比包括赣南苏区在内的中央革命根据地、陕甘宁革命根据地的人数都多，而上述两个根据地已经于 2012 年提升为国家战略的层面予以支持发展。当前，伴随着全球产业转移的加速，东南沿海经济发达省份在产业结构转型升级过程中，加快了对中西部地区的产业转移步伐，由此凸显了大别山革命老区涵含着的巨大的劳动力资源优势。进一步加强对劳动力的教育和培训，重视革命老区人力资本的投资，有针对性地提高企业职工的业务素质和专业技能培训，促进大别山区劳动力资源优势向人力资源优势的转变，无疑将是大别山试验区建设中一项重要的战略任务。

第二节 优越的区位优势是大别山试验区提升为国家战略的重要依托

大别山区处于我国中部南方和北方的界面上，在长江、淮河之间，是两大水系的分水岭。东西狭长，南北腹地较窄，为华北大平原、长江中下游平原所环抱，雄踞中原。周围有武汉、郑州、合肥、西安、黄石、九江、安庆、襄樊等城市为依托，离城市纵横距离不到 200 公里，具有近城优势。大别山核心区域位于我国几大战略的重叠区，南部是武汉城市圈两型社会建设区和长江经济带，北部是晋豫煤炭石油能源化工基地、陇兰经济开发带、中原经济区和皖江城市带，东部是沿海发达地区，西部是中西部内陆省份，是连接皖江城市群、中原城市群和武汉城市圈的重要桥梁和纽带，是国家促进中部地区崛起规划中的京广、京九、宁西三大经济带腹地。区域内紧临六座机场（郑州新郑机场、武汉天河机场、合肥骆岗机场、南阳机场、安徽阜阳机场、江西九江庐山机场），贯通六条铁路（京广铁路、京九铁路、合九铁路、沪汉蓉快速铁路、宁西铁路、京广高铁），纵横六条高速公路（京港澳高速、沪陕高速、大广高速、焦桐高速、沪蓉高速、汉十高速），区域内大部分县区已通高速，交通便捷，具有"承东启西、纵贯南北、得天独厚、通江达海"的区位优势。目前，大别山地区与周边半径 500 公里之内的 9 个省会的交通十分便利，四周又有铁路、水道和国家重要公路干线为纽带，因而使其具有成为沟通我国东西南北经济联系的中部战略地带的优越区位条件，在全国实施"东靠西移，南北交流，互促互利，共同富裕"的经济发展战略中具有重要的战略地位，也为大别山试验区在鄂豫皖三省的协作与提升奠定了坚实的基础。

大别山革命老区的中心城市包括湖北省黄冈市、河南省信阳市与安徽省六安市、安庆市。这些城市目前已经初步形成了较为完整的综合交通运输网络骨架，对于区域经济社会的发展起到了重要的推动作用。

黄冈市位于楚头吴尾和鄂豫皖赣四省交界，与湖北省会武汉山水相连，是武汉城市圈的重要组成部分。"十一五"以来，黄冈市交通基础设施建设力度明显加大，综合交通运输网络骨架基本形成，综合运输通道能力显著提高，在武汉城市圈鄂东区域的交通运输枢纽作用日益凸显。境内依傍一条黄金水道（长江），紧临两座机场（武汉天河机场、九江机场），贯通四条铁路（京九铁路、武麻联络线、合九铁路、沪汉蓉快速铁路武合段），飞架六座长江大桥（鄂黄大桥、黄石大桥、九江大桥、鄂东大桥和正在建设的九江二桥和黄冈长江大桥），纵横七条高速公路（沪渝高速、福银高速、大广高速、武英高速、武麻高速及在建的麻竹高速、黄鄂高速），是集革命老区、山区、库区于一体的国家重点扶贫开发地区，是武汉城市圈"两型社会"综合配套改革试验区的重要城市，素有"湖北东大门"之称，有着十分突出的交通区位优势。大广北高速、武英高速、武麻高速、鄂东长江公路大桥及接线工程已建成通车，九江二桥北岸接线工程、黄冈长江大桥、武汉至黄冈城际铁路、黄鄂高速公路、麻竹高速公路已陆续开工建设。境内"一纵三横"（大广北、黄黄、武英及麻武高速公路）的丰字形高速公路主骨架网基本形成，全市实现县县通高速公路。"十一五"时期新增高速公路336公里，是原高速公路通车里程的2.4倍。已通车高速公路里程达到480公里，位列全省第二。

信阳地处豫南，左扼两淮，右控江汉，素有"三省通衢"之称，位于我国南北地理分界线上，从古至今都是江淮战略要地和南北交通枢纽，全国重要的交通枢纽城市和区域性物流枢纽城市。京港澳高速、沪陕高速、大广高速、淮息高速、淮固高速等五条高速、G107、G106、G312三条国道在境内形成多重十字交叉。500公里范围内可通过铁路、国道和高速公路3种方式连接武汉、郑州、合肥、长沙、南昌、南京和西安7大省会城市。信阳交通秉承得天独厚的地理优势和中原崛起的历史机遇，飞速发展，五年来固定资产投入超过170亿元，取得了令人瞩目的一系列成就，形成了布局合理、层次丰富、水陆两便、文明高效的立体交通运输体系。截至2012年年底，信阳公路通车总里程达2.46万公里。其中高速公路550公里，干线公路1600公里，农村公路22687公里，位居全省第二。公路通车总里程、高速公路、干线公路和农村公路通车里程均占全省的1/10；信阳水运通航里程达257公里，为全省水运通航总里程的17.86%。目前，信阳已实现了县县通高速、乡乡通三级、村村通水泥（油）路；实现了淮河中上游复航；实现了所有建制村通客车；信阳已成为全国179个，河南省9个国家公路运输枢纽城市之一。完善的交通网络，为降低物流成本，从而引导产业落户信阳创造了便利条件，也为信阳承接产业转移，融入郑州、武汉、合肥一小时经济圈，发展成为中部地区重要的区域性中心城市提供了条件和可能。交通环境的改善，为信阳发展区域经济、劳务经济、特色经济、旅游经济，提高人民群众的生产生活质量，拉大城市框架提供了有力的支撑，为信阳融入大别山试验区建设提供了交通便利。

六安又称皖西，是大别山沿淮经济区的中心城市，被国家交通部确定为陆路交通枢纽城市，距安徽省会合肥仅 70 公里。境内有 312、206、105 国道和合（肥）九（江）、宁（南京）西（安）铁路。建设中的沪陕（上海—西安）、济广（济南—广州）、六武（六安—武汉）、合阜（合肥—阜阳）高速公路和沪（上海）汉（武汉）蓉（成都）高速铁路、六阜铁路在境内交会。随着合肥机场西迁，六安的交通将更为便捷，为六安市加强与长江三角洲、珠江三角洲和中西部大城市的联系，加快融入合肥经济圈提供了便捷的通道。全市现有公路 16557 公里（国道 314 公里，省道 743 公里，县道 3493 公里，乡道 5207 公里，村道 6800 公里），公路密度为 92.1 公里/百平方公里。

安庆位于安徽省西南，地处皖鄂赣三省交界处，雄踞长江中下游北岸，是长江重要港口城市。安庆东临沿海、江、浙、沪等发达地区，西衔汉、渝等中西部地区，自古就是沟通南北、贯穿东西的交通要道和商贾云集无街不市的商埠要津。2009 年，安庆全市公路里程达到 14926 公里，公里网密度 97.56 公里/百平方公里，其中高速公路 322 公里，等级以上公路 13915 公里。内河航道里程 989 公里，其中长江干流航道岸线长 247 公里，支流水系内河航道长 742 公里。安庆港是全国 53 个主要港口之一，分为中心港区、宿松港区、望江港区、枞阳港区四个长江干流港区，太湖港区、怀宁港区、桐城港区三个长江支流港区，港口生产使用自然岸线 17042 米，拥有各类泊位 210 多个，综合通过能力 3864 万吨/年。境内拥有铁路营运里程约 200 公里，为合肥九江铁路安庆支线，设有安庆站等 12 个车站，其中安庆客运站为铁路二等客运站，年发送旅游 40 万人次；该铁路城北货运站设计年货物吞吐能力 300 万吨。另外，安庆市还拥有军民合用的安庆机场，为 4C 级机场，已经开通至广州、上海、厦门、北京等航行。

如何对接这些中心城市的交通网络，让大别山区的区位优势在推进经济社会发展进程中得到真正的体现，是大别山试验区建设能否真正实现区域融合和一体化发展的必要的基础条件。

第三节　良好的政策环境是大别山试验区提升为国家战略的有力保证

一直以来，中共中央、国务院以及各省均把扶持老区发展、让革命老区摘掉"贫困地区、欠发达地区"的帽子，让老区人民共享经济社会发展成果，作为一项思源回报工程和重要的政治任务。

各级政府在不同的历史阶段，出台了一系列重要文件，推动革命老区经济社会的发展。特别是改革开放以来，国家先后出台了《国家八七扶贫攻坚计划（1994－2000

年)》和《中国农村扶贫开发纲要（2001－2010年)》，对推进包括革命老区在内的欠发达地区的扶贫开发起到了巨大的推动作用。2011年12月，中共中央、国务院印发了我国扶贫开发历史上第三个纲领性文件《中国农村扶贫开发纲要（2011－2020年)》，首次将包括大别山区在内的14个连片特困地区确定为扶贫攻坚的主战场，这也意味着，从扶贫的角度来看，大别山区的发展已经纳入国家战略的层面。

近年来，对于大别山区横跨的鄂豫皖三省而言，加大对处于发展洼地的革命老区的扶持力度，已经成为三省区域经济协调发展进程中共同的选择。为此，三省先后出台了推动大别山革命老区发展的相关文件，如河南省委、省政府于2007年出台了《关于加快老区发展的意见》，明确提出要把促进老区加快发展作为一项重要政治任务，并提出了具体的扶持政策。2010年11月，在湖北省委九届九次全会和省"两会"上，湖北省委、省政府把建设大别山革命老区经济社会发展试验区写进了《湖北省国民经济和社会发展"十二五"规划纲要》和《政府工作报告》。2011年2月，湖北省委、省政府举行了湖北省大别山革命老区经济社会发展试验区建设启动仪式，并下发了《关于湖北省大别山革命老区经济社会发展试验区建设的指导意见》，出台了十条扶持政策，其支持力度之大，含金量之高，前所未有，充分体现了湖北省委、省政府对老区人民的深切关怀。大别山试验区内各县市根据省委文件精神，也相继出台了各自的建设意见。

与湖北省建立大别山革命老区经济社会发展试验区相呼应，安徽省委、省政府也于2011年11月出台了《关于进一步促进大别山革命老区又好又快发展的若干意见》，明确提出了支持大别山区经济社会发展的20条政策措施。三省在推动革命老区经济社会发展方面的共同需要以及出台的扶持政策，为大别山区的发展创造了良好的社会环境，也为三省的省际合作奠定了坚实的基础。

作为一个具有共同历史、文化和生态的相对独立的区域，大别山区具有良好的区域联合协作基础。事实上，早在2004年，中共中央办公厅、国务院办公厅提出发展"大别山红色旅游"，就已经为大别山区域联合发展带来了历史性机遇。2007年9月，鄂豫皖3省6市36县旅游部门在合肥签署了联合宣言，打破跨境旅游的各种限制，建立大别山旅游区域协作联合体。2008年年初，信阳市邀请大别山地区6市36县的旅游部门负责人齐聚信阳，共商打造大别山红色旅游大旅游圈的构想，大别山旅游合作进入行业层面。2010年，大别山6市政府签订《大别山区域六市政府红色旅游合作协议》，旅游合作上升至市级政府层面。2011年在安徽省安庆市召开的大别山红色旅游管理人员培训班上，六市政府签署了《关于恳求国家旅游局支持编制大别山旅游区总体规划的请示》，力求将大别山区域旅游业发展上升到国家发展战略。与此同时，鄂豫皖三省还建立了政府轮值会议制度。

这一系列的举措和政策文件，虽然旨在通过深化合作共建，发挥大别山红色旅游资源优势，加强区域旅游联合，增强大别山旅游的整体影响力和竞争力，但已经从制度和政策层面推动了鄂豫皖三省在共同推进革命老区发展方面的实质性合作，为促进大别山试验区提升为国家战略奠定了一定的基础，积累了经验，也为国家层面牵头实施大别山区域的整体规划提供了条件。

2012年12月1日，大别山区鄂豫皖三省政协主席联席会议第一次会议在武汉隆重召开，标志着大别山区鄂豫皖三省政协主席联席会议机制正式建立，从而为三省政协合力推进大别山区经济社会发展提供了一个新的重要平台。在此次会议中，三省就推动大别山区交通一体化提出了若干重要意见和建议。这也意味着大别山革命老区在实现跨区域的经济联动方面迈出了更为坚实的步伐。

第四节　伟大的革命精神是大别山试验区提升为国家战略的强大动力

邓小平同志曾经说过，"革命精神是非常宝贵的，没有革命精神就没有革命行动。"革命精神的一个重要体现就是"老区精神"。在过去革命战争年代，在党的领导下，老区人民英勇奋斗、前赴后继，推翻了帝国主义、封建主义、官僚资本主义三座大山，为新中国的成立立下了汗马功劳。在艰苦卓绝、富有成效的革命斗争实践中，党和老一辈无产阶级革命家及老区人民创造了一种宝贵的"艰苦奋斗，战胜一切困难的精神"；"齐心协力，团结一致的精神"；"勇于实践，锐意创新的精神"；"脚踏实地，埋头苦干的精神"；"顾全大局，牺牲小我的精神"；形成了一种宝贵的"不要家、不要钱、不要命、要革命的老区精神"。这种形成于土地革命战争和抗日战争中的老区革命精神，内涵十分丰富，它是老一辈无产阶级革命家为后人留下的极为珍贵的精神食粮与财富，是我党保持政治思想先进性的来源，是中华民族文化的传承和发展。

党的十七届五中全会指出："文化是一个民族的精神和灵魂，是国家发展和民族振兴的强大力量。"在价值观多元的今天，面对国际国内形势的深刻变化，大力弘扬老区精神，大力宣传老区在中国革命和新中国成立过程中所作出的巨大牺牲和贡献，展示老区建设所取得的辉煌成就，有助于打造社会主义核心价值观，有助于为全民的思想道德教育提供丰富的内容和源泉，以进一步激发广大人民群众的爱国热情，使我国有效地加强和改进全民的思想道德教育，为我国"十二五"规划的顺利实施提供良好的思想文化氛围，有力推动社会主义文化大发展大繁荣，有力促进党和人民事业发展。因此，大力扶持老区建设是弘扬老区精神和凝聚民心的重大举措。

大别山老区人民为新中国的创立和鄂豫皖三省的经济社会的发展作出过巨大牺牲和无私奉献。从大革命时期到解放战争时期，大别山地区28年"红旗不倒"，这是大别山地区革命斗争的显著特征。在缔造共和国的峥嵘岁月里，大别山老区铸就了"敢为人先、敢拼敢闯，不胜不休、无私奉献，万众一心、紧跟党走"的老区精神，在中国革命史上写下了光辉的一页。新中国成立以来，大别山老区人民在中国共产党的领导下，始终发扬自力更生的精神，与贫困顽强斗争，用勤劳的双手改变了贫困落后的面貌。在推进大别山革命老区经济社会发展试验区建设新的历史进程中，"敢为人先、敢拼敢闯"的精神，将激励老区人民以解放思想为先导，勇当老区科学发展、和谐发展、跨越式发展的排头兵；"不胜不休、无私奉献"的精神，将激励老区人民勇挑重担，用开放的眼光、创新的方法探索新体制、新机制，用创新的思维和方法解决前进中的困难和问题；"万众一心、紧跟党走"的精神，将激励老区人民坚定不移地走中国特色社会主义道路，坚持用中国特色社会主义理论体系武装广大干部群众的头脑，用艰苦创业、苦干实干来凝聚干部的精、气、神，用辛勤工作、无私奉献来回报革命先烈用鲜血染红的这片土地，让大别山这面红旗永远不倒。在新的时代背景下，大别山老区人民迫切希望改造自身贫困面貌的积极性、主动性和创造性为试验区的顺利实施做好了充分的准备，老区的革命精神也必将为试验区的发展提供强大的精神动力。

第七章

大别山试验区国家
战略建设的基本思路

建设大别山革命老区经济社会发展试验区是一项长期的战略部署和任务，"十二五"是加快推进试验区建设的关键时期，要立足于当前大别山革命老区人民迫切要求解决的最实际的问题，实现鄂豫皖大别山革命老区的相互融通、相互联系、相互促进，更要从战略思路上着眼于长远的发展，明确试验区的战略定位和发展目标。只有这样，才能正确把握试验区建设的基本规律、战略思路和实践运作，从而因地制宜、发挥优势，推进区域经济社会持续、稳定、协调发展。

第一节　指导思想

高举中国特色社会主义伟大旗帜，以邓小平理论和"三个代表"重要思想为指导，以科学发展为主题，以加快经济发展方式转变为主线，按照"红色大别山、绿色大别山、发展大别山、富裕大别山"的总体要求，以"四化同步"（工业化、信息化、城镇化、农业现代化）、"两增同步"（农业增产、农民增收）为目标，以改善和提高革命老区人民的生活为出发点和落脚点，进一步解放思想，开拓创新，进一步加大投入，争取支持，不断推进试验区经济建设、政治建设、文化建设、社会建设以及生态文明建设协调发展，努力探索欠发达地区实现跨越式发展的具体途径，把试验区建成科学发展的示范区、解放思想的试验区、艰苦奋斗的创业区、民生改善的先行区，确保与全国同步实现全面建成小康社会目标。

第二节　基本原则

目前，大别山试验区建设的深入推进，需要以制度创新为突破口，充分调动鄂豫皖三省的积极性，积极搭建沟通平台，把立足当前和着眼长远结合起来，在平等协商的基础上实现利益共享。在推进试验区建设过程中，必须坚持自力更生为主，艰苦奋斗、勤俭建设的方针，要紧紧依靠试验区人民的智慧和力量，通过扎扎实实、富有成效的工作去改变面貌，做好长期奋战的思想准备。

——统筹谋划、突出重点。编制鄂豫皖大别山革命老区发展总体规划，谋划区域整体发展，确定开发建设时序和发展重点，有计划、有步骤地予以推进。统筹产业发展，注重发挥特色优势，培植支柱产业，支持重点产业做大做强，形成产业集群；统筹区域发展，突破行政区划和地域，强化经济区域功能，实现区域一体化；统筹城乡发展，推进新农村建设，不断提高城乡公共服务均等化水平。

——发挥优势、错位发展。发挥政策指导、规划引导和市场主体作用，发挥比较优势，突出地方特色，结合自身的资源条件和现有的产业基础、经济要素的状况来确立各自的重点发展方向，坚持错位发展、差异性发展，加强资源整合，形成区域优势互补的发展格局。

——政府主导、社会参与、市场运作。试验区建设既是一项政治工程，也是一项经济工程、社会工程，政府要着力营造良好的发展环境，并协调推进重大问题的解决。政府通过规划、政策引导和财政投入，引导社会力量广泛支持和参与试验区建设，调动群众的积极参与和创造热情，特别是要充分发挥市场在资源配置中的基础性作用，形成政府推动、社会参与、多元投入、市场运作的联动格局。

——开发与保护并重。按照科学发展的要求，加强资源和环境保护，走资源节约型、环境友好型发展道路，实现速度、结构、质量、效益相统一。牢固树立"环境是最重要的资源、生态是最宝贵的财富"的理念，坚持开发与保护并重，保持好大别山区生态优势，大力发展绿色经济、低碳经济、循环经济，加强要素集约利用、产业聚集发展，推进试验区生态文明建设。

——先行先试、大胆创新。以市场为导向，进一步解放思想，以开放促开发、促改革；以体制机制创新为重点，大胆探索贫困地区经济社会发展中重点、难点问题的解决办法和途径，在多元化投入、土地利用、环境保护、生态补偿、社会管理、公共服务等方面取得突破，努力开创革命老区发展新局面。

第三节　战略定位

立足大别山革命老区在生态环境、红色资源、区位优势等方面的综合优势，以促进革命老区振兴为战略目标，积极落实国家关于大别山扶贫开发的战略部署，科学确定大别山革命老区经济社会发展试验区的发展定位，为提升我国革命老区发展水平提供示范。

——国家重点生态经济协调发展试验区。充分发挥区域生态资源优势，树立科学发展理念，积极发展区域特色产业，构建生态产业体系，在实践中不断拓宽生态环境保护和建设的有效途径，努力把大别山区建设成为中部乃至全国重要的生态屏障，探索经济与生态协调发展的新模式，促进经济效益、社会效益和生态效益的有效统一。

——革命老区跨越式发展试验区。立足老区特色，依靠政策创新，创建多元化投入机制、科技创新机制、人才支撑机制和环境保护与生态补偿机制，最大限度地激发老区的发展活力，探索出一条革命老区实现跨越式发展的新路子，促进区域经济社会的协调可持续发展。

——国家重点红色旅游示范区。加强革命遗址保护和利用，推动红色文化发展创新，发挥红色文化、民俗文化的综合优势，提升大别山革命精神和红色文化影响力，进一步加强全国爱国主义教育和革命传统教育基地建设，探索建立以红色文化为主体并充分发挥自然、历史、民俗等资源作用的文化创新改革区域，打造全国著名的红色旅游目的地，促进文化繁荣、经济发展、人民富裕。

——国家基本公共服务均等化试点区。加强社会事业建设，加快建立健全覆盖城乡居民的基本公共服务体系，不断提高基本公共服务能力和水平，努力探索走出制度设计公平、服务质量上乘、供给效率提高、财政能力持续的基本公共服务均等化发展新路子，力争使大别山革命老区城乡一体化程度早日达到全国平均水平，使老区广大群众更好地享受改革发展成果。

——连片特困扶贫开发示范区。集中力量打好新时期扶贫攻坚战，深入推动实施《大别山片区区域发展与扶贫攻坚规划（2011—2020年）》，为全国革命老区扶贫开发、群众脱贫致富、全面建成小康社会积累经验，提供借鉴。

第四节　战略目标

按照建设"四个大别山"的具体要求，加快完善基础设施和公共服务设施建设，着力打造在全国具有影响力和竞争力的革命老区。

到 2015 年，试验区经济保持又好又快发展，经济总量不断增加，综合经济实力稳步提升，经济增速高于全国平均水平；区域比较优势充分发挥，资源有效利用，特色优势产业体系初步形成，以工补农、以城带乡的机制初步形成，新型工业化、城镇化进程明显加快，基础设施更加完善，自我发展能力显著提高。生态环境持续好转，重点生态区综合治理取得积极进展。产业结构不断优化，产业转型升级步伐加快。公共服务能力显著增强，人民生活水平大幅度提高，城乡居民收入增速高于全国平均水平。就业持续增强，城镇化率超过 45％。城乡面貌发生较大变化，人均财政支出和基本公共服务能力达到或超过中国中部地区平均水平。

到 2020 年，试验区实现跨越式发展。综合实力明显提升，经济结构进一步优化，工业化水平不断提高，城镇化和社会主义新农村建设加速推进，城镇综合承载能力持续提升，县域经济发展加快，逐步成为农村人口转移的主要载体；现代产业体系基本完善，高新技术产业、先进制造业和现代服务业比重明显增加，特色产业支撑作用明显；生态环境不断优化，可持续发展能力进一步增强；社会事业全面进步，农村公共服务水平进一步提高；城乡居民收入大幅增加，公共服务水平显著提升，教育、卫生、文化、体育等公共服务设施实现广覆盖，人民生活水平和质量不断提高，城镇化率达到或超过 55％，实现全面建成小康社会目标，综合经济竞争力、人民生活水平和可持续发展能力达到全国中等水平，呈现经济发达、人民富裕、生态良好、社会和谐的崭新面貌。

第五节　大别山试验区国家战略的战略重点

一、加强基础设施建设，提高区域发展支撑能力

基础设施包括交通、邮电、供水供电、商业服务、科研与技术服务、园林绿化等市政公用工程设施和公共生活服务设施。基础设施作为生产力的重要组成部分，范围

极广且跟生产、生活息息相关，直接影响着人民的衣食住行，直接反映着社会生产力的综合水平、生产的发展程度，还直接反映着社会的文明程度，其对于地区经济社会发展的重要性不言而喻。

基础设施是经济发展的重要内容和结果，更是经济发展的基础和保障。基础设施薄弱、基础产业发展严重滞后，不仅已经成为制约大别山革命老区经济社会发展的重要瓶颈，甚至影响到中东部地区的可持续发展。这除了与地区的经济实力不强、财力薄弱有关外，也与改革开放以来国家对大别山区基础产业发展的直接投资较少有关。加快大别山区的基础设施建设和基础产业发展，是实现大别山革命老区跨越式发展的基础。一方面，要按照统筹规划、合理布局、适度超前的原则，适应经济社会发展对基础设施建设的新要求，加大对大别山区基础设施建设的直接投资力度，兴建一批重大的基础设施项目，通过增加固定性生产要素的集中程度以提高流动性要素的潜在边际生产力，吸引更多的流动要素进入大别山区，刺激地区的经济发展，增加区域的经济实力和社会总产出；另一方面，必须制定大别山革命老区的超前的公共投资政策，通过发挥政策性银行的作用、扩大利用外资规模、吸引和诱导多渠道社会资金投资到大别山地区的基础产业中，大力加快大别山区的交通运输、邮电通信、气水电管网、科技、文化教育、卫生等经济基础性和社会公益性公共基础设施的建设，实现大别山地区基础设施和基础产业的跨越式发展，打造功能完善、配套协调、高效安全的基础设施支撑保障体系，为大别山试验区的建设奠定坚实的发展基础。

1. 建设综合交通网路

国内外发展经验表明，交通网络的发展对于欠发达地区的经济发展以及区域经济一体化具有极其重要的影响作用。目前，大别山地区的交通设施整合尚未完成，网络化程度不高，区域间的要素流动不够顺畅，在很大程度上阻碍了区域经济一体化进程。

当前，要深入贯彻落实科学发展观，服务大别山试验区发展战略，以优化交通运输结构、转变交通发展方式为主线，按照超前发展思路，着力构建安全、畅通、便捷、绿色的综合交通运输体系，努力提升交通运输服务支撑能力，适应经济社会发展的新要求和人民群众的新期盼。要加快实施试验区"交通通达工程"，优先发展综合交通运输，强化试验区与沿海地区、周边经济区域的交通联系，打通大别山试验区与东西部联结的交通大通道，形成网络设施配套衔接、覆盖城乡、连通内外、安全高效的综合交通运输网络体系。

一是建设"四位一体"的立体交通网络。积极推进鄂豫皖三省大别山区内机场、铁路、高速公路、航运立体交通网络建设，实现物流、人流、信息流、资金流快捷畅通。加速推进试验区高速公路网、快速干线交通网、农村公路网、低碳水运网、综合交通运输网五大网络建设，努力构建以机场、铁路、高速公路、航运"四位一体"的立体交通网络。要以轨道交通和高速公路为骨干，以国省干线公路为补充，推进城市群内多层次城际快速交通网络建设。建成三省省际交通网络，推进重点开发区域城市群的城际干线建设。同时，试验区内要加强区域协作，重视省际、县际公路衔接，同步规划、同步建设、同步发挥效益，提高跨界公路建设质量，形成一体化路网系统，提高通达能力；加强铁路场站及港口码头建设，并实现与公路的联运，建立完善铁路、公路、水运相结合的综合运输网络，促进大别山片区对外联系，提升对外开放度。

二是建立合作联动机制。继续健全协调联动机制，建议三省建立联席会议制度，实行定期会商，协调解决区域交通协作中的重大问题，建立政府、企业合作联动机制。组建跨省交通运输企业联盟，制定优惠政策，鼓励各类企业和社会资金在大别山区投资经营交通设施。

三是构建交通一体化信息平台。通过三省联动协调，规划建设区域内统一的交通运输综合信息平台，实现资源共享、数据共享，建立区域交通管理协作机制。

2. 完善水利基础设施

抢抓中央加快水利改革发展的重大机遇，结合试验区实际，从群众最迫切、最现实、最根本的需要出发，加强防洪、排涝、抗旱工程建设，推进中小河流治理，增强试验区抗御自然灾害的能力，改善农业基础设施条件。

一要坚持用科学的思路、先进的理念指导试验区水利规划和项目前期工作，牢固树立超前谋划理念和动态变化理念，切实做好基建工程、河道疏浚、河塘整治、泵站改造、饮水安全、农资增补、小型农田水利重点县等项目的前期工作，努力提高前期工作质量水平，保证项目的有序接替。

二要扩大资金筹措渠道，健全完善水利投入新机制。要广泛吸纳社会资金，积极利用社会投资、各方捐资等兴建水利工程。要创新投入机制，多元化、多渠道、多层次筹集资金，建立以财政投入为主体、社会投资为补充、群众积极参与的水利投入新机制。同时，要严格按照基本建设程序对专项资金进行管理，实行县级财政报账制、单独核算，专款专用，切实保证资金安全，提高资金使用效率。

三要加强大江大河和重点中小河流治理，建成一批大中型水利骨干工程。在积极争取项目资金的同时，进一步拓宽融资渠道，继续做好中小河流治理工作，增强河道防冲刷能力，提高防洪标准；积极开展清淤疏浚和堤防整修加固，提高河道防洪排涝能力；加快大中型和重点小型病险水库除险加固进度，增强水资源调控和抗御干旱灾害的能力；统筹安排流域治理、农村河道整治等项目，实现治水、兴水、亲水相结合，充分发挥河流的防洪、供水、灌溉、生态等多种功能。

四要加快推进农村水利基础设施建设，改善农村生产生活条件。紧紧围绕整治病险水库、实施农村饮水安全工程、加固河湖圩堤、修复和新建小型农田水利设施开展农田水利基本建设，建好小型农田水利设施，积极推进节水灌溉，切实改善农业生产条件，提高农业综合生产能力。要建立农村水利工程长效管护机制，充分调动广大农民群众参与农田水利维护的积极性和主动性。

3. 提高能源保障水平

优化能源结构和布局，提高开发利用效率，推进能源生产和利用方式变革，合理调整能源布局和供给结构，构建安全、稳定、经济、清洁的综合能源体系。

一是结合国家农村电网升级工程的实施，按照试验区经济社会发展用电需要，进一步完善骨干电网，加快电网改造升级，消除安全隐患，降低电能损耗；继续推进城网改造，完成新一轮农村电网升级改造工程，提升农村电网的供电能力和电压质量；加强输配电能力建设，全面提升电网供电能力，提高试验区内的供电可靠性及供电质量。推进数字化变电站、城区配电网智能化、电动汽车充电站等一批智能电网试点项目建设。

二是加快发展核电，积极推进风力发电、水力发电，鼓励发展太阳能、生物质能等新能源。紧抓国家能源大动脉"西气东输"和"川气东送"两大工程建设契机，继续推进天然气项目建设，完善天然气输送管网建设，逐步扩大供气范围。积极倡导特色能源循环经济，支持沼气发电和垃圾发电，大力促进能源多元化发展。

4. 加快通信和信息化建设

加强区域空间信息基础设施建设，建立和完善信息资源共建共享机制，深化信息技术应用。加快现代通信网路建设，积极推进"三网整合"，加快推进发展物联网运用。建设光纤通信、移动通信、微波通信、卫星通信相结合的现代通信体系，推进城市光纤接入和新一代移动通信网络布局，提高信息化服务水平。

一是推进信息基础设施建设。加快接入网络"光进铜退"进程，推进城区光纤到楼入户，并向乡镇和行政村延伸。加快互联网升级改造和有线电视双向改造，构建具有宽带化、多媒体化、智能化和个性化的第三代多媒体移动通信网络。

二是推动三网融合。推动符合条件的广播电视企业经营增值电信业务和部分基础电信业务、互联网业务；推动符合条件的电信运营企业从事部分广播电视节目的生产制作和传输；鼓励广电企业和电信运营企业加强合作、优势互补、共同发展。加强网络建设改造，全面推进广播电视网络数字化和双向化升级改造。

三是建设电子政务平台。加快政务内网建设，实现电子政务内网与互联网物理隔离。建设全区性电子政务外网网络平台，实现横向连接区级机关，纵向连接市级电子政务外网平台，向下延伸到乡镇、村（社区），实现市、区、乡（镇）、村（社区）四级网络应用系统的互联互通。

四是建设数字化城市管理系统。建设数据库平台，建立地理信息系统、业务受理系统、管理维护系统、协同工作系统、综合评价系统、信息采集系统、统一门户系统，并实现相关系统联网运行。利用现代呼叫中心技术，集中受理包括城市相关的供水、供气、公交、燃气、道路等行业的政策咨询、问题投诉及抢险抢修、城市市政、环境卫生、园林绿化、城管监察等行业。建设交通管理、公车管理等应用系统，逐步扩展平台应用。

五是推进电子商务平台建设。积极引导各大零售企业推进电子商务建设，重点加强与供应商的信息交换，建立供应链电子商务平台，推进网上交易。鼓励制造企业与专业物流企业信息系统对接，推进制造业采购、生产、销售等环节物流业务的有序外包，提高物流业专业化、社会化水平。推动行业性、区域性和面向中小企业的物流信息化服务平台发展。倡导中小企业建立自己的网页、网站或加入相关网站平台，发布信息、广告，开展网上交易。构建农村商务信息服务网络，建设农商通信息平台，农商通终端村社全覆盖。

二、调整优化产业结构，增强区域综合竞争力

抢抓产业转移机遇，促进结构优化升级，坚持走新型工业化道路，加快建立结构合理、特色鲜明、节能环保、竞争力强的现代产业体系。

1. 积极改造传统产业

加快试验区新型制造工艺、流程的研发和推广应用，对照技术标准和产业政策，狠抓企业的节能降耗和减排治污，加快推进节约生产、清洁生产，提高资源综合利用水平，努力形成低投入、高产出，低消耗、低排放，可循环、可持续的发展方式。

一是运用高新技术促进产品升级换代。以高新技术、高附加值产品研制为重点，开发一批拥有自主知识产权的产品和技术，并积极推广应用，促进产品的升级换代；积极运用信息技术提高生产过程自动化、控制智能化及管理信息化水平，提高传统产业的生产效率和产品质量。

二是支持试验区企业、园区开展循环经济试点，积极开展低碳经济园区试点。鼓励冶金、有色、化工、建材（筑）、机械等重点行业改造生产流程，优化生产工艺，延长产业链，提高能源资源综合利用水平，开展循环经济示范企业建设。科学规划园区企业结构和布局，鼓励企业通过资源共享、废弃物利用等途径发展循环经济。及时总结循环经济试点经验，制定促进循环经济发展的政策措施。

三是加快淘汰落后产能，综合运用经济、行政和要素保障等多种途径加大调控力度，促进企业升级改造，鼓励和引导优势企业并购列入淘汰计划的落后产能企业，利用存量资源发展战略性新兴产业项目。强化纺织服装、冶金、化工、装备制造业等重点行业建设项目环境影响评价，确保单位产品能耗、物耗和污染物的产生量、排放量达到国内先进水平。

2. 有序承接产业转移

试验区各县（市）要进一步加大开发区投入力度，搭建产业承载平台，利用当地的产业基础和资源优势，以市场为导向完善产业配套条件，全方位、多层次承接沿海地区和国际产业转移，合理确定承接重点，着力引进具有市场前景的产业和技术装备先进的企业。

一是在承接产业转移过程中，坚持有所为有所不为，注重产业转移的质量，把握好落户企业的投资强度、科技高度、税收额度、链条长度和环保程度，防止落后产能向试验区转移。支持符合主体功能区规划的大企业落户，严格资源节约和环保准入门槛，避免产业转移中的资源浪费和污染扩散，严禁国家明令淘汰的高能耗、高污染的落后生产能力转入。

二是把承接产业转移与调整自身产业结构结合起来，促进产业转型升级，提升市场竞争能力。充分发挥企业招商的主体作用，鼓励和支持现有骨干企业围绕产业链条、优势产品和大宗物资采购，加强与外地企业间的分工与合作，促进以企招商。

三是发挥农产品资源丰富的优势，积极引进龙头企业和产业资本，承接发展农产品加工业、生态农业和旅游观光农业。推进农业结构调整和发展方式转变，加快农业科技进步，完善农产品市场流通体系，提升产业化经营水平。

四是鼓励有条件的地方加强与东部沿海地区创新要素对接，大力发展总部经济和研发中心，支持建立高新技术产业化基地和产业"孵化园"，促进创新成果转化。

五是支持中心城市重点承接发展电子信息、生物新材料、新能源等战略性新兴产业、高端制造业和现代服务业，推动县城重点发展各具特色、吸纳就业能力强的产业，形成有序承接、集中布局、错位发展、良性竞争的格局。

3. 积极培育战略性新兴产业

试验区要立足当前产业发展基础，以国际视野和战略思维来选择和发展新兴战略性产业。

一是大力推进节能环保和资源循环利用，加快构建以低碳排放为特征的工业、建筑、交通体系。示范推广先进环保技术装备及产品，提升污染防治水平。推进市场化节能环保服务体系建设。加快建立以先进技术为支撑的废旧商品回收利用体系，积极推进生态设计和清洁生产。

二是加快资源循环利用关键共性技术研发和产业化示范，提高资源综合利用水平和再制造产业化水平。集中优势资源，实施一批科技重大项目，加快产业化基地建设，重点发展和培育生物医药、先进制造、新能源、新材料等高技术和战略性新兴产业，开展关键核心技术研发，加强技术集成和引进技术消化吸收再创新，促进自主创新成果产业化，培育新的产业增长点，提高试验区产业层次和竞争力。

三是积极推广绿色农用生物产品，促进生物农业加快发展。加强生物农业技术研究基地建设，推进生物制造关键技术开发、示范与应用。鼓励科研单位、科技企业和广大农户紧密合作，探索建立利益共享、风险共担的多层次、多领域的产学研合作机制。

四是提升软件服务、网络增值服务等信息服务能力，加快重要基础设施智能化改造。大力发展数字虚拟等技术，促进文化创意产业发展。

4. 加快发展现代服务业

规范市场秩序，创造良好环境，把发展服务业与改善民生结合起来，大力发展现代物流业，提升发展商贸服务业，扶持发展消费性服务业，规范发展金融服务业。促进服务业总量扩张、结构优化、水平提升，提高服务业增加值在生产总值中的比重和服务业从业人员在全社会从业人员中的比重。

一是结合城市功能定位，按照商业网点规划要求，大力发展大型精品百货购物、大型超市、大型专业市场和批发市场。积极发展连锁经营、仓储式超市等新型流通业态，改造提升传统商贸业。规划建设一批生产资料加工配送中心、商贸物流配送中心。

二是支持发展信息服务、创意设计、会展、服务外包、科技服务、电子商务等新兴服务业。发展壮大健康产业、社区服务、养老服务等新型业态，加快培育和扶持具有地方特色的家庭服务业。

三是围绕国家主体功能区规划，突出大别山生态环境特色，发挥革命老区的红色文化资源，重点打造特色旅游产业，实施精品旅游战略。加强配套服务设施建设，提升旅游经营和服务水平。积极引进高端型、实力型旅游置业集团参与旅游景区的开发与建设。

四是积极引进境内外金融机构和证券、信托、保险、风险投资企业，逐步建立以国有商业银行为主体，多种金融机构共同发展的现代金融组织体系。大力发展地方金融，积极发展农村商业银行、村镇银行、农村资金互助社等地方金融机构。规范发展融资性担保机构、小额贷款公司、信托公司、财务公司等。支持金融机构推进金融服务创新，鼓励发展面向中小企业的多层次融资业务。提高直接融资规模，加快推进企业债券发行以及企业上市融资等。

5. 促进产业集聚发展

试验区要依据"布局集中、用地集约、产业集聚"的原则，结合区域资源环境承载能力、产业基础和发展优势，统筹考虑区域产业结构和产业布局，促进优势产业、关联企业和相关保障要素集约建设，形成若干主导产业明确、关联产业集聚、资源设施共享、污染治理集中、废物循环利用的工业集中发展区，实现区域产业关联发展、成链发展、集聚发展、集约发展、合作发展。

一是把工业园区建设与城镇化建设紧密结合起来，以工业化支撑城市化、以城镇规化促进工业化。依托中心城市和县城，促进二、三产业高度集聚，强化产业分工协作，形成以产兴城、依城促产的协调发展新格局，促进企业集中布局、产业集群发展、资源集约利用、功能集合构建、人口有序转移。

二是加强产业集聚区规划与土地利用总体规划、城市总体规划的衔接，整合提升各类产业园区，科学规划建设产业集聚区。要结合区域和产业发展规划，统一建设道路、电力、燃气、供水、排水、通信、消防等基础设施，实现资源共享；合理确定建筑密度、容积率、绿化率等指标，提高要素利用率。

三是支持基础设施和公共服务平台建设，推进创新型、开放型、资源节约和环境友好型等产业集聚区的示范创建，建设一批国家新型工业化产业示范基地。

6. 提高产业核心竞争力

促进工业化与信息化融合、制造业与服务业融合、新兴科技与新兴产业融合，加大技术改造力度，走创新驱动发展道路。

一是发挥企业创新主体作用，鼓励国家级科研院所、高校设立分支机构或建立成果转移中心，建立产业技术创新联盟，加强国家级企业技术中心、工程（技术）研究中心、重点实验室、工程实验室等研发平台建设，构筑区域性自主创新体系。

二是加大创新技术产业化资源投入，营造良好环境，引导资金、土地、人才等要素，支持产业关键核心技术自主研发和产业化，推进重点产品示范应用，加快创新技术的产业化步伐。加大创新技术及标准的应用推广力度，推动技术优势、产业优势转化为市场优势。

三是完善创新创业服务体系，支持创新型企业加快发展。鼓励和支持优质资本、优势企业跨行政区并购和重组，加快培育大型企业集团，提高产业集中度，培育若干具有国际影响力的知名品牌。

三、实施重大人才工程，构建区域发展的智力支撑

欠发达地区人力资本能力，主要取决于经济发展水平和人力资本投资状况。地区发展水平越高，人力资本投资能力越强，尤其是对高素质和低素质两端人力资本投资要求较高。在大别山试验区建设中，应该从战略高度看待人才问题，进一步营造尊重劳动、尊重知识、尊重人才、尊重创造的良好氛围，激发各类人才创新创业的积极性和主动性。以实用型人才培养开发为重点，突破性抓好高层次创新创业人才和企业经营管理人才，统筹推进各类人才队伍建设，把各类优秀人才集聚到服务大别山试验区科学发展的事业中来，为试验区建设提供坚强的人才保证和广泛的智力支持。

1. 引进培养高层次创新创业人才

一要研究制定优化高层次人才创新创业环境的意见，积极实施高端人才引进培养工程，在支柱产业、重点工程和重点学科领域设立自主创新岗位，组织实施"优秀企业家培育工程""创新创业人才推进工程"等项目，加强创新团队和研发人员队伍建设。

二要加强高层次人才创新创业基地建设。集中资源，优化政策，加大对高层次人才创新基地建设的政策配套和集成支持，专项支持试验区建立国家级院士工作站、博士后科研流动站、重点实验室和工程技术（研究）中心等创新平台，发挥各类平台的集聚效应，依托平台大力引进、培养高层次创新创业人才和团队，引导高层次创新创业人才向一线聚集，促进技术转移和成果转化。

三是实施高层次创新创业人才引进计划。坚持引进高层次创新创业人才与引进创新创业团队相结合、引进国外人才与引进国内人才相结合、刚性引进与柔性引进相结合，适应国际人才流动趋势，提高人才引进效果。

四是要争取中央政策，支持试验区创办国家级留学生创业园区，帮助试验区建立海外留学人员联系和沟通机制。创办高新技术产业园、回归创业园和高校毕业生就业见习基地、研究生社会实践基地。加强产学研合作，促进重点产业和高校、科研院所共建共享，推广转化科技成果。

2. 培养引进经济社会发展重点领域急需紧缺人才

一是根据区域产业、行业人才发展规划，围绕重点领域发展，按照"立足当前、适度超前、有效指导"的原则，开展重点产业、行业人才需求预测，定期发布试验区急需紧缺人才目录。

二是重点围绕发展装备制造业、农副产品加工业、商贸物流旅游业等特色产业或重点领域实施专门人才继续教育工程，带动全体专业人才队伍继续教育工作的开展，促进专业技术人才和管理人才的知识更新，着力提高专门人才的科技水平和创新能力，增强专门人才适应试验区发展需求的能力。

三是加快人才培养体制和机制的改革，积极推进产学研合作教育。鼓励高等学校与企业开展合作办学，联合建设重点领域学科和专业，按照企业对人才的要求实行"订单式"培养。高等学校在开展高职高专、本科、研究生培养的同时，积极通过转专业培养、工程硕士培养等多种形式加快培养紧缺人才。

四是加大重点领域学科和专业建设经费的投入，鼓励高等学校根据试验区相关产业和行业对专门人才的实际需求，在拓宽专业口径的基础上，在高年级灵活设置专业方向，努力扩大紧缺专业的人才培养规模。

3. 推进各类人才队伍建设

一是党政人才队伍。实施党政人才素质能力提升工程。不断深化干部人事制度改革，坚持正确的选人用人导向，注重从基层和生产一线选拔党政人才，加大高层次专业人才的公开选拔力度。

二是企业经营管理人才队伍。加大全民创业和招商引资力度，坚持引资与引智并重，进一步扩大企业总量，壮大企业家队伍。发挥企业家协会、民间商会组织等社会团体的作用，定期举办企业家论坛。

三是专业技术人才队伍。深入推进专业技术人才优化配置，引导专业技术人才向企业和基层一线有序流动。打破行业、地区、城乡和产学研诸领域专业技术人才分割，推动区域间专业技术人才发展走各具特色、功能互补的新路子。加大对山区县市和农村基层人才支援力度。制定出台发挥专业技术人才作用的办法，建立专业技术人才工作目标责任考核制度，对自主培养的高层次专业技术人才实行契约化管理，有效提高专业技术人才对经济社会发展的贡献率。

四是高技能人才队伍。完善以企业为主体、职业院校为基础，学校教育与企业培养紧密联系、政府推动与社会支持相结合的高技能人才培养体系。

五是农村实用人才队伍。加强各类培训项目的整合和衔接，构建以涉农学校为龙头、农村实用人才培养基地为主阵地、各种项目培训为补充的农村实用人才培养体系。充分发挥基层党组织作用，提高农村产业组织化程度，鼓励和支持农村实用人才牵头建立专业合作社和专业技术协会，领办、创办从事农产品生产、加工、销售的各类经济实体。开展专业示范乡村、创业能人、种养能手、能工巧匠等评选表彰活动，提高农村实用人才社会地位。

六是社会工作人才队伍。制定出台社会工作人才职业规范和从业标准。推行社会工作者职业水平考试和评价工作。建立社会工作人才职业资格注册登记制度。研究制定社会工作人才培养规划，建立完善社会工作培训质量评估标准，开展社会工作职业技能培训。

四、统筹区域经济社会发展，实现城乡经济社会发展一体化

统筹城乡经济社会发展，既是实现全面建设小康社会宏伟目标的现实要求，也是对我们党执政能力的一次重大考验。要高度重视党中央的这一重大战略决策，切实摆上工作日程，认真研究推进工作的新思路、新办法，努力做好这项工作。

1. 统筹城乡发展规划

统筹城乡发展规划是形成城乡经济社会发展一体化新格局的前提。要按照城乡发

展规划一体化的要求，通盘考虑和安排城市发展和农村发展，统一制定土地利用总体规划和城乡建设规划，充分发挥城乡规划对经济、社会、环境协调发展的指导作用。在制定统一的城乡发展规划中，要按照自然规律、经济规律和社会发展规律，明确分区功能定位，合理安排城市或县域范围内城镇建设、农田保护、产业聚集、村落分布、生态涵养等空间布局。在节约集约利用土地等资源同时，实现城乡发展紧密衔接、相互促进。

2. 统筹城乡产业布局

要从体制、规划、政策上解决城乡产业分割问题，顺应城乡经济社会发展不断融合的趋势，统筹规划和整体推进城乡产业发展，引导城市资金、技术、人才、管理等生产要素向农村合理流动。

一要实行差别化的区域导向政策和分类评价体系，充分发挥区域比较优势，引导城乡产业合理布局，实现清晰的空间发展战略和功能定位，构建城乡之间联系紧密、分工明确的现代产业体系。

二要按照一、二、三产业互动，城乡经济相融的原则，促进城乡各产业有机联系、协调发展。要以现代工业物质技术装备改造传统农业，以现代农业的发展促进二、三产业升级，以现代服务业的发展推动产业融合，促进三次产业在城乡科学布局、合理分工、优势互补、联动发展。

三要积极推进农业专业化生产、集约化经营和区域化布局，鼓励乡镇企业转型升级，加快农村服务业发展，引导劳动密集型产业从城市向农村的转移和扩散，着力形成城乡分工合理、区域特色鲜明、生产要素和资源优势得到充分发挥的产业发展格局。

3. 统筹城乡基础设施建设

加强城市与农村基础设施规划、建设和管理的连接，逐步实现城乡市政基础设施共建共管、同城同价。

一是推进城市市政设施向农村延伸。加快区与区之间的城市快速干道的建设，进一步完善快速公交系统（BRT）工程，适时启动城市轨道交通建设，构建连接城乡的现代化交通网络。继续推进自然村道路硬化、有线电视进村入户和老区山区饮水安全工程，提高行政村客运通达率。统筹城乡电信设施、有线电视设施、社会治安公共设施建设与管理，推进广电网、电信网、互联网"三网融合"。

二是加快小城镇和新农村建设。引入城市综合体模式建设，加快小城镇综合改革建设试点，积极推进小城镇建设，形成规模效应、聚集效应。继续推进实施旧村改造、老区山区建设，加强村容村貌整治、环境美化和基础设施建设，建立农村基础设施管护的长效机制，改善人居环境。

三是加强生态文明建设。搞好生态公益林管护和水土保持工程建设，进一步改善城乡生态环境。建立和完善生态补偿机制，对水源保护区和生态林保护区探索一套生态效益和村民收益双赢的补偿投入机制。强化环境综合整治，建立城乡一体的污染防治监控管理体系，加大对各类污染源的治理力度。

四是加大农业基础设施建设投入。加大财政投入力度，实施农田和果园标准化改造，完善农田水利基础设施体系，大力发展设施农业，提高都市型现代农业综合生产能力。推进防洪排涝、挡潮工程和中小河流治理，做好水土保持和生态建设，完善防灾减灾体系。

4. 统筹城乡基本公共服务

积极引导城市公共服务资源向农村延伸，加快农村就业、社保、教育、文化等方面制度与城市的对接，加快城乡社会事业一体化发展进程。

一是推进服务均等化。加快实施新一轮农村义务教育和公共卫生体系建设，统一试验区义务教育阶段生均公用经费标准，加快农村中小学合格校建设。加强镇卫生院、村卫生所标准化建设，形成"小病不出社区、大病上大医院"的基本就医方式。加快城乡公益性文化体育配套设施、文化遗产保护、农家书屋等重点文化惠民工程建设，引导城市文化机构到农村拓展服务。

二是推进就业非农化。进一步完善促进农村劳动力就业创业的优惠政策，加大财政对农村劳动力素质培训和转移就业的支持力度，加大订单式培训和公益性岗位开发，推行非全日制钟点工、季节工等弹性就业形式，拓展社区就业空间。通过税费减免、信贷支持、简化手续、降低收费，引导农民围绕服务开发区建设，发展商贸、餐饮、绿化保洁、娱乐休闲等服务。根据市场需求，继续通过财政支持，以农民集资入股为主，发展一批通用厂房、综合市场、公寓等能够稳定农民收入的股份化项目。

三是推进福利社保化。按照"广覆盖、保基本、多层次、可持续"的原则，建设"全民社保城市"，完善城乡一体化社会保障体系。进一步完善被征地人员基本养老保险政策，逐步降低参保门槛，通过加大财政补贴和贴息贷款等方式，引导更多失地失海农民参保。全面实施城乡居民养老保险制度和城乡居民基本医疗保险，真正做到应保尽保。提高农村低保标准，加快实现低保标准城乡统一，逐步将各项城市社会救助政策向农村延伸。

四是推进素质市民化。大力发展农村中等职业教育并逐步对本地生源实行免费，组织动员和扶持未升入高中或未考入高等院校的农村初、高中毕业生进入职业技术学校学习和培训，从源头上减少"新农民"产生。深入农村开展形式多样、喜闻乐见的文体活动，丰富农村精神文化生活，广泛开展群众性精神文明创建活动。

5. 统筹城乡公共管理体制

着眼于打破城乡二元结构，加快行政管理和社会管理体制机制改革，构建城乡一体的新型管理体制，全面提升城乡一体化水平。

一是建立城乡一体的行政管理体制。为真正实现城乡资源优化配置，特别是贯彻落实"以城带乡、以工哺农"，建立强有力的领导和协调机制是关键。各地要成立政府主要领导亲自挂帅、相关职能部门领导参加的统筹城乡发展领导小组，具体负责城乡一体化政策制定、事务协调、项目安排、督促检查等工作。同时，应结合新一轮机构改革，按照城乡一体化要求调整优化政府机构职能，真正实现政府管理和服务对农村工作的全覆盖。

二是建立覆盖城乡的公共财政制度。加大财政支出、固定资产投资、信贷投放结构向农村倾斜，逐步实行城市社区和农村均衡的财政投入体制，"村改居"公共设施建设运行及公共事务费用全部纳入公共财政覆盖范围，并逐步推行到试验区所有农村。

三是建立城乡并轨的基层管理体制。稳步推进撤镇建街道、撤村建居工作。以"村改居"为试点，逐步向试验区农村推行村级综合改革，加快村级集体资产股份改制，剥离原社区居委会（村委会）行使的经营管理职能，实行村级事务管理服务职能与村级集体资产经营管理职能分离，推动村级事务管理向城镇社区管理转变。开展农村服务标准化综合试点工作，建设村级综合服务中心，探索面向社会聘任村级社会服务专职工作者的办法，完善城乡统筹的基层便民服务机制。

五、突出生态环境保护与建设，促进区域经济社会可持续发展

生态环境是大别山试验区的优势所在，也是试验区实现可持续发展的基础。在建设生态文明的历史新阶段，按照国家主体功能区的战略布局，积极推进大别山试验区两型社会建设，既是实践"三个代表"重要思想，贯彻科学发展观的具体体现，也是统筹人与自然和谐发展，构建社会主义和谐社会的必然要求；既能够充分发挥大别山试验区生态环境的优势，促进生态优势向社会发展优势转变，也能够促进经济发展方式的转变，提升试验区的综合竞争力，实现区域的可持续发展。

1. 加强环境保护

坚持"保护优先、综合治理、因地制宜、突出重点"的原则，加大环境综合治理力度，以改善环境质量、增强环境承载能力为目标，进一步完善污染物排放总量控制、排放许可和环境影响评价制度，努力改善、提升大别山区的环境质量。

一是推动重点流域水污染综合防治，推进实施长江中下游水污染防治规划，全力改善水体水质。严格控制工业废水污染物排放，全面实行排污许可证制度，加快城镇污水集中处理和再利用工程建设，强化对城乡饮用水水质和污染突发事件的应急处置和监控。

二是采取城区重污染企业搬迁、能源结构优化和机动车尾气污染防治等多种措施，

努力减少大气污染物排放量。要大力整治大气污染严重行业，调整优化产业结构；严格执行机动车尾气污染物排放标准，鼓励发展城市绿色交通，加快淘汰技术落后、污染严重、效能低下的运输装备。

三是完善城乡垃圾和固体废弃物回收网络体系，高标准建设城镇生活垃圾无害化处理设施，提高农村生活垃圾集中收集率，加强分类收集处理与综合利用。加快污水处理厂脱氮除磷升级改造和生活垃圾无害化处理。建立危险废物的信息管理系统，制定并完善危险废物集中处理设施运行办法，实现危险废物和医疗废物的安全处置。

四是通过不断采取改进设计、使用清洁的能源和原料、采用先进的工艺技术与设备、改善管理、延长产品生命周期等，减少或避免污染物的产生，实现由末端治理向污染预防的转变，从源头减少污染物的产生。

五是加强农村生态环境整治，优化农村生态环境。以解决饮用水安全、生活垃圾污染、生活污水污染、畜禽养殖污染、农业面源污染、农村历史遗留工业污染等农村突出环境问题为重点，全面加强农村环境综合整治，切实改善农业生产和生活环境状况。

2. 强化生态建设

坚持开发、保护、恢复、治理相结合的原则，以提高生态文明水平为目标，以恢复生态功能为重点，进一步加强试验区生态建设，发挥生态系统的自然恢复能力，扩大生态环境容量，提高环境承载能力。

一是要加强生态体系建设，实施退耕还林、生态公益林、珍稀植物群落保护等工程，形成大别山稳定的生态安全网络框架和绿色生态屏障；要大力推行林药、林果、林茶、林油等生态经济治理模式，大力发展生态、经济兼用林和高效经济林；要坚持保护和利用并重，推进生物质能源林、食用油经济林、速生丰产用材林基地建设，加快涉林产业的发展。

二是要切实抓好生态示范区建设，鼓励试验区内具备条件的各县市争创国家级生态示范县。高度重视野生动植物保护及自然保护区工程建设，修复典型生态系统，扩大自然保护面积，提高保护水平。大力推进高速公路和铁路林带、农田林网、山丘绿化、平原绿化、城镇绿化等生态项目建设，大力开展村镇绿化。

三是要大力实施水源地保护工程，治理水土流失，强化水源涵养。加大对重要水源涵养区、饮用水源区和水土流失重点预防保护区、重点监督区、重点治理区的森林植被保护力度，降低人类活动干扰强度，防止资源过度开发，恢复天然植被，提高水源涵养功能。启动实施饮用水保护工程，加强水源地库区一线及长江等大江大河沿线环境综合整治，加强农业面源污染防治，开展水库网箱养鱼和各类船只专项治理，控制库区旅游发展，确保库区水质稳定在Ⅱ类以上。

四是要加强城乡生态系统建设。以增强城市生态承载力为目标，按生态功能规划城市建设，控制城市规模无序扩张，减少工业化和城镇化对生态环境的影响。大力推进城市绿化，推动公共绿地建设，构筑复合式、立体式城市绿地系统；大力推进农田水利基础设施建设，优化农产品种植结构，推广少耕、免耕等保护性耕作方式。加强农田林网建设与改造，开展农田污染综合防治。

五是要按照国际标准，建立健全国家生态补偿机制，提高补偿标准，实行生态公平，有效促进生态环境持续改善。完善财力性生态补偿机制，调整、完善生态转移支付办法，对大别山区生态功能保护区、生态公益林、生态经济林、重点水源地等进行重点补偿；结合生态保护实际成效，对县（市、区）和涉农涉林龙头企业给予财政性补偿。完善管护性生态补偿机制，加大对重点公益林管护的投入力度，逐年提高森林生态效益补偿基金标准。

3. 推进节能降耗

坚持"资源开发与节约并重，把节约放在首位"的方针，在生产、流通和消费的各个领域，大力节能、节水、节材、节地、节约各种资源，减少资源消耗，实现以最少的资源消耗创造最大的经济效益。

一要坚持开发与节约并重、节能与发展并举的原则，加强节能减排和新能源技术的研发与推广，提高科技进步，推动传统产业的技术升级，在高耗能企业、中小企业及公共机构等领域，大力采用合同能源管理方式实施节能改造，鼓励发展节能服务企业，严格限制高能耗、高污染企业发展。

二是扎实推进资源节约型、环境友好型社会建设，鼓励推广应用节能环保的新工艺、新技术、新设备、新材料。大力推广使用清洁能源，有效利用水能、太阳能、风能和地热能。处理好生活垃圾，加强饮用水水源的保护，保障饮用水安全。

三是加强节能监测信息化平台、标准体系建设，充分考虑资源环境的承载能力，严格行业准入，新上项目严把技术水平关、资源消耗关、环境保护关，坚决杜绝高耗能、高污染的企业落户试验区；大力发展低投入、低消耗、低排放、高效率的节约型经济。

四是充分发挥电视、广播、报纸等传统媒体优势，积极运用微博、网络、手机等新兴媒体加大宣传力度，广泛动员全社会参与节能减排，倡导文明、节约、绿色、低碳的生产方式、消费模式和生活习惯，促进种资源的保护和合理利用，提高资源利用率。

4. 发展循环经济

结合城镇总体规划、生态功能区规划要求，合理确定工业发展布局，引导关联企业集聚，推进产业集群，促进污染物集中治理和废物综合利用。大力推行清洁生产，培育一批废弃物综合利用、污染物低排放或零排放的环境友好企业。在工业重点行业、生态农业区域和城市积极探索发展循环经济的有效模式，建立资源循环利用机制，形成一批循环经济产业示范园区。

一是围绕资源高效利用和循环利用，大力开展技术开发和应用，加快发展生态科技，集中解决制约经济发展的关键技术、重大装备和新的工艺流程，积极开展替代技术、减量技术、再利用技术、资源化技术、系统化技术等关键技术研究，突破制约循环经济发展的技术瓶颈。

二是整合工业、农业和服务业的能源资源，实现它们的有效连接和共生发展。新建园区全部按照循环经济布局，促进园区污染项目集中布点、集约治理、达标排放，按照产业链、供应链的有机联系，逐步实现物质和能量的生态循环，实现污染物减量化、资源化、无害化，逐步形成以"第二产业为核心、三次产业互动、资源消耗低增长、环境污染负增长"的集约型、节约型、生态型城市循环经济产业发展格局。

三是强化生态农业基地建设，大力推广农业科技成果，尤其是农业废弃物的循环无害化利用等。建设以沼气为纽带的农村新能源工程、利用生物发酵畜禽粪便技术、生产商品有机肥产业，加快机械化进程，推行秸秆返田生态化工程，按照循环经济理念，探索建立循环型生态农业园区工程等。

四是建立和完善循环经济政策支持体系、技术创新体系和激励约束机制。综合运用财政税收、投资、信贷、价格等政策手段，调节和影响市场主体的行为，建立自觉节约资源和保护环境的机制，调动企业发展循环经济的积极性，建立健全循环经济责任制和考核机制。

5. 培育生态产业

加快推进环保产业园区、循环经济园区建设，发展生物质发电、太阳能、沼气、水电等生态能源产业，环保设备生产与制造、新型建材和废旧物资回收再利用等绿色环保产业。扶持生态旅游和生态优质农业、休闲体验农业等产业发展。推进农林产品精深加工和水资源的综合开发与利用。

一是大力发展生态高效农业。要加大农业结构调整力度，推进科技创新与推广，加强动植物疫病防控，实施标准化生产，培育一批无公害绿色产品品牌，促进优势农产品集中连片发展和产业化基地建设，加快农业标准化示范基地建设步伐，积极推进无公害农产品、绿色农产品和有机农产品的生产。

二是大力发展生态旅游业。依托大别山良好的生态环境和丰富的生态旅游资源，发挥区域优势与特色，遵循旅游业可持续发展的原则与要求，以塑造大别山旅游品牌为核心，将自然生态与人文生态相结合，对生态环境与生物资源实施保护性开发，建设特色鲜明的生态旅游景点、景区，同时不断完善旅游基础设施建设，进一步提高旅游景区通达率和接待能力，有效增强景区景点吸引力。

三是大力发展新型工业。以结构调整为主线，以科技进步为支撑，着力培育壮大新型特色优势产业，促进产业、产品高端化发展，加快形成符合生态经济发展要求的产业体系。从本地资源优势出发，用先进生态技术促进产业发展，积极发展生态工业园区。

第八章

大别山试验区提升为
国家战略的推进措施

2012 年"两会"上,安徽、湖北、河南三省全国政协委员联名提案,呼吁将"大别山区振兴"上升为国家战略。从目前的发展态势来看,湖北省率先提出建设的大别山革命老区经济社会发展试验区,已经具备了上升为国家战略的前期基础条件。由于大别山革命老区涉及鄂豫皖三个省份,因此,推进大别山试验区提升为国家战略的工作中,一方面需要在试验区的范围内对大别山革命老区进行全覆盖;另一方面,不仅需要鄂豫皖大别山革命老区三省八市的精诚团结和联动,以及社会各界的加力助推,更需要国家层面的高度重视与大力支持,从区域发展战略的角度统筹大别山试验区的各项事业的发展。

第一节 寻求国家层面的特殊政策支持

一、形成国家层面的组织领导

(1) 建议在国家层面成立"大别山革命老区经济社会发展试验区建设工作领导小组",在国家发改委或扶贫办设立促进"大别山试验区建设工作办公室",主要负责研究大别山地区的发展战略、规划和政策措施。

（2）建议由国家发改委出台鄂豫皖三省重大产业布局规划、重大基础设施建设规划以及生态环境建设规划，特别要优先考虑解决制约大别山革命老区发展的交通、环保、安全饮水等瓶颈问题，从突破行政区划的层面对大别山试验区的产业结构调整与分工、资源整合、市场开放、生态环境保护、交通基础设施、信息基础设施建设进行统筹策划、统一安排、统一组织和统一实施。

二、争取国家层面的特殊政策

（1）建议将大别山革命老区比照执行西部大开发政策，加大中央预算内投资和专项建设资金对大别山革命老区的投入，在重大项目规划布局、审核批准、资金安排等方面对大别山革命老区给予倾斜。中央在大别山区安排的民生工程、公益性建设项目，取消市、县（市、区）的资金配套。国家有关专项建设资金在安排大别山革命老区公路、铁路、水利等项目时，提高投资补助标准或资本金投入比例。

（2）争取国家加大对大别山革命老区科教文卫等社会事业发展的支持力度，坚持经济与社会事业统筹协调发展，加大对试验区农村义务教育、公共卫生和医疗服务体系以及公共文化服务体系等方面的投入。

建议中央财政每年设立"大别山革命老区经济社会发展试验区建设专项资金"，安排一批国家级重点建设项目，扶持大别山区交通、能源、水利等基础设施建设、产业项目以及民生社会事业项目建设。

（3）提高国家重点生态功能区的生态补偿系数和标准，加大生态补偿转移支付力度。建立国家跨区域生态补偿机制，明确生态受益者对大别山试验区进行适当补偿，使生态受益者对环境外部效益埋单。制定鼓励探索建立地区间横向援助机制，受益地区应采取资金补助、定向援助、对口支援等多种形式，对大别山重点生态功能区因加强生态环境保护造成的利益损失进行补偿。建议参照北京市、天津市给位于上游地区的河北省有关地市实施江河流域补偿的做法，由中央有关部门牵头，鄂豫皖三省政府与苏浙粤等省政府协商确定具体补偿标准，解决因大别山生态环境获益的长三角有关县（市、区）对位于大别山试验区有关县（市、区）的生态补偿问题。

（4）建议中央设立化解大别山革命老区村级公益事业债务的专项资金，将公益性建设项目国债转贷资金全部改为拨款，支持革命老区乡村债务化解。

适当考虑赋予大别山试验区在财税政策、金融政策、土地政策、产业政策等方面的特殊政策。

在财税政策上，对大别山革命老区新增上缴中央的"四税"部分，通过财政体制专项结算返还给各县（市、区）；将大别山试验区所有县（市、区），全部纳入中央均衡性财政转移支付范围，全部纳入义务教育、公共文化、公共医疗卫生、公务员津补贴、事业单位绩效工资等转移支付享受范围，并逐年加大力度，提高转移支付系数，增加转移支付额度，逐步缩小地方财政收支缺口，保证老区人民平等享受基本民生服务、公共事业性服务、公益基础性服务、公共安全性服务等方面的财力需要，促进大别山革命老区各级政府实现基本公共服务均等化。

在金融政策上，要支持大别山区加快发展金融业，对地方融资平台实行差别性政策，鼓励全国性金融机构在大别山革命老区设立分支机构，鼓励政策性银行在国家许可的业务范围内，加大对革命老区的信贷支持力度。鼓励各商业性银行参与大别山区的振兴发展。同时要拓宽筹资渠道，加大对"三农"、小微企业和战略性新兴企业的政策支持力度，解决好发展农村经济和战略性新兴产业的融资难问题。

在土地政策上，实施差别化土地政策，通过土地利用总体规划评估调整、土地利用年度计划倾斜安排、鼓励合理开发利用荒山、荒坡等未利用土地、支持产业园区设立升级与建设用地、开展用地管地方式改革试点等政策措施，提高土地利用率，大幅提升大别山试验区建设发展的能力；通过中央分成新增建设用地土地有偿使用费、相关项目倾斜安排等，加大对农村土地整治、基本农田建设保护等方面的投入力度等，支持当地保护耕地资源，提高耕地质量。

在产业政策上，实行差别化产业政策，建议中央从规划引导、项目安排、资金配置等方面给予大别山革命老区支持与倾斜。加大企业技术改造和产业结构调整专项对大别山革命老区特色优势产业发展的支持力度，对符合条件的产业项目优先规划布局。

（5）建立中央国家机关、中央国有大型企业、沿海发达省份对口支援大别山区的机制，从项目、资金、人才、技术、产业等方面对革命老区实行定点帮扶，推动一对一对口支援各县（市、区）的经济建设。中央企业到大别山试验区投资建设，设立具备独立法人的企业公司，就地缴纳各种税费，开通大别山区公司上市绿色通道，每年扶持5～10家企业成功上市。

（6）建议中央将湖北麻城至六安货运铁路、武汉至黄冈城际铁路延伸至安庆、合肥安合城际铁路，阜阳至景德镇铁路等铁路项目纳入国家规划，并早日实施。建议国家加大资金投入力度，凡列入国家计划的集中连片特困地区各类交通建设项目，一律取消对市、县及财政的配套要求，针对现行干线公路，农村公路等项目补助标准与实际成本相差太大和补助不一致的情况，大幅提高现有补助标准，并逐年增加。建议中央将长江武汉至安庆段水深由4.5米提高到6米，更好地发挥长江黄金水道作用。

第二节　形成省级层面合作的组织保证

鄂豫皖三省要在构建大别山国家级经济社会发展试验区方面达成共识，充分调动各级政府和有关部门参与、支持大别山试验区建设，形成合力。

从国内外区域经济一体化的实践经验来看，区域合作机制要真正建立，必须在中央或省、地方政府和市场中介组织等层面上形成制度性的组织机构，建立跨行政区的公共治理机构。其中，地方政府是区域公共治理的主要参与者，因此，如何发发挥地方政府的积极性，建立一个既能反映各地政府意愿，又能获得区域内各政府普遍认同的、具有民主治理结构的跨行政区的协调管理机构，则是关键。

一、设立大别山试验区建设协调指导委员会

第一，该组织的设立，应明确其法律地位，作为鄂豫皖三省政府协调指导大别山试验区建设的常设结构。

第二，该组织之下，应根据试验区建设的需要，按不同工作领域，分设若干专门工作小组，负责研究、协调处理试验区建设中的重大问题。

第三，该组织的成员，应包括鄂豫皖三省省委、省政府的主要领导和分管领导、省委、省政府的相关工作部门代表、试验区各县市政府代表、有关方面专家和非政府组织的代表。

第四，该组织应设立常设办事机构和专门工作人员，负责处理其日常工作，其常设办事机构同时也是三省负责处理大别山试验区事务的职能机构，就试验区建设的重大问题相互通报信息，研究和确定解决的原则和主要思路。

第五，该组织的基本职能是负责对大别山试验区建设的规划、协调、监督，其具体职责是：协商和达成相关合作的政府间协议，按照试验区建设总体方案和区域规划的要求，提出试验区建设发展的意见；联合向国家层面的相关机构反映情况及重大问题，就试验区建设中与国家层面相关的制度建设问题提出建议；负责组织协调区域重大项目、重大基础设施建设和重大区域问题处理；负责监督中央、省委、省政府有关大别山试验区重大政策、规划的执行；负责组织协调大别山试验区各级政府在试验区建设问题上的重大关系，约束政府行为。

二、形成三省共同推进大别山试验区建设的强大合力

（1）要充分发挥大别山区鄂豫皖三省全国人大代表和政协委员的作用，组织代表和委员就大别山试验区上升为国家战略开展专项调研，向全国"两会"提出专项建议和提案，获取国家有关部门的重视和支持。特别是要努力争取由国家有关部门牵头组织领导和专家编制《鄂豫皖大别山革命老区经济社会发展试验区建设规划》，为支持试验区的加快发展制定强有力的政策措施。

（2）建立大别山试验区建设省长联席会议制度，要求鄂豫皖三省党委、政府和国家有关部委定期参会，研究试验区发展的重大战略问题和重大事项的推进工作，确定本年度试验区工作的重大方针与原则，对于下一时期试验区的发展方向提出指导性建议；要组织专班人员，紧紧围绕大别山试验区实现跨越式发展的现实要求，充分发挥老区人民"敢为人先、敢拼敢闯"的精神，按照互利、合作、共赢的原则，制定详细

具体的《鄂豫皖大别山革命老区提升为国家级试验区推进工作实施方案》。同时，建立三省日常联络机制、对口衔接机制、信息互换机制，及时协调和落实促进大别山试验区建设的具体合作项目和任务。

（3）建议以三省省政府咨询委员会、省政府发展研究中心为基础，聘请国内外知名学者、大企业家和政界人士参加，建立"大别山试验区建设"高级顾问团，为加快大别山试验区建设出谋划策。同时，鼓励、呼吁社会各界人士成立"大别山试验区"促进会，充分发挥各种智力、财力和资源的作用，形成共同推进大别山试验区建设的强大社会合力。

（4）建议由鄂豫皖三省省委宣传部牵头，轮流在八市定期举办大别山革命老区经济社会发展高层论坛，邀请国内外著名专家、学者围绕大别山地区区域经济社会发展进行交流研讨，为推动大别山试验区跨越式科学发展建言献策。同时，要充分发挥各市和各级部门的积极性，切实增强责任感和使命感，加强对大别山革命老区提升为国家级区域发展战略层面的宣传和发动，通过网络信息、电视广播和报纸杂志等新闻媒体的影响作用，大力弘扬大别山革命老区的光荣革命历史，反映老区人民的心声，让全社会认识大别山、了解大别山、关心支持大别山，使大别山试验区提升为国家战略形成社会共识，着力营造良好的推进氛围。各市要制订详细的宣传计划，量化、细化宣传任务，年终对宣传情况进行统计和通报，并把这项工作纳入当年各地考评工作的范围。

（5）各省市要以大别山革命老区资源为依托，以项目为载体，积极争取国家建立中央及国家各部委和发达地区支援大别山区的工作机制。广泛建立省部、市厅等合作帮扶长效机制，加强与央企和大型民营企业的对接合作，形成举国家、地方党委和政府，以及在新时期先富起来的一部分地区和个人反哺革命老区的合力，来推动扶助鄂豫皖大别山脱贫致富科学跨越发展。

（6）深入推进构建大别山无障碍旅游区，以红色文化为纽带，建立一个以红色旅游为特色的跨鄂豫皖三省的大别山区域协作联合体，充分发挥大别山红色旅游资源优势，加强区域旅游联合，增强区域整体影响力和竞争力，打造全国著名的大别山红色旅游品牌，充分带动区域人流、物流、信息流和资金流的积聚与集中，形成推动区域经济一体化、城乡一体化的良性发展格局。

第三节　构建市级层面的联动发展机制

一、建立跨行政区的协调合作机构

加大三省八市协调合作的步伐和力度，推进试验区一体化的实质性进展，建议成立由八市党政主要领导组成的领导小组，建立市长联席会议及工作协调机制，签定

《大别山试验区建设合作框架协议》及城市规划、交通基础设施、产业协作、环境保护四个对接协议，推进八市的同城化合作进程。

市长联席会议制度由八市市长组成，建立定期或不定期的高层领导会议制度，是一个具体实施大别山试验区协调合作、公共管理的执行机关。其主要职责是：贯彻落实协调指导委员会决定和交办的工作；具体组织区域合作规划、重大合作项目的实施；探讨各城市发展思路的对接，协调解决基础设施、产业发展、空间布局、环境保护与污染治理等重大问题，对跨地区建设的重大项目进行决策；制定共同发展章程，形成规范的对话与协商制度；检查监督试验区有关法律法规和政策的落实；研究讨论需要提交协调指导委员会讨论决定的区域合作的重大问题。

市长联席会议下设办公室，为常设机构，负责落实联席会议所做出的各项决策。办公室设在黄冈市。各市的发展和改革委员会是市长联席会议决策的具体执行者，要召开定期会议，沟通有关信息，及时反映合作中的问题，提出解决办法，开展联合推介活动。

二、建立区域性的政策法规

研究协调八市的地方性法规政策和各项制度，在全国统一的法律和政策体系的指导下，逐步修正和统一各成员地区的地区性法规和政策，如户籍制度、就业制度、住户制度、教育制度、医疗制度、社会保障制度等，废除与一体化有冲突的地区性政策和法规，并协调各地既有的经济社会发展战略；研究建立统一的信用评价标准，实行统一市场准入、统一商标保护等措施，取消产品准入的附加条件，为各类市场主体创造公平竞争的环境。在此基础上，商讨建立有利于进行跨行政区建设和管理的法律法规体系，以便通过区域的共同立法和执法来规范试验区建设中的各项工作，从根本上扭转各自为政、缺乏协调的局面。

三、充分发挥社会中介组织的作用

为充分发挥社会中介组织在促进大别山试验区建设中的作用，建议考虑在试验区内条件成熟的领域或行业组建区域性的社会中介组织，加强区域性合作的组织化。目前可以考虑先行试点成立两类区域性社会中介组织：一是研究咨询类中介组织，包括建立以专家学者为主体的咨询委员会，对重大规划及重大事项提供咨询；二是建立跨区域的试验区同业、行业协会，可考虑在试验区大多数地区均有所涉及的行业（如现代农业、纺织行业、化工行业）、区域之间联系已经较为紧密的行业（如旅游业）建立区域性行业协会。

四、促进企业层面的磋商和合作机制建设

从试验区区域发展的角度优化企业组织结构可从以下几个方面进行：一是强化企业之间的产业联系网络，充分利用企业外部的垂直联系与水平联系，以网络型的产业组织空间形成产业群落。二是将产业联系内部化，通过关联企业的兼并重组，整合形成若干具有规模经济优势的跨地区企业集团。三是企业通过跨地区强强联合，组成具有规模和竞争力的龙头企业，再通过龙头企业联合、控股区域内的上下游配套企业，形成由紧密层和松散层组成的跨地区股份制区域性集团公司。

第九章

大别山试验区国家战略的
制度保障与政策支持

大别山试验区的发展离不开政府政策的支持，也离不开制度的规范。特别是对于大别山试验区这样一个并非行政区划学意义，而是一个地理区划概念和经济区域概念的特定区域而言，加强制度建设和政策扶持，消除区域之间影响经济社会协调发展的障碍性因素，为区域经济健康发展创造良好的外部环境，促进区域内互利互惠、协调发展和资源的优化配置，是试验区在更大范围有序推进的客观要求和必要保证。

第一节 构建鄂豫皖大别山区域合作机制

一、区域合作体系中的政府职能

区域合作特别是区域经济发展中的地方政府合作，是各地政府在区域经济一体化背景下，解决跨区域公共管理问题、弥补市场失灵、按照比较优势整合地区资源的必然要求和客观选择。因此，在区域合作体系中，首先应该明确的是，政府职能的基本范围和领域，在此基础上再讨论地方政府应如何加强合作。

一般来说，政府的职能既包括亚当·斯密所说的自由市场经济"守夜人"的职责，又包括维护公共利益、提供公共产品，减少负外部性的任务。政府是市场经济的"守夜人"，而企业是市场经济的主体，因此，政府的职能之一，就是为参与市场竞争的各类企业服务，为企业的生存与发展提供公平、有序的制度环境。我国市场经济体制建立在政府的规划和引导下，同时，针对市场化改革过程中出现的新问题和新情况，政府始终在不断调整改革方案，制定与市场经济相适应的法律法规体系。在这一进程中，企业对制度环境的需求已成为推动区域政府合作的重要动力源泉，其中，政府的角色是定位于服务企业需求的，而不是强制企业服从于政府利益的需要，在这个意义上，政府和企业的长远利益是一致的。

由于我国长期实行的是行政区划管理，地方政府既是区域的行政管理者，也是经济管理职能的主要承担者。在区域经济发展中，地方政府作为地方利益的代表，往往会从本区域的局部利益出发，而难以兼顾区域发展的整体利益，这也恰是当前区域合作中行政分割成本居高不下的主要原因。因此，最大限度地消除地方性行政壁垒，应成为各区域政府在实现区域合作中的重要任务，从而为生产要素依据市场化原则的有效流动降低成本。

另外，政府除了为企业、为市场经济发展提供服务外，还需要承担社会工程建设、生态环境保护等公共职能。任何地区的经济发展都不是孤立的，区域经济活动的拓展都会产生外部性。因此，在教育、卫生、道路交通、资源、能源、生态及社会保障等公共领域，需要政府加强区域合作，降低外部性的负面效应，为区域发展创造有利条件。政府职能的公共性特征，决定了政府应把对公共利益的维护置于优先地位，要求政府的角色并不是追随市场经济的发展，而是引领和规范公共管理体系。

因此，从职能范围来看，地方政府在区域合作体系中应该在市场经济领域和公共管理领域承担相应的职能。针对市场经济领域，地方政府应致力于建立与完善对企业的支持与监管制度，支持企业发展，监管企业行为；在区域合作中，地方政府还应致力于消除地方性政策壁垒，为生产要素依据市场化原则的有效流动降低成本。在公共管理领域，地方政府则应建立一系列制度安排，形成跨行政区的公共服务，引导、约束和保障区域公共领域合作的良性发展，实现区域共享利益最大化或最优化。

在当前市场调节机制还不够健全的现实条件下，我国区域经济的顺利运行离不开政府的宏观调控。在倡导、组织和运作区域合作的过程中，政府特别是中央政府还将发挥关键的作用。

二、区域合作的基础

1. 区域合作的必然性

区域合作是以行政区划为主要划分标准的区域之间或区域内部不同地区之间的自

然人、法人、经济组织、行业协会、地方政府等不同的利益主体，依据一定的规章、协议或合同，在要素流动与重新配置、基础设施建设、产业结构调整和生态环境保护等领域进行的较长期的交流与合作，形成规模更大、结构更佳的组织体系，以获取最大的经济效益、社会效益和生态效益的个体和集体相互协作的行为。

在市场经济条件下，资源稀缺性的约束将导致区域之间的利益矛盾与冲突，而在资源约束下，各利益主体又必须相互依赖、相互合作，才能实现持续的发展。因此，区域合作是区域内各利益主体共同发展、共同进步的必然选择，它是社会经济发展到一定程度的产物，其最终目标是区域经济一体化。

从空间分布来看，区域合作有多种类型和层次，可以是相邻的国家之间组成的区域共同体，也可以是一个国家内部相邻地区组成的区域合作联盟，还可以是一国内部非相邻地区的合作；从合作内容来看，区域合作可以是全方位的合作，也可以是单一内容的合作。

从世界各国区域经济发展的具体实践来看，一个国家或区域的现代化程度越高，区域合作对其发展的积极推动作用越大。从政策层面来说，在区域经济协调发展的背景下，加强区域经济合作的战略意义更加明确。

2. 区域合作形成的条件

一般而言，较为成功的区域合作必须有以下条件作为基础：

第一，区域发展差异和分工。不同地区在生产要素禀赋、产业结构、经济体制等方面存在差异。从理论上说，生产要素的差异越大，区域分工越明显，越容易形成各具特色的区域专业化生产部门，从而为区域之间的交流与合作奠定基础。差异较小的地区则往往通过竞争机制，形成以不同技术或不同规模经济为基础的分工。而区域发展差异和分工则源于区域内的自然、社会、经济发展状况的不同，而这些也会直接影响到区域合作的内容、方式，以及区域之间协调组织的形式等。

第二，共同的区域空间。首先，区域合作需要一定的地域条件，必须在完整、统一的自然地域发生，要求各个合作主体所处的位置是一个连接的整体。有了共同的区域空间，各类要素和资源才能得到有效配置和利用。其次，共同的区域空间意味着必须有中心城市的带动及一定规模的经济腹地，便于中心城市发挥在经济、科技、教育、技术、信息等方面的集聚和扩散效应，带动区域的整体发展。最后，共同的区域空间往往可以形成共同的文化基础，而共同的区域文化对形成区域经济合作是非常有利的。

第三，共同的利益取向。从系统科学的观点来看，区域合作要取得成功，需要有强大的、稳定而持久的动力。这种动力来自于区域内部各要素相互作用产生的内部动力及区域外部环境相互作用而产生的外部动力。区域合作的内部动力主要是指通过区域合作实行利益分享和利益补偿，会给合作方带来较大利益。区域合作的外部动力是指区域外部环境的压力。区域合作的外部环境压力来自两个方面：一是国家政策的需要；二是区域外部成员间的成功合作带来的示范效应所形成的巨大压力。在市场经济条件下，不同区域都在利用自身资源和要素达到利益最大化。因此，区域合作必然是利益驱动下的共同选择，获取共同利益是区域合作的持久动力。

三、区域合作机制的实质

区域合作机制是指在一定地理区域范围内，为了实现区域内各成员单一和整体的利益协调、快速发展及预定目标的实现，避免成员间一定程度上的矛盾和冲突，结合该区域综合发展状况，以多层次、多渠道、多领域作为运行指导思想，所创制的各种区域成员间协调、交流、发展的组织合作原则、规则和具体运作程序的总称。

在区域合作中，合作机制是对所有成员行为的引导、激励、约束和规范。但是，如何使这些原则、规则、规范、决策程序和体制固定化、制度化，确保稳定性、连续性和有效性，就需要把合作机制构建中已达成的共识和成果用特定的形式确定下来，成为参与合作的各方所应遵循的统一准则。

从理论上来看，研究区域合作机制，主要需要弄清两大问题：一是为何需要合作，即合作的动力来自哪里；二是如何进行合作。对于前者，应该深入探讨区域合作的动因究竟来自何处；对于后者，如果目前的合作尚未全面、深入地进行，应理清其阻碍因素是什么。只有搞清楚这两个问题，才能真正找到解决问题的途径。

四、大别山试验区区域合作机制的构成

改革开放以来，我国日益发展的区域经济要求突破单个区域资源与生产率的限制，区域合作成为区域间经济协调的必然选择。加强大别山区三省之间的合作，构建跨区域的合作机制，促进资源整合、提升整体实力、增强辐射能力，对于大别山试验区建设无疑具有十分重要的意义。

1. 实施合理的激励机制

利益分配问题，应该是当前大别山试验区建设中在三省区域合作间的最大难题，直接影响着鄂豫皖三省内各成员的积极性，甚至决定着合作的成败。因此，需要构建起科学合理的激励机制，将区域内分散的生产要素有机地整合起来，激发区域的潜在经济活力。

政府是区域经济协调发展的主要推手，区域经济协调发展中利益协调更多要靠政府进行宏观调控。因此，首先要制定一套合理科学的促进地方合作的政府绩效考核标准，以此来对地方政府在推动区域合作所取得的成绩进行考核，绩效评估结果高者给予奖励。一系列评估可以如下操作：将考核标准分为定性和定量指标。定性指标包括地方合作对于国家区域发展总体战略实施的贡献、对区域内经济协调发展的贡献、对

合作方及周边辐射地区的贡献以及合作声誉评估等；定量指标包括地方合作的辐射范围、合作的频率、合作的项目数量以及项目后续工作等。考核的最终结果与地方政府的奖惩、地方发展的优惠政策挂钩。其次，中央政府对于区域内合作或者跨区域合作项目要给予政策上的鼓励和支持，对于参与合作的企业要给予工具性政策的优惠，以提高企业、民间组织的区域合作积极性。

2. 实施科学的约束机制

在区域合作过程中，成员利益时常发生冲突，地方保护主义的存在也阻碍着区域经济的协调发展。因此，需要构建起约束机制，以适当而严厉的制度来保障区域合作中各方的利益。

首先是法律层面的基础设施构建。法治的作用在于使区域合作具有约束性，保障合作各方的利益，减少合作中的交易成本。国家有必要制定完善的关于区域协调发展或者整合的法律法规，为地方政府在区域合作中给予科学规范的指导，以及明确对区域合作中非规范性行为惩罚的制度安排。国际经验也表明，区域一体化进程中区域合作的情况与是否有完善的法律制度保障是直接相关的。以目前运作最为规范的欧盟为例，作为制度一体化的欧盟，每个阶段都制定相关法律，成员国依此实施一致的对内对外政策，经历了由低到高的一体化形式。鄂豫皖三省在推进大别山试验区建设方面的合作，在不确定性因素以及机会主义倾向等的作用下，将会非常脆弱，如果没有强有力的制度约束机制，合作将难以成功。因此，鄂豫皖三省的人民代表大会及其常务委员会可从大别山试验区区域协调发展的实际情况出发，在不违背宪法、法律、行政法规的前提下，抓紧研究、制定相应的地方性法规，依法约束和保障大别山试验区建设发展中各方的经济行为，加强在发展规划、基础设施、环境保护、市场准入、要素流动等方面的协调互动力度，加快立法创制，形成统一的区域法律法规体系，建立科学规范的制度约束机制，为区域经济的发展提供强有力的法律保障和支持，这是关系大别山试验区建设发展成败与否的关键。

其次，建立具有约束力的区域合作组织或机构。一种是隶属于中央政府的区域合作组织，这种组织可作为中央指导地方合作的协调机构，发挥中央的宏观调控手段，协调解决区域内成员利益冲突和发展不协调问题。但在以往的实践中，这类机构往往雷声大雨点小，效能低下，且不能很好地发挥区域发展的自主性。从区域合作的本质来看，更倾向于另一种形式区域内自治合作组织。制定统一的组织规定和章程，包括规定合作成员分担的专业领域、对任意干预他方合作的约束、违反合作组织规定要承担的责任、对他方造成经济损失的赔偿等；合作成员平等协商，讨论达成合作意向；成立专门的监督执行小组，监督各成员经济行为，但不享有独立的行政权，以此形成成员内部的风险约束。

3. 实施全面的信息共享机制

一些信息经济学家认为，要达到帕累托最优的条件就是信息对称。因此，需要构建区域合作的信息共享机制，从而使得区域内的资源配置达到最优效果。

为达到资源最优配置，首先要克服区域内信息不对称的问题。区域内各地方政府要建立合作信息交互平台，尽可能将其经济政策和相关措施透明化，以便合作方对于相关地区或者项目的筛选，从而做出最优的决策，最大限度地减少因信息封闭造成信息不对称而导致的合作风险。其次，各地方政府还要通过网络、报刊等各种信息渠道公布经济政策、合作项目相关信息及进度，尤其是项目决算预算资金的公布，接受广大群众和舆论、合作方等各方的监督。

4. 建立互惠互利的利益调整机制

所谓利益调整机制，指的是试验区内各地方政府在平等、互利、协作的前提下，通过规范的制度建设来实现地方与地方之间的利益转移，从而实现各种利益在地区间的合理分配。区域合作的出发点是地方政府通过合作来共享整体利益，从而打破传统的"小而全"的治理体系。但合作结构中总有优势一方，可能发生地区利益从劣势一方流向优势一方的问题。这就需要合作优势一方给劣势一方以必要的补偿，改变原博弈格局下的"囚徒困境"和"搭便车"现象，实现合作双方或多方的双赢或共赢。

一是可借鉴欧盟的经验，从试验区内的土地出让金、税收等收入中按一定比例提取资金，建立大别山区域开发共同基金，设立大别山发展银行，筹集资金，为扶持落后地区发展，区域公共服务设施建设、环境保护提供资金支持。

二是建立大别山生态和环境补偿基金，对为保护生态和环境作出牺牲的地区和民众进行补偿。

三是设立大别山产业发展基金，鼓励产业的合理调整和布局，对产业规划布局和产业结构调整中的利益受损者以合理补偿。

5. 建立合理有序的区域公共政策协调机制

公共政策是政府治理的基本手段，协商协调是大别山试验区公共治理合作的基本要义，建立健全大别山试验区公共政策协调机制，形成统一的区域公共政策，是实现大别山试验区一体化治理的首要任务。

第一，要建立区域公共产品供应的协调机制。一是突发事件应急合作机制，在诸如安全生产、重大交通事故、社会治安事件、恐怖事件、环境污染事件、公共卫生、动植物疫情、突发自然灾害、突发社会群体事件等方面，建立正常的协商、沟通、合作机制。二是区域人力资源政策合作机制，逐步取消试验区内社会保障、就业保障、户籍管理上的差别，实现人力资源的无障碍流动。三是社会服务合作机制，促进医疗服务、交通服务、政务信息、教育资源、社会治安管理的一体化。

第二，要建立区域财政税收政策的协调机制。试验区要逐步在财政税收政策方面减少政策的内部性，逐步调整和减少以获得优惠政策和特殊待遇为主要内容的地方政府间的不良竞争。

第三，要建立快速高效的信息连通机制。建立大别山试验区电子政务信息、公共信息资源共享平台，加快政府信息的传播速度，降低传播成本，增强信息融合度，方便群众及时了解区域公共治理的情况。

6. 建立科学的政府绩效评价机制

我国现有的对地方政府及官员的政绩考核制度，一方面过于偏重对地方政府 GDP 任务的衡量，另一方面又特别关注任期内业绩这一指标。在以 GDP 为主要考核指标的官员绩效评价体系下，一个地方的经济发展状况往往决定了官员的政治、经济收益。作为理性的经济人，区域地方政府及官员为追求业绩以及本地区经济快速增长，通常会为了自身利益的最大化而置全局利益于不顾，往往热衷于市场分割与保护、过度竞争、重复建设等，结果导致地方之间利益关系的不协调。在这一制度和现实背景下，地方政府的行为取向与大别山试验区建设的根本价值背离与否，将直接影响大别山试验区的建设发展。因此，必须以合作共赢为基本标准，建立起科学的地方政府官员的绩效评价体系，完善评价机制，规范官员们的行为取向和行为模式，从而协调解决政府间利益关系，实现区域善治的目的。

在推进大别山试验区区域合作的发展过程中，有必要改革现阶段地方政府的政绩考核制度，适当调整片面强调 GDP 增长及任期内业绩的考核标准，可将区域经济合作成效作为政府政绩评价指标之一，具体可采用经济发展区域相关率指标、对内开放度指标、区域合作项目指标等作为评价政绩的必要标准，从根本上形成区域合作激励机制，鼓励各级政府扩大对内开放，进而有效推动区域合作关系。

第二节　建立完善试验区发展的人才保障机制

试验区各级党委、政府要充分认识到人才对于试验区建设的重要性、必要性和紧迫性，将人才工作放到事关经济社会发展大局、事关试验区宏伟事业兴衰成败的重要位置给予高度重视，始终坚持以邓小平理论和"三个代表"重要思想为指导，用科学发展观统领人才工作全局，认真贯彻落实中央、省、市关于人才工作的一系列方针政策，把大力推进人才工作作为解决试验区关键问题的重要战略性举措来落实，为试验区跨越发展提供强有力的人才支持和智力支撑。

一、形成符合时代发展要求的人才工作领导机制

要始终坚持党管人才原则，明确党管人才工作职责。各级党委要把人才工作放在重要的战略位置，切实抓好人才工作的重大方针政策、重大工作部署、重要决策及统筹规划、综合协调等重大事项，树立强烈的人才意识，进一步健全人才工作领导机构和工作机构，配备专职工作人员，建立科学的决策机制、协调机制和督促落实机制，形成统分结合、上下联动、协调高效、整体推进的人才工作运行机制。

一是要建立健全各级人才工作领导小组和人才工作机构。要在市、县两级建立人才工作领导小组及办公室的基础上，成立大别山试验区人才工作领导小组和工作部门，具体负责试验区的人才工作。

二是要抓好规划。人才工作领导小组要对推进试验区人才工作的总体目标、工作重点、主要措施及人才资源开发的宏观布局等进行全面系统的规划，确定不同行业、不同部门人才工作的具体目标和实现路径。

三要制定政策。试验区人才工作领导小组要定期召开会议，及时研究解决工作中的重大问题；要根据人才工作的新情况、新问题，对人才政策进行不断的完善和创新，逐步建立和完善包括人才教育、培养、使用、引进、激励、保障等方面的政策体系框架，提高人才工作的制度化和法制化水平。

四是建立人才工作联动机制。要从全局的高度，合理划分各部门在人才工作中的职责权限、任务要求，分工协作，形成合力。组织部门要加强对人才工作的政策研究、宏观指导、组织协调，充分发挥牵头抓总、协调各方的重要作用。人事、劳动、财政部门要认真落实好有关人才工作的具体政策；教育、农业、科技等部门和单位对本系统的人才工作要切实负起责任，整合好系统内的人才资源；宣传部门要全面加强人才工作典型的发掘、经验的总结宣传等。

五是要建立健全人才工作报告制度。各县（市、区）、市人才工作领导小组成员单位每年年底必须向试验区人才工作领导小组书面报告人才工作情况，及时发现问题、解决问题。

二、创新人才工作运行机制

1. 创新培育机制，多渠道培养人才

要不断健全人才培养机制，有计划地培养出更多的优秀人才。

一是科学制定培训目标。人才培养的总量目标，必须立足人才发展的客观规律与试验区人才需求的具体实际。要根据经济社会发展的需要，研究提出具有全面性、前

瞻性、科学性的人才培养目标和标准，实现人才培养总量同经济发展的目标相适应，人才结构同各项事业全面发展的需求相适应，人才素质同经济社会协调发展相适应。

二是突出培训培养重点。根据不同类别、不同层次人才的特点，确定不同的培养取向。对党政人才，要在提高理论素养、培养战略思维和加强党性修养上下功夫，全面提高领导水平和执政能力。重点要突出优秀中青年领导人才的培养。对专业技术人才，要着重提高科研、学术水平。从中培养一批在全省乃至全国有一定影响的专家、学科带头人。要大力培养中青年学术技术带头人，培养造就一批优秀的中青年专家。对企业经营管理人才，要提高法律、经营管理等水平，重点培养一批优秀的企业家。

三是创新培训模式。建立健全各类培训制度，大力推行公务员培训学分制管理，切实抓好公务员初任、任职和在职轮训。切实抓好专业技术人才继续教育和职业资格考试制度，加强对学历、学位和各种培训证书的管理。逐步建立适合企业经营管理人才特点的多层次、多形式、开放性的培训体系。重视实用型技能人才队伍和农村实用型人才队伍建设。

2. 创新汇集机制，开放型引进人才

吸纳人才、集聚人才是加快大别山试验区发展的关键，建立健全良性引才机制至关重要。

一是加强人才引进宏观调控。要围绕试验区建设的人才发展总体目标，有重点、有步骤地实施人才引进计划；要根据经济社会发展以及人才的实际状况，科学合理确定引进人才方向；要结合经济转型升级对人才的实际需要，不断修改完善引进人才专业目录，调整优化人才结构。

二是落实人才引进优惠措施。要充分发挥中部崛起的政策优势、大别山试验区建设的平台优势、宜居宜游的生态优势，因时因势制定吸引人才的各项优惠措施，在各类人才安家补贴、生活费补助、科研经费配套等方面加大优惠力度；要依托行政服务中心，畅通引才"绿色通道"，在户口申办、档案管理、职称申报等方面手续从简、费用从优，继续实施人才引进"零门槛"政策。

三是加快引才引智载体建设。进一步加强博士后科研工作站、留学人员创业园、研究生实践基地等各类人才载体的建设，鼓励有条件的企业创办博士后工作站和科技研发中心；探索人才、智力与项目相结合的方式，实行招商引资与招才引智并举，坚持同步规划招商项目建设和招才引智工作，通过项目聚人才，依靠人才上项目；拓宽引进国外专家和国外智力的领域，努力开展跨国界引进人才和智力，大力宣传引智典型经验，提高企业开展引智工作的积极性。

四是完善柔性引才机制。充分利用校友会、同乡会等社会组织，加强与海内外优秀人才以及相关高等院校、科研院所联系，通过咨询、兼职、项目合作、考察讲学、学术休假、业务顾问等形式，吸引外地人才和智力。

3. 创新流动机制，市场化配置人才

人才资源配置市场化，是市场经济发展和人事制度改革深化的必然趋势。党管人才体制下，必须坚持市场配置与宏观调控的有机结合。

一是健全人才流动体制。要下决心打破人才流动的体制性障碍，进一步消除人才流动中的城乡、区域、部门、行业、身份、所有制等限制，疏通城乡之间、企业与事业单位之间、事业单位与机关之间的人才流通渠道，促进人才合理流动。要进一步落实用人单位自主权，促进用人单位通过市场自主择人，人才进入市场自主择业。

二是健全人才市场体系。进一步加强人才要素市场建设，不断拓宽服务领域，提升服务水平，着力打造人才市场诚信品牌、优质品牌；进一步加大网络服务人才力度，建立人才需求排行和预测信息发布制度，建立人才信息库，培育和发展网上人才市场；进一步培育、发展、规范人才服务中介组织，鼓励民营资本进入人才中介服务业，加快建立统一开放、竞争有序、管理体制统一的人才市场体系。

三是健全人才市场监管机制。要不断完备人才流动与人才市场的法律法规，严格规范各类人才市场和人才市场中介组织的运作行为。成立人才市场执法机构，加大监管执法力度，形成政府部门宏观调控、市场主体充分竞争、行业协会严格自律、中介组织提供服务的运行格局。

三、健全人才工作激励机制

1. 建立适应地区发展需求的人才培养开发机制

坚持以大别山试验区发展需要和社会需求为导向，以提高思想道德素质和创新能力为核心，完善现代国民教育和终身教育体系，注重在实践中发现、培养、造就人才，构建人人能够成才、人人得到发展的人才培养开发机制。坚持面向现代化、面向世界、面向未来，充分发挥教育在人才培养中的基础性作用，立足培养全面发展的人才，突出培养创新型人才，注重培养应用型人才，深化教育改革，促进教育公平，提高教育质量。统筹规划继续教育，建设学习型城市。

坚持把社会主义核心价值体系教育贯穿于人才培养开发全过程，不断提高各类人才的思想道德水平。建立人才培养结构与经济社会发展需求相适应的动态调控机制，优化教育学科专业、类型、层次结构和区域布局。创新人才培养模式，全面推进素质教育。坚持因材施教，建立高等学校拔尖学生重点培养制度，实行特殊人才特殊培养。改革高等学校招生考试制度，建立健全多元招生录取机制，提高人才培养质量。建立社会参与的人才培养质量评价机制。积极推进职业教育改革创新示范区建设，完善发展职业教育的保障机制，改革职业教育模式。完善在职人员继续教育制度，分类制定

在职人员定期培训办法，倡导干中学。构建网络化、开放式、自主性终身教育体系，大力发展现代远程教育，支持发展各类专业化培训机构。

2. 建立健全以能力和业绩为导向的人才评价机制

建立以岗位职责要求为基础，以品德、能力和业绩为导向，科学化、社会化的人才评价发现机制。根据不同岗位、不同层次、不同类型的人才岗位明确职责规范，完善人才评价标准，以品德、知识、能力、业绩四要素作为人才评价依据，克服唯学历、唯论文倾向，对人才不求全责备，注重靠实践和贡献评价人才，建立符合科学发展观要求的人才考核评价指标体系和价值判断体系，把评价人才和发现人才结合起来，坚持在实践和群众中识别人才、发现人才。

一是对党政人才的评价，要重在群众认可。要进一步总结完善领导干部实绩考核办法，根据德才兼备的要求，以扩大民主、加强监督为重点，注重实践检验，坚持群众路线，建立符合科学发展观和正确政绩观要求的干部素质评价体系和实绩考核指标体系。

二是对专业技术人才的评价，要重在业内认可和社会认可。积极探索资格考试、考核和同行评议相结合的专业技术人才评价方法，稳步推进职称制度改革，打破身份、专业、学历等限制，研究建立以业绩、贡献为重点，逐步建立科学、规范、适应多层次需要的专业技术人才评价体系。通过加快推进职称制度改革，规范专业技术人才职业准入，依法严格管理；完善专业技术人才职业水平评价办法，提高社会化程度；完善专业技术职务任职评价办法，落实用人单位在专业技术职务（岗位）聘任中的自主权。

三是对企业经营管理人才的评价，要重在市场认可和出资人认可。大力发展社会化的企业经营管理人才评价机构，探索职业经理人资质评价制度，建立以能力和业绩为导向、科学的企业经营管理人才评价体系，制定市场和出资人认可的考核评价办法。

3. 建立以公开平等竞争择优为导向的选拔任用机制

改革各类人才选拔使用方式，科学合理使用人才，促进人岗相适、用当其时、人尽其才，形成有利于各类人才脱颖而出、充分施展才能的选人用人机制。

要进一步深化干部人事制度改革，积极推行公开选拔、竞争上岗制度，使公开选拔、竞争上岗工作步入制度化、规范化轨道，形成公开、民主、竞争、择优的选人用人机制，营造优秀人才脱颖而出的良好机制。制定完善领导干部任期制、聘任制、交流制和辞职制等制度，逐步调减领导班子职数。加快事业单位改革步伐，全面推行聘用制和岗位管理制度。

一是完善党政领导干部公开选拔、竞争上岗制度，加大竞争性选拔干部力度，提高选人用人公信度。规范干部选拔任用提名制度。坚持和完善党政领导干部职务任期制。探索建立聘任制公务员管理制度。建立健全组织选拔、市场配置和依法管理相结合的国有企业领导人员选拔任用制度，完善国有资产出资人代表派出制和选举制。

二是健全事业单位领导人员委任、聘任、选任等任用方式。全面推行事业单位公开招聘、竞聘上岗和合同管理制度。实行全球招聘制度，择优选聘高等学校、科研院所和市管企业等关键岗位和重大科技项目负责人。

三是健全企业人才的市场聘任方式。遵循和运用市场竞争规律，健全完善企业公开、公平、竞争、择优的人才选拔使用机制，实现人才资源配置效能的最大化。

4. 建立与市场经济体制相适应的分配激励机制

一是要坚持效率优先，兼顾公平，鼓励建立多元化的分配机制。党政机关要完善公务员工资水平动态增长机制，扎实做好公务员工资改革和规范津贴补贴工作，充分发挥收入分配机制的激励作用。事业单位要逐步形成重实绩、重贡献，向优秀人才和关键岗位倾斜的分配激励机制，探索高层次人才、高技能人才协议工资制和项目工资制等多种分配形式，实行一流人才、一流业绩、一流报酬。企业经营管理人员要实行收入与经营业绩挂钩的办法，鼓励技术入股。健全国有企业人才激励机制，推行股权、期权等中长期激励办法，建立产权激励制度，制定知识、技术、管理、技能等生产要素按贡献参与分配的制度，重点向创新创业人才倾斜，逐步提高企业退休人员基本养老金，对在企业退休的高层次专业技术人员给予重点倾斜。

二是要坚持把物质激励与精神激励有机结合起来，建立全方位的激励机制，最大限度地激发人才的工作热情和创造潜能，使人才积极致力于提高创新能力。

在物质激励方面，关键是要确立以业绩为取向的人才价值观，积极探索按劳分配和按生产要素分配相结合的分配激励机制，尝试把人才的劳动、知识、技术、管理技能作为生产要素，按其贡献大小参与效益分配，促进人才向关键岗位、重要领域和新的经济增长点集聚；充分利用住房、工资、奖金、职务、职称等向优秀人才倾斜的政策，设置优秀人才奖项。

在精神激励方面，对于已做出一定贡献的人才，授予其一定社会荣誉；在评先评优上适当照顾业绩显著的引进人才，要以业绩行赏论功，不要让人产生干好干坏一个样的想法；加大宣传力度，树立优秀人才典型，努力营造尊重知识、尊重劳动、尊重人才、尊重创造的社会氛围；要让人才在创造价值的过程中实现自身价值，得到社会的充分肯定，讲求"赛马机制"，形成"能者上，平者让，庸者下"的干部使用机制，对优秀人才要委以重任，给肯干事的人以机会，给能干事的人以岗位；给干成事的人以回报。

5. 建立完善科学规范的人才流动配置机制

根据完善社会主义市场经济体制的要求，推进人才市场体系建设，完善市场服务功能，畅通人才流动渠道，建立政府部门宏观调控、市场主体公平竞争、中介组织提供服务、人才自主择业的人才流动配置机制。健全人才市场供求、价格、竞争机制，进一步促进人才供求主体到位。加强政府对人才流动的政策引导和监督，推动产业、区域人才协调发展，促进人才资源的有效配置。

一是要建立统一规范、更加开放的人力资源市场，发展专业性、行业性人才市场。健全专业化、信息化、产业化、国际化的人才市场服务体系。积极培育专业化人才服务机构，注重发挥人才服务行业协会作用。

二是进一步破除人才流动的体制性障碍，研究制定发挥市场配置人才资源基础性作用的政策措施。推进政府所属人才服务机构管理体制改革，实现政事分开、管办分离。逐步建立城乡统一的户口登记制度，调整户口迁移政策，使之有利于引进人才。加快建立社会化的人才档案公共管理服务系统，完善社会保险关系转移接续办法。

三是建立人才需求信息定期发布制度，编制经济社会发展急需紧缺型人才目录。完善劳动合同、人事争议仲裁、人才竞业避止等制度，维护各类人才和用人单位的合法权益。

四是要深化与中央和国家机关各部委、国家级科研院所、全国知名高等院校的合作，采取多种方式用好高端人才智力资源，加快推进大别山区域人才开发、流动、配置一体化。

四、优化人才工作服务机制

1. 着力优化政策环境，提升服务水平

制定与市场经济、知识经济相匹配的人才政策，做到相互衔接、形成体系。要加快制定出台高层次人才、高技能人才、农村实用人才、社会工作人才等多项人才政策，加大政策扶持、项目资助、生活补助等力度，加快引进和集聚各类优秀人才，为人才成长和发挥作用创造宽松的政策环境。要抓紧完善劳动、人事争议仲裁制度，妥善处理各类人才的劳动人事纠纷。要进一步落实带薪休假制度，研究制定专家考察、疗养、免费体检的具体办法。

2. 着力优化创业环境，拓展成长空间

要积极筹措大别山试验区人才开发资金，重点资助高层次创新型人才、企业紧缺人才培训、国外智力引进和大学毕业生创业等方面，使有限的人才开发资金发挥更大的作用。要督促用人单位按政策落实人才各项待遇，为人才营造良好的工作环境，给予各类人才更多的发展空间，鼓励人才为经济社会发展做出更大的贡献。

3. 着力优化社会环境，营造良好氛围

要大力宣传为大别山试验区经济社会发展做出突出贡献的优秀人才，宣传试验区在人才培养、引进、使用、激励等方面的政策措施，积极营造全社会重才爱才的社会氛围。要在政策允许的范围内，努力为人才办实事、办好事，妥善解决各类优秀人才的家属就业、孩子就学、生活困难、医疗保健等方面问题，加强法制、信誉、人文环境建设，千方百计帮助人才解决实际困难，积极为人才营造良好的生活环境，让各类人才安心创业。

五、完善人才工作保障机制

1. 建立健全人才工作投入机制

做好人才工作，经费投入是保证。要采取有效措施，尽快形成以政府投入为引导、企业投入为主体、金融机构投资为保障、社会各界和个人捐助为补充的多元化投入机制，为吸引、留住和用好人才提供可靠的资金保证。要充分发挥政府在人才培养投入上的导向作用，加大财政在人才培养、人才载体建设和人才工作方面的投入力度，保证人才资源开发资金；要建立人才开发基金，并列入年度财政预算，随着经济增长逐年递增。要突出企业在人才投入上的主体地位，引导和推动企业加大人才培养投入和科技投入；对企事业单位用于人才引进、培养和奖励等方面的投入，允许单独设立科目，计入单位经营成本。要调动和发挥社会各方面对人才培养投入的积极性。

2. 建立健全人才工作责任机制

强化"一把手"要抓"第一资源"理念，建立一级抓一级、层层抓落实的责任机制。要建立健全党政科技进步和人才工作目标责任制，修订完善人才工作目标考核责任制，改进考核内容和方式，增强考核的针对性和实效性。要推行领导干部联系专家制度，各级领导可直接联系一批各行各业的专家和高层次人才，及时了解情况，做好服务。要完善人才工作检查督办制度，根据党委人才工作的总体部署，抓好督促检查和组织实施，及时发现和解决人才工作中存在的问题，确保党委、政府关于人才队伍建设各项政策措施的贯彻落实。

3. 建立健全人才储备机制

针对试验区人才队伍总量不足、学历层次偏低、基层人才十分匮乏、人才流失严重等突出问题，组织人事部门积极探索建立以为用而储、储用结合为根本原则，以优化人才结构、促进人才成长为根本任务的人才储备制度。

一是由组织人事部门在试验区各行各业中开展人才需求调查，建立信息库，掌握

在区外高等院校就读、在区外科研单位、重点大型企业、重要工作部门工作的人才信息，按照专业和特长分门别类地建立储备人才信息库，及时向区外人才提供区内人才需求信息和相关优惠政策，随时为用人单位和待业的人才牵线搭桥。

二是积极探索与创新统筹城乡人才开发的体制机制，政府拿出部分资金对没有充足就业机会，一时没有合适岗位的人才去基层支教、支农、挂职、见习等，让他们在实践中锻炼和提高。对有一定年限基层工作经验的人才在考试录用等方面按所到乡镇的艰苦程度分级加分录取，形成统筹城乡人才的良性循环。

三是构建青年人才为主体的人才发展机制。坚持以科学发展观为统领、以科学人才观为指导、以促进经济社会科学发展为目的、以满足社会需求为导向、以配置高校毕业生为抓手，形成人才就业链—培养链—选拔链相衔接、相统一的长效机制，在试验区建设中留住、储足、用好高校优秀毕业生。

第三节　强化财政政策与产业发展政策的协同作用

区域产业结构的合理性决定了区域经济增长的速度和质量。在一定条件下，产业结构是经济增长的基础，是促进经济增长的根本因素之一；而经济的增长将导致产业结构发生相应的变动。长期以来，大别山试验区经济基础过于薄弱，生产力水平低下，产业结构不合理、结构性矛盾突出，在很大程度上影响了地区经济的发展水平，因此，产业结构优化升级已经成为当前试验区经济结构调整的关键所在。产业结构的调整和优化升级既要靠市场机制起基础性作用，也需要政府制定适当的政策进行调节。财政政策作为国家宏观调节的重要手段，与产业结构优化升级具有高度相关性。因此，正确运用财政政策手段促进大别山试验区产业结构优化升级，对继续保持区域经济持续快速发展具有十分重要的意义。

一、财政政策在大别山试验区建设的主要作用

从区域经济发展的一般规律和公共财政的特点方面来看，政府财政政策在大别山试验区中的基本功能主要有三项：公共服务、政策导向及政策环境。公共服务，就是公共财政的基本职能在区域经济发展中的具体化，即政府运用财政政策工具，为大别山试验区提供所需的公共物品，以克服市场失灵，满足社会公共需要，并且保证地区政府能够得到与全国其他地区大体均等的财政支出水平。当前，最迫切的需要是基础教育、公共卫生、基础设施和生态环境建设的投入。政策导向，在于运用减免税等政策手段，引导社会等微观经济行为，实现政府的区域经济开发目标。政策环境，是指

在开放经济条件下，政府财政政策为国内外各类经济主体参与大别山试验区建设创造一个公平的政策环境，鼓励竞争，促进区域发展。

大别山试验区建设是一项规模宏大的工程，无疑将需要巨大的投资。今后国家财政支持大别山试验区建设的总体取向是：通过加大国家财政资金的投入，逐步改善试验区的投资环境，吸引和诱导民间资本尤其是企业、私人和外商参与区域经济的发展。具体来说，国家财政支持大别山试验区建设将主要体现在三个方面：一是通过发行国债、生态环境建设彩票、利用外国政府和国际金融组织贷款等途径，增加国家对试验区大型基础设施的建设，如生态环境的保护、科技与教育的投资，跨地区的铁路、国道公路、管道以及机场、通信设施、水利设施和信息化的建设等。二是建立规范的财政转移支付制度，逐步加大中央对试验区的转移支付力度，以提高试验区各级政府公共支出的水平。三是借鉴国外政府支持落后地区开发以及过去中央支持沿海地区开发的经验，根据国家区域政策的目标和大别山试验区的需要，采取财政贴息、低息、投资补贴、减免税收等政策，来促进试验区产业结构的调整，鼓励其发展特色产业和高新技术产业，促进试验区调整产业结构，发展特色产业，加快国有企业改革的步伐，积极引导民间资本参与试验区建设。

二、财政政策对产业结构调整的作用

产业结构优化升级是世界经济发展过程中面临的共同问题，国家在经济发展的不同时期，都会根据当时经济状况和国家要实现的经济发展目标而制定不同的产业政策，对整个产业结构进行调整，促进产业结构优化升级。产业结构优化升级既是市场机制这只"看不见的手"的作用结果，也是政府这只"看得见的手"在一定时期实施积极的产业政策的结果。由于市场机制缺陷的存在，市场本身并不能完全解决产业结构优化升级过程中的资源配置问题。在市场经济条件下，按照政府和市场的职能分工，政府有责任也有必要对产业结构调整进行干预，以纠正市场机制造成的产业结构的某些缺陷，以达到经济增长和产业结构优化升级。

产业政策是国家为了促进市场机制的发育，纠正市场机制的缺陷及其失败，对特定产业活动以干预和引导的方式施加影响，进而促进国民经济快速协调增长的带有宏观性和中长期性的经济政策，其目的是实现产业结构的合理化和不断升级。财政政策作为国家宏观经济调节的重要手段，不仅对经济景气及波动起到调节和"熨平"作用，而且对经济空间结构的改善，对产业结构的优化和升级具有重要意义。在市场经济条件下，国家利用财政政策引导资源在不同产业及行业间流动，相应地影响其他投资主体的投资方向和存量资产的重新组合，促进产业结构的优化升级。财政对产业结构调整的独特作用决定了其在产业政策实施中的不可替代的重要地位。

政府对产业结构优化升级的调节方式主要有两种：一种是运用计划进行直接干预的

方式；另一种是基于市场的间接干预方式。在凯恩斯主义占统治地位期间，世界各国几乎都是采用直接干预的方式来促进本国产业结构变动的。在这种方式下，政府直接采用强制措施，把财政支出投向农业、水利、能源工业、交通运输和邮电通信等国民经济重点基础设施和主要原材料项目的建设，可以促进这些重点部门和基础产业的发展。随着市场经济的发展和完善，现在大多采用间接干预方式，财政政策更多的是通过运用税收或政府鼓励直接投资引导私人资本流向公共产品领域，为产业结构优化升级提供更多的公共产品，特别是政府通过对研究与开发的投入，为产业结构优化升级提供技术支持；通过对基础设施的投入，为产业结构优化升级提供基础保障。同时，政府还可以利用财政政策工具对市场需求进行直接启动，促进整体经济的结构性转换，并对某些产业的进入或退出进行必要的规制，从而促进产业结构的合理化。财政补贴、税收优惠等政策措施也是经常使用的间接手段。通过财政补贴、税收优惠可以影响私人经济主体的决策行为，引导私人经济作出符合财税政策导向的决策，促进产业结构优化升级。

三、促进试验区产业结构调整的财政政策取向

1. 产业结构调整中财政政策实施重点的选择

政府在调整产业结构时不能再采用制定行业发展目标，下达指令性计划和直接投资等方式，实践证明，这种忽视市场机制，根据政府意志，靠行政性手段所达到的产业结构调整，效果不理想。在市场经济体制日趋完善的今天，我国大多数产业结构调整应该由企业在市场机制的引导下自主进行。但这并不意味着政府的干预，特别是对于产业发展政策的干预是多余的。一方面，因为市场体制不完善，市场发育程度较低，难以完全通过市场机制达到资源的优化配置，实现经济的快速增长，因而还需要政府进行适当的干预；另一方面，由于经济和企业发展水平的限制，高科技产业等重要领域也离不开政府的支持。财政作为政府调节产业结构的重要手段，可以从以下几个方面对产业结构调整起到推动和促进作用：

（1）加强产业结构中的薄弱环节。产业结构中的薄弱环节主要有：农业基础设施和社会基础设施建设；生产性服务业和中介服务机构的发展；中小企业的技术改造和技术进步。为了缓解三大产业的结构偏差和加快产业内部的结构升级，财政应当增加对这些薄弱环节的投入，同时通过制度创新和运用多种财政手段引导社会私人资本向这些方面转移。

（2）支持产业结构升级的重点环节。高新技术的开发和应用既需要高投入又面临高风险，而我国企业的经济规模较小，大多数难以承担这种"双高"压力。我国虽然建立过"中创"等旨在扶持高新技术企业的金融机构，但事实证明这类机构所发挥的作用很小，多数有其名而无其实。财政应当对高新技术产业及其企业和产品实行必要

的扶持政策,从科技开发到产业投资等方面给予重点扶持。并通过完善分税制和改革企业所得税征收管理办法,为跨行业、跨地区的大型企业集团的发展提供制度保障。

(3) 解决不合理的重复建设问题。在产业结构调整过程中,对市场需求迅速增长的产业或产品重复建设问题将会继续发生。经验表明,我国产业发展中的重复建设以及由此导致的过度竞争具有体制上的原因,仅仅依靠市场机制去调节往往要付出过大的经济代价和机会成本。分税制的不完善是造成重复建设的一个重要的体制性因素,例如,对地方政府的事权范围未作出明确的规定和企业所得税按行政隶属关系划分,都会使地方政府有投资于一般营利性行业以增加本级财政收入的冲动。因此,进一步完善分税制是制约地方政府重复性投资的有效途径。对于社会私人资本的重复性投资问题,财政主要可以通过税收优惠,财政贴息等手段引导企业和个人的投资方向。

(4) 产业结构调整中淘汰企业的援助问题。在产业结构调整中,有一部分企业无法通过存量调整进入其他行业,只能采取破产、关闭等方式退出原有产业,或者在调整过程中需要大幅度减员。如果结构调整中有相当一部分企业需要采用这种方式,而且比较集中地分布在某些地区,对职工生活和社会稳定的影响很大。在当前的产业结构调整中,之所以有大量淘汰企业无法正常破产,一个主要原因就是缺乏完善的社会保障制度,特别是对于大别山区这类欠发达地区而言,积极完善社会保障制度对产业结构的调整将具有十分重要的意义。

2. 完善调整产业结构的财政政策手段

产业结构调整中财政政策实施重点确定之后,关键是采用何种政策手段来发挥其作用。财政对产业结构的调节手段可以分为四种类型:直接干预型支持政策,主要是指财政直接投资和财政补贴;直接干预型限制政策,主要是限制财政投资;间接引导型支持政策,主要是减税、免税、政府采购和加速折旧;间接引导型限制政策,主要是高税率和征收附加税。目前我国地财政政策手段体系不完善,有些政策手段缺乏,不能有效地发挥其作用,还需进一步完善。

在市场经济条件下,政府采用直接干预的手段往往会造成经济主体市场行为的扭曲,可能导致"政府失效"大于"市场失效",并且受到目前政府财力的限制,完全通过财政投资和补贴来实现对于一些产业的鼓励和扶持,不能充分发挥有限财政资金的最大效用。因此,当前一方面要减少直接干预型政策手段,另一方面则要改进间接引导型政策手段,主要包括:

(1) 缩短企业固定资产折旧年限,减税让利,加快企业固定资产更新改造。在新技术革命时代,几乎所有的发达国家都采取了加速折旧这一财政工具,实现产业结构的优化升级。

(2) 完善政府采购制度,发挥其能够灵活调节产业结构的功能。政府可以用优惠价格大量购入符合产业结构政策的产品,以鼓励支持某行业的发展,用终止某产品采购的操作来限制某行业的发展。

（3）改革不利于产业结构调整的税收制度。一是将生产型增值税改为消费税，可以考虑扩大消费税的范围，或者吸取国外经验，全面开征消费税，对符合产业政策的产品实行低税率或零税率，鼓励其发展；对于那些不符合产业政策，或是国家政策和宏观经济需要进行特殊调节的产品，则实行较高税率，增强税收的结构调节作用。二是在企业所得税方面，应按照税收的国民待遇原则，统一内外资企业所得税制，特别是在所得税税收优惠政策上要尽快统一。在运用减税、免税、低税率和零税率等直接税收优惠的同时，更要特别关注加速折旧、纳税扣除、税收抵免、投资抵免、税收饶让等间接税收优惠方式的运用，实现产业税收优惠方式的多元化。三是改变企业所得税按行政隶属关系征收的办法，实行统一征收，按比例分成，这样有利于企业跨行业、跨地区重组，优化企业组织结构。四是将以区域性为主的税收优惠改为以产业性优惠为主，协调东西部之间的经济发展，发挥税收优惠对产业发展的引导作用。

四、大别山试验区财政对产业结构调整的支持重点

试验区产业结构优化升级的产业发展政策，要求进一步深化财政改革，提高财政政策实现产业政策的能力，加大财政对产业结构调整的力度。

1. 加强对农业产业结构优化升级的投入力度

农业是大别山区的基础性产业，没有农业的全面发展，就不会有试验区经济社会的全面发展。近年来，大别山区的现代农业发展取得了较好的成效，然而，农业基础设施仍较脆弱、农业发展资金投入不足、农业产业化经营水平相对滞后、农业与农村生态环境日趋恶化、科技推广应用能力不强等问题依然严重制约着区域农业的可持续发展，迫切需要政府进一步加大对农业的投入力度，为农业产业结构的合理化提供必要的资金保证。

当前，财政部门对农业投入的方向和重点应是：加强农田水利建设，改造中低产田，搞好土地整理；加紧建设农村"六小"工程，积极推进节水灌溉；促进农产品加工转化增值，发展高产、优质、高效、生态、安全农业；鼓励农业科技创新，加快农业科技进步，促进农业科技成果的推广、转化；加强农业设施建设，调整农业生产结构，转变农业增长方式，提高农业综合生产能力；优化农业生产布局，推进农业产业化经营，采取贴息、补贴、投资参股和有偿、无偿相结合等灵活多样的扶持方式对产业化项目予以扶持，积极培育农业产业化龙头企业，并按民办、民管、民受益的原则，制定完善对农民专业合作经济组织的扶持政策。同时，积极采取综合措施，广泛开辟农民增收渠道，加大扶贫开发力度，提高贫困地区人口素质，改善基本生产生活条件，开辟增收途径。

要加大财政对农民教育的投入。一方面，要不断增加对农村义务教育的投入，建立和完善农村义务教育经费长效保障机制；启动农村义务教育阶段中小学校舍维修改造资金保障新机制。另一方面，政府要把农村劳动力培训费纳入财政预算，建立支持农村劳动力培训的长效机制，对农村劳动力进行简单培训，提高他们的职业技能和就业能力，以保证农民真正增加收入。政府还可以通过财政贴息等方式引导和鼓励金融机构和非金融机构加大对农业的投入，对于无经济效益或经济效益不明显而社会效益显著的农业投资项目如农业水利工程建设等，由国家财政无偿投入；而经济效益明显的项目，则实行资金的有偿使用。

2. 加大对高新技术产业的投入

高新技术产业是从事高新技术及其产品的研究、开发、生产与技术服务的产业。在知识经济时代，高新技术产业已经成为未来经济的重要支柱产业，成为推动区域经济社会发展的强大助推器。强化高新技术产业与区域经济的共融发展，是大别山试验区加快转变经济发展方式、推动产业结构优化升级以及实现跨越式发展的内在要求。可以说，高新技术及其产业化程度，已经成为衡量一个国家的综合国力、经济实力和科技创新力的重要指标。然而，当前大别山革命老区各县市的高新技术产业发展存在着规模较小、带动辐射能力不强，技术水平相对较低，企业自主创新能力不足，科技投入力度不够，创新动力不强，科技人才严重匮乏，激励机制僵化等突出问题，在促进区域产业结构优化升级方面的作用还没有得到实质性的体系。2012 年，黄冈市实现高新技术产业增加值仅为 71 亿元，同期武汉市实现高新技术产业增加值 1353.4 亿元，是黄冈市的 19 倍；2012 年襄阳市和宜昌市高新技术产业增加值也分别达到 377.70 亿元和 204.60 亿元，分别是黄冈市的 5.3 倍和 2.9 倍。这也意味着，在全省范围内，黄冈市高新技术产业发展是较为滞后的。而这一现状与大别山区的信阳市、六安市以及安庆市等地的高新技术产业的发展情况极为相似。

因此，在推进试验区建设的过程中，政府应综合运用财政担保、财政贴息等多种手段，对试验区内的节能环保、生物制药、船舶制造、钢材深加工、电子信息、森工、新能源等高新技术产业和食品饮料、医药化工、纺织服装、建筑材料、汽车零配件等传统产业加快技术革新与改造。

对具有高风险而又前景良好的高新技术企业提供以政府信用为后盾的担保，已成为政府鼓励高新技术产业发展的一项重要工具，政府应选择符合产业结构优化升级方向、发展前景好的高新技术项目重点资助，在企业研究开发费用税前抵扣、加速企业研究开发仪器设备折旧、加强企业自主创新能力建设、鼓励企业研究开发高新技术产品、支持创业风险投资企业发展等方面落实各项优惠政策，加速其产业化和规模化的进程。另外，财政贴息使得金融机构能够以低利率放出贷款，鼓励资金流向高新技术的研究开发和传统产业的技术革新，从而使金融资本与产业资本有效地融合在一起，实现产业结构的迅速高科技化，增强产业结构的整体竞争力和经济效益。

3. 实施财政投资倾斜政策，促进第三产业快速增长

从世界各国经济发展的历程来看，第三产业的快速增长是经济发展的必然趋势。目前，大别山试验区的第三产业发展较为缓慢。以黄冈市为例，2011 年，黄冈市第三产业在地区产业结构中的比重为 33.32％，比全省低 3.48 个百分点，比全国平均水平低 9.78 个百分点。传统服务产业占第三产业的比重高达 78.6％，金融保险、信息通信等现代服务业占比不足 10％。因此，政府应通过财政投资倾斜政策，对试验区那些具有较强增长势头而暂时缺乏竞争力的行业，如旅游、现代物流、商贸、教育产业以及文化产业等加大财政资金投入，促进这些产业的快速发展。在条件允许的情况下，可以通过财政扶持一批流通企业、金融企业的上市。另外，对于批发零售、旅馆饭店等劳动密集型服务业而言，它们的快速发展可以增加试验区的就业机会，促进经济结构的优化，因此，政府可以通过放松管制、降低税费等方式鼓励这些现代服务业的发展，以吸纳更多的剩余劳动力；也可以通过财政资金的加大投入来支持这些行业的信息化进程。政府还应加大对教育、医疗卫生等的投入力度，提高劳动力素质，满足经济全球化和信息化发展中对人力资源的需求，为产业结构的优化升级提供人才支撑。

4. 配合产业技术政策，扩大技术公共产品供给，促进科技成果转化

由于现代科学技术出现了科学与技术的混合现象，产业技术开发向技术前端甚至基础科学部分延伸，技术公共产品的供给水平直接影响到技术的扩散速度，影响到产业结构优化升级。在促进科技成果转化为现实生产力的财政政策选择方面，政府一定的财力投入是十分必要的。在当今世界各国，特别是经济发达国家，政府在科学技术研究与开发、科技成果的应用与推广以及科技服务等方面的投入呈现出明显的递增趋势，巨额的资金投入已经成为推动研究开发与成果转化的重要保障。因此，各级政府应在逐步提高 R&D 经费占 GDP 比重的基础上，把科研经费投向那些高科技和高新技术产业，以推动新兴产业的崛起，培育新的经济增长点。财政投资将扩大技术公共产品的供给作为重要方面，可以推动技术公共产品的各产业共享机制的形成，缩短科技成果转化为现实生产力的周期，促进技术扩散，优化产业结构。

第四节　建立健全大别山试验区生态补偿机制

建立健全生态补偿机制，是推进资源节约型和环境友好型"两型社会"建设的一项重要措施，是社会主义市场经济条件下有效保护生态环境资源的重要途径，也是统

筹区域协调发展、促进生态文明建设以及推进社会主义和谐社会构建的迫切需要。当前，要以建设大别山试验区为契机，尽快推动大别山区各县市在生态补偿机制上先行先试，按照"谁开发谁保护、谁受益谁补偿"的原则，探索建立制度化、规范化、市场化的生态环境补偿体系，以便调整相关利益各方生态及其经济利益的分配关系，促进生态和环境保护，促进城乡间、地区间和群体间的公平性和社会的协调发展。

一、生态补偿的概念与内涵

生态补偿概念的理解有广义和狭义之分。广义的生态补偿包括污染环境的补偿和生态功能的补偿，既包括对损害资源环境的行为进行收费或对保护资源环境的行为进行补偿，以提高该行为的成本或收益，达到保护环境的目的，又包括因对环境保护而丧失发展机会的区域内的居民资金、技术、实物上的补偿、政策上的优惠，以及为增进环境保护意识，提高环境水平而进行的教育科研费用的支出。狭义的生态补偿则主要指对生态功能的补偿，强调生态保护成果的受益者对生态建设行为支付相应的费用作为补偿。目前，国内对于生态补偿的理解主要采用的是狭义的概念。

在社会与经济研究领域中，将生态补偿理解为一种资源环境保护的经济手段，是以保护和可持续利用生态系统服务为目的，以调动生态建设积极性为出发点，以经济手段为主调节相关者利益关系的制度安排。

生态补偿应包括以下两个方面的内容：一是对自然生态功能的治理性补偿，二是对人的经济补偿。其中对自然生态功能的治理性补偿又可分为：（1）对遭受了破坏的自然生态环境进行恢复和重建，如矿业的开采等造成了当地的生态破坏，通过生态恢复和生态重建对其补偿，以保证当地的生态系统不退化、生态服务功能不降低。（2）对具有重大生态价值的区域或对象进行保护性投入，包括重要类型生态系统如森林和重要区域（如中国西部、河流上游等）的生态补偿，充分保护和发挥其生态功能。对人的经济补偿也可分为：（1）受害者因遭受损失而得到补偿或赔偿，如对农用地占用、矿业开采等给当地农民造成的损失进行经济赔偿。（2）对个人或区域保护生态环境或放弃发展机会的行为予以补偿，相当于绩效奖励。如水源地、自然保护区或其他生态功能区通过涵养水源、保护珍稀物种等行为，为其他地区提供生态服务，受益地区理应进行经济补偿。

二、生态补偿的理论基础

1. 生态资本理论

生态资本理论从原理上提供了计算补偿额的方法。生态资本理论认为，生态系统提供的生态产品、服务应被视为一种资源、一种基本的生产要素，具有生态效益价值，这种生态产品、服务或者说生态效益价值就是生态资本，具体包括自然资源总量（可更新的和不可更新的）和环境消耗并转化为废物的能力（环境的自净能力）、自然资源和环境的质量变化和再生量变化，即生态潜力、生态环境质量、生态系统作为一个整体的使用价值。根据这一理论，整个生态系统就是通过各环境要素对人类社会生存及发展的效用综合体现它的整体价值。作为一种特殊的生产要素，生态环境能够为人类社会带来经济、社会和环境效益。随着人类对生存环境质量要求的提高以及生态环境质量的日益恶化，使得生态环境这一生产要素的稀缺性逐步凸显，增加生态资本的存量在经济社会发展中的必要性和重要性也更加突出，因此，需要寻求实现其保值和增值的路径。通过有效的制度安排来激励人们从事生态投资，保护、改善生态环境，使生态环境要素对人类社会生存与发展的效用总和不断提高，实现生态资本增值，成为人类实现自身可持续发展道路上的必然选择。

2. 外部性理论

外部性理论是生态经济学和环境经济学的基础理论之一，也是生态环境经济政策的重要理论依据。它由剑桥大学的著名经济学家马歇尔和庇古于 20 世纪初提出。外部性指某种经济活动给予这项活动无关的第三方带来的影响，它包括正的外部性（外部经济）和负的外部性（外部不经济）。生态环境资源的生产和消费过程中产生的外部性，主要反映在两个方面：一是资源开发造成生态环境破坏所形成的外部成本，二是生态环境保护所产生的外部效益。由于这些成本或效益没有在生产或经营活动中得到很好的体现，从而导致了破坏生态环境没有得到应有的惩罚，保护生态环境产生的生态效益被他人无偿享用，使得生态环境保护领域难以达到帕累托最优。

解决外部性有两种方法：一是庇古手段，即通过政府干预的手段来矫正外部性，对于正的外部影响应予以补贴，对于负的外部影响应处以罚款，以使外部效应内部化，构建这种外部性内部化的制度，就是生态补偿政策制定的核心目标。二是科斯手段，即将外部性问题转变成产权问题，通过明晰产权，依靠市场力量来解决外部性问题。

3. 公共物品理论

按照微观经济学理论，根据是否具有竞争性和排他性，经济学上将物品划分为公共物品和私人物品。公共物品就是每个人消费这种产品不会导致对该产品消费的减少。人们普遍认为，自然生态系统及其所提供的生态服务具有公共物品属性。纯粹的公共物品具有非排他性和消费上的非竞争性两个本质特征。这两个特性意味着公共物品如果由市场提供，每位消费者都不会自愿掏钱去购买，而是等着他人去购买而自己顺便享用它所带来的利益，这就是"搭便车"问题。如果所有社会成员都意图免费搭车，那么最终结果是没人能够享受到公共物品。另外，与任何其他公共产品不同，生态服务的提供者不是人类主体而是大自然生态环境本身，而生态环境本身的自然特性使其产权分割和其权、责、利的落实难以实现，致使其更容易被无偿地攫取利益和无补偿地转嫁损害，于是便产生了"公地悲剧"，最终导致全体成员的利益受损。

鉴于生态环境由于其整体性、区域性和外部性等特征，很难改变公共物品的基本属性，需要从公共服务的角度，进行有效的管理，重要的是强调主体责任、公平的管理原则和公共支出的支持。从生态环境保护方面，基于公平性的原则，区域之间、人与人之间应该享有平等的公共服务，享有平等的生态环境福利，这是制定区域生态补偿政策必须考虑的问题。这就要求政府应该通过制度创新让受益者付费，让生态保护者得到补偿，这样，生态保护者就能够像生产私人物品一样得到有效的激励。

4. 产权理论

科斯提出了著名的产权定理。他认为，要解决外部性问题，必须明确产权，即确定人们是否有利用自己的财产采取某种行动并造成相应后果的权利。他提出了科斯第一定理：如果产权是明晰的，同时交易费用为零，那么无论产权最初如何界定，都可以通过市场交易使资源的配置达到帕累托最优，即通过市场交易可以消除外部性。科斯进一步探讨了市场交易费用不为零的情况，并提出了科斯第二定理：当交易费用为正且较小时，可以通过合法权利的初始界定来提高资源配置效率，实现外部效应内部化，无须抛弃市场机制。如果交易成本为正，交易权利的初始配置将影响经济效率并进而影响社会总体福利。因此，提供较大社会福利的权利配置较优，推论是在选择把全部可交易权利界定为给一方或另一方时，政府应该把权利界定给最终导致社会福利最大化，或社会损失最小化的一方。

5. 可持续发展理论

根据可持续发展理论的观点，经济发展与环境保护是协调统一的，环境问题与社会经济问题应该统筹兼顾，实现经济、社会、生态的协调发展；为此，必须在维护生态系统服务功能的基础上确定合理的经济发展模式，制定协调改善经济发展和环境保护的长期政策，重视自然资源的合理利用和持续利用，以生态环境的改善来保障可持续发展目标的实现。

三、生态补偿的总体框架与重点领域

生态补偿问题牵扯到许多部门和地区，具有不同的补偿类型、补偿主体、补偿内容和补偿方式。从宏观尺度来看，生态补偿问题可分为国际范围的生态补偿问题和国内生态补偿问题。国际生态补偿问题包括诸如全球森林和生物多样性保护、污染转移（产业、产品和污染物）和跨国界水资源等引发的生态补偿问题；国内补偿则包括流域补偿、生态系统服务功能的补偿、资源开发补偿和重要生态功能区补偿等几个方面。
生态补偿的地区范围、类型、内容和补偿方式，见表9-1。

表9-1　　　　　　　　　　生态补偿的地区范围、类型、内容和补偿方式

地区范围	补偿类型	补偿内容	补偿方式
国际补偿	全球、区域和国家之间的生态和环境问题	全球森林和生物多样性保护、污染转移、温室气体排放、跨界河流等	多边协议下的全球购买；区域或双边协议下的补偿；全球、区域和国家之间的市场交易
国内补偿	流域补偿	大流域上下游间的补偿 跨省界的中型流域的补偿 地方行政辖区的小流域补偿	地方政府协调；财政转移支付；市场交易
	生态系统服务补偿	森林生态补偿 草地生态补偿 湿地生态补偿 自然保护区补偿 海洋生态系统 农业生态系统	国家（公共）补偿财政转移支付；生态补偿基金；市场交易；企业与个人参与
	重要生态功能区补偿	水源涵养区 生物多样性保护区 防风固沙、土壤保持区 调蓄防洪区	中央、地方（公共）补偿；NGO捐赠；私人企业参与
	资源开发补偿	土地复垦 植被修复	受益者付费；破坏者负担；开发者负担

资料来源：康欣. 草原畜牧业可持续发展的生态补偿机制研究［D］. 呼和浩特：内蒙古农业大学，2008.

　　生态补偿重点领域的确定，应当本着国家和地区的需要，结合现有的工作基础进行综合考虑。补偿主体，可以按照责任范围进行划分。一般来说，对大面积的森林、湿地、草地等重要生态功能区和国家级自然保护区等生态系统服务的补偿主要由中央政府重点解决；对矿产资源开发和跨界中型流域的生态补偿机制应由政府和利益相关者共同解决；地方政府重点是建立好城市水源地和本辖区内小流域的生态补偿机制，并配合中央政府建立跨界中型流域的补偿问题。对于区域间以及重要生态功能区的生态补偿问题，应当是在流域和生态系统服务诸要素的生态补偿的基础上进行整合，并结合不同区域的特点和生态系统服务的贡献等进行综合考虑，按照破坏者付费、使用者付费、受益者付费、保护者得到补偿的原则进行确定利益相关者的责任和权益，进

而综合考虑国家和地区的实际情况，特别是经济发展水平和生态破坏，通过协商和博弈确定当前的补偿标准；最后根据生态保护和经济社会发展的阶段性特征，与时俱进，进行适当的动态调整。

四、大别山试验区建立生态补偿机制的基本思路

生态补偿机制是以保护生态环境，促进人与自然和谐发展为主要目的，以内化外部成本为根本原则，根据生态系统服务价值、生态保护成本、发展机会成本，运用政府和市场手段，调节生态保护利益相关者之间利益关系的公共制度安排。党的十八大明确要求，深化资源性产品价格和税费改革，建立反映市场供求和资源稀缺程度、体现生态价值和代际补偿的资源有偿使用制度和生态补偿制度。对于大别山试验区而言，区域生态补偿机制的建立应该从以下几个方面着手：

1. 以政府主导探索建立生态补偿机制

由于生态环境具有较强的外部公益性，生态补偿机制建设势必要求政府作为公共管理者，充分发挥其主导作用，解决市场难以自发解决的自然资源保护和生态环境改善的问题。在国内各地实施的生态补偿模式中，主要还是依靠政府提供财政资金支持。区域自然资源和生态环境所具有的非竞争性和非排他性特征，将会导致对该类产品在消费中出现"公地悲剧"——过度使用和消费中的"搭便车"心理——供给不足。政府的管制和宏观调控是有效解决这两个问题的重要手段，生态补偿机制就是政府通过制度设计来激励公共产品的足额提供从而避免"公地悲剧"，减少"搭便车"现象的发生。

从制度经济学的角度来看，生态补偿机制归根结底是一种调整生态环境保护和建设相关各方之间利益关系的环境经济政策，政府在生态补偿机制的建设中起到了推动政策实施和资金支持的重要作用，是完善生态补偿机制运行的主导力量。因此，对于大别山试验区而言，以政府为主导探索建立和实施生态补偿机制，不仅是贯彻落实国家主体功能区布局的重大举措，事关大别山地区的生态安全、民生改善和未来长远发展，而且是大别山试验区实现区域生态共建共享和经济一体化发展的积极实践，对于推动这一地区经济社会可持续发展，实现社会和谐稳定具有重大的历史和现实意义。

2. 以市场运作加快实施生态补偿机制

尽管政府是生态效益的主要购买者，市场竞争机制仍然可以在生态补偿中发挥重要的作用，特别是从长远计，要建立科学合理的生态补偿机制，就必须充分运用市场化运作手段实施补偿，适当引入市场机制和竞争机制，完善自然资源有偿使用机制和价格形成机制，建立环境保护和生态恢复的经济补偿机制，使资源资本化、生态资本

化，使环境要素的价格真正反映它们的稀缺程度，探索资源使用权、排污权交易等市场化的补偿模式，以实现生态补偿的常态化，使开发、利用生态环境资源的生产者、消费中承担相应的经济代价，从整体上改变无偿使用生态资源的观念，迫使生态资源开发利用者在进行商品生产时将生态环境损耗计入成本，从而逐步建立政府引导、市场推进和社会参与的生态补偿机制，更好地推进试验区资源节约型和环境友好型社会建设。

3. 以完善的政策体系推进生态补偿机制建设

构建与生态补偿机制相适应的法规政策体系，从制度层面推进生态补偿工作的开展，是各地各级政府在生态补偿机制建立与实施过程中的共同选择。由于大别山区的生态系统的服务功能主要涉及中部的鄂豫皖三省以及东南沿海的长三角地区，生态保护涉及农、林、水利、环保等多个部门，因此，需要突破行政区和各部门的界限对生态补偿机制进行统一规定和制度协调，由中央协调相关省份，出台《大别山区生态保护规划》《关于探索大别山区生态补偿机制的若干意见》《生态补偿转移支付办法》等政策性法规，明确建立生态补偿机制的指导思想和基本原则，突出生态环境利益和生态公共价值，将生态补偿的范围、对象、方式、标准等确定下来，明确地方政府、资源开发利用者和生态环境保护者的权利和责任，通过完善法律法规，建立起生态补偿的长效机制，为生态补偿机制的规范化运作提供法律依据，为大别山试验区实施生态补偿提供制度保障。

4. 以加强区域合作增强生态补偿的科学性

大别山生态系统是一个开放的整体，涉及中部省份和东南沿海的相关地区，大范围的生态补偿机制不可能由单一的省份或地区建立起来，必须打破地区、部门、行业的界限，建立部门联系、区域联动的综合协调与合作机制，生态补偿才具有科学性和可操作性。大别山区是长江、淮河众多支流的发源地，是包括长三角经济区在内的东南沿海相关省份的重要的生态屏障，因此，大别山区的生态补偿工作，应该由生态系统服务的提供者鄂豫皖三省与生态系统服务的受益者长三角以及东南沿海的相关省份共同协商，按照"谁受益谁补偿、谁污染谁治理、谁保护谁受益"的基本原则，签署大别山区域生态利益共享协议，设立大别山区生态共建基金专户，用于大别山地区的生态环境保护建设，实现下游地区对上游地区、开发地区对保护地区、城市地区对乡村地区的生态补偿。

5. 以严格有效的约束机制完善生态补偿机制

严格的约束机制是生态补偿机制的重要组成部分。约束机制的功能体现在两个方面：一是对造成生态破坏的行为进行限制；二是通过经济利益的驱动，达到生态补偿的目的。从国内情况来看，生态补偿保证金制度是主要的生态补偿约束机制。在大别山试验区生态补偿机制建设中，要对水电资源开发、矿产资源开发、城镇乡村建设、交通基础设施建设、旅游设施建设等对生态环境影响较大的行业进行专门规定，实施生态补偿保证金制度，督促相关企业依法缴纳生态环境综合治理保证金，用于植被破坏、水土流失等方面的生态环境综合治理。保证金应根据每年生态损害需要治理的成本加以征收，要能满足治理所需全部费用。保证金可以通过地方环境或国土资源行政主管部门征收上缴国家，也可以在银行建立企业生态修复账户、政府监管使用的方式缴纳。若相关企业未按规定履行生态补偿义务，政府可动用保证金进行生态治理。

五、大别山试验区生态补偿机制的推进措施

1. 尽快出台完善生态补偿的法律、制度

党的十八大报告提出："建立反映市场供求和资源稀缺程度、体现生态价值和代际补偿的资源有偿使用制度和生态补偿制度"。从目前我国各地的实践来看，科学合理的生态补偿机制还没有完全建立，生态补偿制度的研究和实践还处于探索阶段，谁开发谁保护、谁受益谁补偿的利益调节格局还没有真正形成，生态补偿在促进生态环境保护方面的作用还没有得到充分发挥，其根本原因在于生态环境产权的难以界定。生态环境产权界定是对环境归属、环境质量及环境侵权度等进行可操作性的行为规定和使用约束，它是进行有效生态补偿的前提基础。

要全面建立生态补偿机制，必须建立并完善生态补偿的政策、法律、法规等保障机制，急需以法律形式将补偿范围、对象、方式、补偿标准等的制定和实施确立下来，其中首先要对生态环境产权体系中的诸种权利归属作出明确的界定和制度安排，包括资源环境归属的主体、份额以及对资源环境产权体系的各种权利的分割或分配。在明确产权关系的基础上，重点明确补偿主体，完善破坏者补偿和受益者支付制度，有针对性地设计补偿方式，并要以法律的形式确保生态建设资金来源的稳定性。

目前，我国还没有生态补偿的专门立法，现有涉及生态补偿的法律规定分散在多部法律之中，缺乏系统性和可操作性。尽管2007年国家出台的《开展生态补偿试点工作的指导意见》，标志着我国生态补偿机制建设迈出了重要一步，但与其他发达国家相比，我国生态补偿机制不论是从法律基础、政策机制，还是从理论研究和试点实践等方面，都处于较为滞后的水平。据相关媒体报道，国家发展改革委已会同有关部门起草了《关于建立健全生态补偿机制的若干意见》征求意见稿和《生态补偿条例》草稿。这两个政策性文件提出了建立生态补偿机制的总体思路和政策措施，明确生态补偿的基本原则、主要领域、补偿范围、补偿对象、资金来源、补偿标准、相关利益主体的权利义务、考核评估办法和责任追究等，将是我国生态补偿机制改革的顶层设计文件。

但在这些政策法规还没有出台之前，大别山试验区有必要利用自身的平台优势，先行先试，研究探索生态补偿的有关办法、标准、制度等，逐步做到规范运作。

在这一点上，黄冈市已经走在了大别山各县市的前列。2013年3月，国家环境保护部自然生态司在北京组织召开了《湖北省黄冈大别山革命老区经济社会发展试验区生态补偿研究报告》专家评审会。该报告从生态补偿主体、对象、标准、方式、资金渠道、资金管理、保障措施、监测评估等方面，对大别山自然保护区、森林、流域、矿产资源开发、水电资源开发、旅游资源开发六大领域的生态补偿机制进行了探讨。经过严格的论证，专家组一致同意《研究报告》通过评审，并建议在做进一步修改完善后，尽快按程序报批实施。这也意味着，黄冈市的生态补偿工作即将进入实质性阶段，从而将为加快建立大别山试验区区域生态补偿机制提供有益的借鉴。

2. 探索合理的环境和生态产品估价方法

补偿标准的制定，是实施生态补偿机制最为核心的内容，同时也是最难确定的内容。由于生态系统自身循环机制的复杂性，不同生态系统物质结构和现状弱化程度的不等同，生态服务（产品）功能的价值至今仍缺乏有效的计算方法，难以用货币衡量，致使生态补偿的额度难以精确量化；而环境效益的计量、环境资源的核算等技术层面的问题决定着生态环境的补偿标准、计费依据以及如何横向拨付补偿资金等一系列问题，即生态保护职责和生态补偿是否对称的问题。因此，应加快为生态环境补偿机制有效地完成实施目标提供相应的技术保障。

当前，我国对生态系统服务价值估算的研究刚刚处于起步阶段，由于各地气候与自然资源状况千差万别，使区域之间生态系统的服务功能差异很大，再加上生态系统的服务功能也与特定的经济社会条件息息相关，使得目前大量的生态服务、环境效益的价值估算方法的结果差异和所估算价值都很大，因此，有必要进一步完善环境和生态产品的估价方法。

目前国际上普遍采用的是以产权主体环境经济行为的机会成本作为补偿标准，而更为科学合理的补偿应以环境经济行为产生的经济效益为标准。也有专家指出，根据生态系统类型转换的机会成本（即由于生态保护者要保护生态环境，牺牲了部分的发展权）来确定补偿标准，较为符合我国现阶段国情且操作性较强。对于大别山试验区生态补偿的标准，可以结合当前优化开发、重点开发、限制开发和禁止开发四类主体功能区的划分工作，针对区域内生态系统服务的跨区占用与流动研究，合理确定不同类型生态系统提供服务功能的价值，以及流域之间、区域之间生态系统服务功能的相互利用关系，建立科学的生态环境评估体系，推动生态环境的定性评价向定量评价的转变，为生态补偿标准的制定提供必要的科学依据和决策支持。具体而言，可以根据环境保护和生态建设目标责任制考核内容，结合大别山区域生态环境质量指标体系，运用多种生态价值评估方法确定补偿标准，灵活运用人力资本法、机会成本法、影子工程法、旅行费用法等生态价值评估方法，针对不同的生态资源类型选择合适的一种或多种方法，再结合利益相关者的意愿调查确定相对合理的补偿额度，在地区的经济发展水平和利益相关者对生态效益的需求间寻求平衡点，逐步建立较为科学的生态补偿标准体系。

3. 促进补偿主体的多样化

明确生态补偿的主客体是实施生态补偿的先决条件，生态补偿主体包括补偿主体和补偿对象双方，界定补偿关系主体，就是要明确补偿主体和补偿对象，即解决"谁补偿谁"的问题。补偿主体应该包括政府、受益者补偿主体。由于生态经济的公共性特征，政府往往代表国家充当着生态系统或流域生态补偿主体的角色，所进行的生态补偿主要是通过财政转移支付的方式完成。国家作为自然生态系统的所有者，按照法律规定负有保障生态系统和自然资源合理利用以及保护和改善生态环境的义务。为了维持和提升生态系统服务功能，国家需要通过政府为生态系统的养护、生活环境的改善以及对生态资源维护和环境保护的贡献者进行相应的补偿，具体表现为对生态治理中受损权利方的补偿需要政府实施。

据相关统计，中央财政安排的生态补偿资金总额从 2001 年的 23 亿元增加到 2012 年的约 780 亿元，累计安排约 2500 亿元。2012 年国家生态补偿的总投入已经占到我国 GDP 比重的 0.15%，占污染治理的全社会总投入比重达到 10%。这也意味着，政府作为生态补偿的主体，进一步提高生态补偿标准和加大生态补偿投入的空间已经不大。而对于大别山区而言，由于脆弱的生态环境、地质灾害频发的状况以及国家级贫困县较多的社会现实，迫切需要在生态补偿上获得更多的支持。因此，大别山试验区生态补偿中的主体应根据利益相关者在大别山区域生态系统保护或损坏过程中的责任和地位加以确定，只要从本区域生态系统服务中直接或间接受益的行为主体都要纳入其中，包括生态系统服务覆盖的行政区域的各级政府以及有补偿能力和可能的生态受益地区的相应的机构、组织、企业和个人等，建立起一个国家和企业、社会共同补偿的机制。

4. 综合利用各种补偿方式

目前，我国生态补偿方式比较单一，没有建立良性的投融资机制，采用较多的是国家财政专项补偿，主要是以中央财政转移支付和专项基金为主，且以纵向转移支付占绝对主导地位，而区域之间、流域之间、不同社会群体之间的横向转移支付很少，这种单一的由政府埋单的方式离实际需要相去甚远，与"谁受益，谁补偿"的原则不符。为此，要建立国家、地方、区域、行业多层次的补偿系统，逐步实现国家财政补偿同区域内财政补偿及部门补偿相结合、政策补偿与技术补偿相结合、连续补偿与一次性补偿相结合、政府补偿与民间补偿相结合的多元化补偿方式。

选择补偿方式时，不仅应注重对因环境保护丧失发展机会的区域的居民进行资金、技术和实物上的补偿，还要有政策上的优惠，以及为增进环境保护意识，提高环境保护水平而进行的科研、教育费用的支出的补偿等。这些补偿方式可以有侧重地选用，也可以相互结合应用，对各种补偿方式进行多重组合和派生，以取得最优效果。如以传统的资金实物补偿为主，辅之以项目补偿，对于收益地区引进的一些无污染的高科技企业和一些生态企业等项目，通过双方协商转让给做出牺牲的地区来做，以减少其为生态保护遭受的损失。在资金补偿、实物补偿的基础上加强技术补偿，对被补偿方开展技术服务，提供技术咨询和指导等，由"输血型"补偿向"造血型"补偿发展，除一次性"生态移民"安置补偿外进行连续性补偿。在实践操作过程中，应将多种方式组合起来加以综合运用，相互补充，优化补偿效果。

5. 重点领域优先推进

从当前生态保护的实践需求看，特别是随着国家主体功能区规划的颁布实施，禁止开发区和限制开发区的生态建设和生态保护显得格外重要，因此，大别山试验区生态补偿工作的推进，有必要通过在重点领域、重点区域开展试点工作，探索建立生态补偿标准体系，以及生态补偿的资金来源、补偿渠道、补偿方式和保障体系，为全面建立生态补偿机制提供方法和经验。当前，可以将国家主体功能区规划中禁止开发区和限制开发区以及鄂豫皖三省省级主体功能区规划中的禁止开发区和限制开发区列入优先推进的范围，重点要在包括安徽省的太湖县、岳西县、金寨县、霍山县、潜山县、石台县，河南省的商城县、新县，湖北省的大悟县、麻城市、红安县、罗田县、英山县、孝昌县、浠水县等在内的国家重点生态功能区"大别山水土保持生态功能区"以及国土空间开发中的禁止开发的大别山区的自然保护区、自然文化遗产、森林公园、地质公园、湿地公园等在内的区域，推动建立健全生态补偿的协调管理与投入机制，建立和完善生态环境质量监测、评价体系，开展生态补偿标准核算研究，研究建立生态补偿标准体系，为试验区更大范围的生态补偿提供实践参考。

6. 建立健全生态补偿的考核体系

要将落实生态补偿工作作为促进可持续发展的一项重要任务，纳入地区经济建设与环境保护目标责任制的考核内容。积极推进绿色 GDP 国民经济核算研究，将资源和环境成本纳入国民经济发展评价体系，作为衡量区域经济发展水平和质量的重要指标。改革和完善现行党政领导干部政绩考核机制，将万元 GDP 能耗、万元 GDP 水耗、万元 GDP 排污强度、环境质量达标率等指标纳入试验区建设的考核指标，并逐步增加其在考核体系中的权重，建立健全特殊生态价值地区领导干部政绩考核的指标体系，建立区域生态环境保护责任追究制度和环境损害赔偿制度。同时，有必要建立补偿方与受偿方之间的监管互动机制，补偿方要及时足额地提供补偿资金，受偿方要保质保量地完成生态建设和生态保护任务，并按照公开、公平、公正、透明的原则，配套建立相应的考核奖惩制度，监督约束双方的行为。

第五节　优化试验区建设的科技支撑体系

大别山试验区的发展离不开科技的支撑。在推进试验区跨越式发展的道路上，要进一步营造良好的基础条件，立足区域科技、经济、社会、生态环境等基本特点，根据经济社会和生态环境等发展的科技需求，从区域特色出发，采取自主创新与模仿学习相结合，独立开发与科技合作相结合，技术引进、消化吸收与创新相结合的多种发展模式，构建具有本地特色的科技发展格局，形成与区域经济社会发展和资源环境条件相适应的科技支撑体系，提高区域科技创新能力，真正对大别山试验区经济社会的发展起到引领支撑作用。

一、科技支撑体系的内涵与特征

1. 科技支撑体系的内涵

科技支撑体系是指以促进科技创新为目的，以国家科技政策为指导，通过政府政策规划与市场机制共同作用，形成的由科技资源投入、科技创新主体培育、科技服务体系以及科技环境体系等子系统组成的有机系统。它注重生产要素、生产条件、生产组织的有效整合，服从服务于社会经济的发展需求。科技支撑体系的内涵可以从以下几个方面理解：

第一，科技支撑体系是一个复杂的、动态的、开放的系统。一个高效的、开放的科技支撑体系具有明确的创新主体，主体之间相互协调且功能定位准确，系统内部运行机制完善，能够有效促进知识、技术、人员、资金等要素的合理配置和科技成果顺利转化。

第二，科技支撑体系的目标。社会的进步、经济的发展，需要科技不断创新的有力支撑。因此，科技支撑体系的最根本目的是要促进科技创新。只有通过科技创新，突破关键技术，才能突破环境与资源的制约，促进产业结构升级，实现经济、社会和生态环境的协调发展。

第三，科技支撑体系的主体。科技支撑体系是由多个子系统构成的，每个子系统的主体有所区别。政府、科研机构、高等院校是共生技术和关键性技术的主体；企业是科技创新和科技成果产业化的主体；科技中介机构是技术服务的主体；政府是科技环境创造和科技政策制定的主体。

在一个特定的社会环境中，科技支撑体系发挥作用的大小受到不同因素的影响，在众多因素当中，科技资源的数量、科技组织的运行效率以及科技与社会经济的结合程度影响最大。一般而言，科技资源投入的数量越大，组织运行的效率越高，科技与社会经济结合得越紧密，科技支撑体系发挥的作用就越大；但是，如果只有强大的科技资源投入，而科技组织运行效率不高，科技与经济不能很好地结合，科技支撑体系就不一定能发挥作用。所以，科技支撑体系内部需要对科技资源、科技组织的运行效率以及科技与社会经济的结合程度进行很好的优化和管理，更好地建立和完善科技支撑体系和运行机制，使之发挥更大的作用，为经济和社会发展做出更大的贡献。

2. 科技支撑体系的特征

（1）前瞻性。科技支撑体系要能够为区域经济社会的发展提供前瞻性科技支撑。主要是根据经济、社会和环境发展的规律，通过预测地区经济社会发展中遇到各类经济、社会、环境问题，进行科技研究与开发，提供支撑其发展的技术条件、技术手段。

（2）战略性。科技支撑体系建设是涉及区域整体发展的战略性问题，要使其能够为区域的可持续发展提供战略性支撑。科技支撑体系要从战略的高度，应对越来越复杂的发展要求，为确定区域发展的整体目标、战略重点，最大限度地发挥有限资源的作用，保证区域发展的可持续性。

（3）基础性。科技支撑体系要能够为区域经济社会发展提供基础性支撑。在区域经济社会发展过程中，有大量基础性的共性技术需求需要社会各界的相互配合，通过一系列科学发展规划的实施加以应用推广，这是区域经济社会发展重要技术基础。

（4）系统性。科技支撑体系要能够为区域经济社会发展提供系统性、全方位的支撑。一方面表现为科技支撑体系要建立一个完整的体系结构，另一方面还表现为与经济、社会和环境构成相互协调的系统，以保证科技支撑体系能够满足经济领域、社会领域、生态领域等各方面的要求。

二、科技支撑体系的基本框架

科技支撑体系是从属于社会经济系统并为其服务的子系统，它是一个由科技资源投入，经过科技组织运作，形成符合经济和社会发展需要的科技产品的有机系统。具体而言，科技支撑体系主要由以下几个子系统构成：

1. 科技投入体系

科技投入是促进科技进步、实现可持续发展的重要前提和保障。科技投入体系是以促进全社会科技创新为目的，以科技资源投入为主要形式的多元化投入体系。科技资源是科技支撑体系的物质基础，主要包括人力（从事科技研究开发的专业人员及其他为科技研究与开发服务的人员）资源、财力（科技研究与开发经费，即 R&D 经费）资源、物力（用于科技研究与开发活动的实验室、科研仪器、设备）资源。建立多元化的科技投入体系，将有利于发挥科技财力资源的集聚效应和规模效应，也有利于发挥科技人力资源的作用。

2. 科技创新主体培育体系

科技创新主体培育体系就是以提高企业创新能力为目标，在国家创新体系框架内所形成的培育和挖掘企业创新资源的社会网络体系。科技组织是科技支撑体系的实体或主体，是科技活动的实施者或承担者，包括政府科研机构、企业研发机构、高等院校及其研究机构、非营利研究机构、民营研究机构及进行信息采集加工和科技中介服务的机构。随着国家创新体系的不断建立与完善，企业对技术创新工作越来越重视，并已经取得了明显进展。科技创新主体培育要着眼于推动科技与经济更加有效地结合，使科技更好地服务于经济社会发展；要着眼于依靠科技创造出更多的自主品牌，提高企业在市场竞争中的核心竞争力；要引导企业家增强创新意识，把自主创新作为企业发展战略。

3. 科技服务体系

科技中介服务支撑系统是介于科技供需双方各行为主体之间，以专业知识、专门技能为基础，提供知识流动、交换、扩散的途径与平台，通过市场化手段协调各方利益关系的系统。科技中介服务系统是转化区域科技资源的重要载体，是实现政府与其他创新主体间沟通的桥梁与纽带，对促进科技成果从高校、科研机构到企业的转化，加强资源流动交流与优化区域内的资源配置，建立公正、规范的区域创新环境具有重要的作用。通过科技中介服务系统将相关主体联系起来，有助于促进企业间的分工合作、互动学习和合作创新，创造良好的经济生态环境，目的是形成促进科技成果转化的有效机制。

4. 科技环境体系

科技环境体系是指保障和激励各类创新主体科技创新的基础条件和创新氛围，为创新主体之间的联系和沟通而建立的网络系统。科技创新发展的源泉不仅取决于创新资源的投入，还取决于区域创新资源的配置能力，是区域内创新主体之间相互联系和相互作用的协同效果。

科技环境体系为资源配置提供基础性保证，从制度、文化、组织协调和公共基础设施等诸多方面为其搭建网络平台。制度环境是保障、支持和激励区域创新和科技成果转化的各种政策、法规和制度的集成空间，是科技创新的行动指南和行动规则。文化环境体系是习俗、价值观、信念、态度和行为准则的综合体现，是形成区域持续创新能力不可或缺的资源。组织协调是以政府作为调控科技创新的主体，通过积极的制度安排、舆论导向、政策宣传等措施来构建良好的调控环境，推动创新体系的整合。公共基础设施对科技创新提供持续保障能力，是开展区域创新必要的物质技术条件。

三、大别山试验区科技支撑体系建设的基本原则

试验区科技支撑体系建设应遵循以下原则：

1. 坚持政府引导与市场机制相结合的原则

试验区科技支撑体系建设既要体现政府的宏观引导和调控作用，又要引入市场机制，逐步建立起服务主体多元化、服务内容多样化、服务对象多层次的科技支撑体系，最终形成政府主导公益性服务、市场主导经营性服务的科技支撑格局。

2. 坚持继承和发展相结合的原则

科技支撑体系建设要在坚持继续发挥现有科技支撑体系优势的基础上，以克服现有支撑体系的弊端为出发点，根据试验区产业结构调整和高新技术发展的科技需求发展特点，统一规划、分类指导，创新体系结构和运行机制，通过整合、充实、优化和提升，提高科技创新能力。

3. 坚持区域特色与国家体系相协调的原则

科技支撑体系建设要通过观念更新和体制创新，充分发挥全社会的科技资源潜力，进一步凸显地方的科技优势和地方特色。同时要将区域性的科技支撑体系纳入国家体系全盘考虑，建立开放型的科技支撑体系，与国家科技支撑体系、省级科技支撑体系相互协调、互为补充，形成中央、地方上下左右一盘棋的协作网络。

4. 坚持重点示范与整体推进相结合的原则

科技支撑体系建设是一项系统工程，在推进方式上，要整合资源、集成力量，突出特色产业和已有的工作基础，采取试点先行、以点带面、整体稳步推进的方式，通过省（市、区）、县（市、区）、乡（镇）等各级政府、有关部门及社会各界共同推动，促进科技支撑体系的整体发展，提升服务能力。

5. 坚持体系建设与能力建设相结合的原则

科技支撑体系建设要借鉴国外的先进经验，把支撑能力建设摆在突出的位置，坚持理顺体制、激活机制，打破地域和部门及所有制限制，充分调动现有科技资源，优化科技支撑机构组织和科技人员配置，提高科技支撑机构的整体能力和科技人员的创

新能力，形成应变能力强的运行机制和强大的科技支撑能力。

四、构建大别山试验区科技支撑体系的具体举措

1. 切实加强政府对科技工作的组织和领导

构建科技支撑体系需要各级政府增强对"科学技术是第一生产力"的认识。政府要建立健全科技支撑体系的协调运行机制，做好组织协调和指导推动工作，制订具体的实施方案，及时解决构建科技支撑体系中遇到的重大问题。应从战略和全局的高度，加快推进科技支撑体系建设，优化科技资源在科技活动执行主体和科技活动各个环节的配置，以促进知识和技术的生产、流动、扩散和应用为重点，加强各创新主体之间的结合互动，打破地区之间、行业之间、条块之间的分割，通过建立完善的信息、知识服务与科技培训网络等，提高科技资源的配置效率。

2. 进一步加强科技政策法律体系建设

在认真贯彻落实《中共中央、国务院关于加强技术创新，发展高科技，实现产业化的决定》《中华人民共和国科学技术进步法》《中华人民共和国促进科技成果转化法》等政策法规的基础上，通过听证等形式，制定合理政策，包括财政激励政策、金融政策、知识产权保护政策、中小企业政策、人才培养政策等，逐步形成与国家法律和地方法规相结合的比较完备的科技法律法规体系，使试验区的科技创新系统牢固地建立在法律的基础之上。

要充分发挥政府在引导科技创新中的作用，在科技法律法规体系的框架内，依据区域经济社会发展规划，大力推进产权制度和技术标准制度的实施与落实，逐步建立和完善项目招标制、专家评审、经费拨款制、监督和结果绩效考评制等制度，对产学研项目实行全过程管理、同时制定可操作性强的政策体系和相关措施，包括投融资政策、消费政策、税收优惠政策、政府采购政策、产业政策、人力资源及基层组织机构政策等多项政策，通过综合政策系统使科技成果转化和企业技术创新有机结合，依法推进科技支撑体系建设。

3. 加大全社会的科技投入，构建多元化的科技投入机制

要优化整合投入资源，通过建立以政府科技投入为引导，企业投入为主体，多渠道的社会化、市场化科技投融资体系，加快建立科技投入稳定增长的机制，不断增强试验区的科技自主创新能力，推动区域可持续发展。

（1）建立财政科技稳定增长机制

根据科技支持经济可持续发展的阶段性目标要求，逐步提高科技经费财政投入的

总体水平，全面落实各级财政科技投入的年增长速度要明显高于财政收入的年增长速度的要求，发挥政府在研发资源配置中的调控和引导作用。政府的科技经费投入主要支持重点领域前沿技术和关键建设的联合攻关，公共服务技术平台建设，基础和共性技术研究、重大科技成果的中试和产业化等。对企业开展的中长期关键技术等研发项目，财政资金可给予一定的奖励和补贴。对符合条件的创新型企业、高新技术企业实施鼓励发展的税收优惠政策，扶持企业快速发展。

（2）鼓励企业加大研发投入，使企业成为研发投入的主体

要积极引导、规范企业与民间资本的科技投入。优化制度设置，在重大项目实施上采取政府与企业联合出资、公开招标等方式，促进民间资本投入科技事业的发展，使企业真正成为科技发展与投入的主体；强化政府对企业技术开发的支持，通过以奖代补等多种方式落实企业投入补助和企业R&D经费支出的税前列支等政策。

鼓励支持各类科研院所主动面向企业开展研发服务，满足企业，特别是广大中小型企业不断增长的研发需求，产学研联合承担竞争性前沿技术与共性关键技术的研发，引导战略产业的原始创新和重点领域的集成创新，切实落实好企业研发投入税收等减免抵扣优惠政策。鼓励企业之间自愿组合，建立产业技术联盟解决技术难题；鼓励企业与国内外相关单位合作共建研发基础设施，与高校、科研院所等开展合作研究。

（3）以科技投融资体系为重点，拓展科技投入渠道

充分利用市场力量，尤其是资本市场，通过重点支持高新技术企业直接或间接进入国内和国际证券市场进行融资等方式，来扩大直接融资比重，使市场力量成为科技发展的强有力支撑。应完善风险投资机制，为科技发展提供资金保障。一方面加强宏观调控与引导，制定有关风险投资公司的创立、管理权限、投资运营、风险转移等方面的管理办法；另一方面鼓励风险投资公司多渠道筹措资金，完善风险投资的市场退出机制。

（4）加强科技经费投入过程管理

依据技术发展路径和时间安排，决定科技投入的强度，从而建立"需求导向"的科技项目凝练机制和投入机制，由此密切科技与经济的联系，建立严格的科技经费投入责任制和资产管理制度，完善科技成果验收与结题制度，并按规定对项目进行绩效评价，改变以往"重投入，少管理，轻验收"的状况。为此，政府应加大科技经费的监管，使得资金发挥更大效益。具体而言，应建立和完善政府科技投入的预算管理，提高对科技经费投入管理的公开性、透明度和公正性；大力发展和健全有关科技投入的绩效评估方法和规范的公共选择程序；发展完善监督体系和问责制度；强化科技投入成果的资源共享，切实提高科技经费的使用效率。

4. 进一步加强科技中介服务体系建设

目前，国外科技中介机构大致分以下三种类型：第一类是政策性的中介服务机构。

例如，美国著名的中小企业发展中心运行经费主要来自联邦政府、州政府，现已形成了庞大的全国性网络，成为促进美国科技成果产业化的重要力量。第二类是高校设立的科技成果转化机构。美国许多高校的生产力促进中心，除了从事高技术与基础理论的研究与开发工作之外，还从事科研成果的转化工作。如斯坦福大学通过设立学校的技术专利办公室，以专利许可和技术转让的形式把斯坦福大学的先进科研技术转向硅谷的高科技公司，成为世界范围内大学与其所在高科技园区相互作用最成功的典范。第三类是通过科技咨询公司开展科技成果转化活动。例如，英国的咨询业较发达，技术咨询公司近千家，咨询范围涉及近 200 个专业。

借鉴国外经验，试验区应该大力发展各类科技中介服务机构，以提高效率和优化服务为目标，在科技成果转化中发挥桥梁与纽带作用。一是继续加大对各种政策性中介服务结构的建设，搭建技术孵化、转移、交易平台，促进科技资源的整合、提高科技成果转化率。二是鼓励高校、科研院所建立营利性或非营利性科技中介服务结构，并根据其性质给予他们不同的政策支持，使得各类中介服务结构都有明确的职责和定位，形成较好的发展环境。三是鼓励创办专业化科技服务机构，支持引进国内外著名的科技服务机构，重点培育一批技术转移、科技成果交易、技术评估、风险投资等科技中介服务机构。另外，政府应制定并落实重大科技成果转化工程的实施，完善科技成果转化推广体系；加强公共信息、分析测试、技术转移、工程配套、企业孵化、投资融资等创新服务体系建设，促进科技成果的转化。

5. 加大科技体制创新力度，培育企业的科技创新主体地位

现代经济发展的科技支撑体系包括企业、科研机构、高等院校、政府部门、中介机构以及相应的金融机构等。其中，企业是科技创新的主体，科研机构和高等院校是科技创新的主要生产者和创新人才的主要培养者，是科技创新的知识源；中介机构是科技成果传播扩散的桥梁；政府通过制定法律和政策，引导和激励企业、科研机构、高等院校、中介机构等相互作用、相互影响，加快科技知识生产、传播、扩散、应用，直接转化成市场竞争优势和社会经济效益。建立以企业为主体的科技创新体系是增强企业自主创新能力和市场竞争力的体制保障，是促进结构调整和产业升级的关键环节，是解决科技与经济结合的根本途径。

加强以企业为科技创新主体的工作，要把以企业为主体、产学研结合的科技创新体系建设，作为试验区科技支撑体系建设的重要任务。各县（市、区）政府及其部门要深入研究和制定有力的措施，为企业开展技术创新活动创造良好环境，给予必要的奖惩政策，鼓励企业加大对技术研发的投入，引导企业加强同国内外科研院所和高等院校研究机构的联系和合作，切实增强企业的自主创新能力。政府应鼓励行业龙头企业、大企业大集团建立研发中心，支持企业通过委托研发、联合研究等方式同科研院所、高等院校联合建立工程实验室、工程技术研究中心等研发机构，加快培育几家具

有国际竞争力的大型企业，以此带动产业链的发展。另外，全面落实各项优惠政策，大力扶持科技型中小企业。此外，加强对科技创新成果的政府采购，推动战略性新兴产业的市场认知度，增强企业的创新动力。

6. 加强科技创新基础平台建设

科技创新基础平台是区域科技支撑体系的重要组成部分，是科技创新中的一项重要的基础性工程，它为整个创新体系的研发活动和成果转化活动提供基础性支撑平台。科技创新基础平台由研究实验基地、大型科学设施和仪器装备、科学数据与信息、自然资源等组成，通过有效配置和共享，服务于全社会科技创新的支撑体系，这是科技创新的基础和保障。

对于大别山试验区而言，当前应优先建设大型公共技术研发与服务平台，以科技创新基础设施为重点，建设与完善以"建设人力资源开发服务平台、建设研发公共服务平台、建设国际科技合作服务平台、建设科技产业孵化平台、建设科技成果转化服务平台、建立科学数据与信息平台"六大科技基础条件平台为主要任务的科技创新基础平台。另外，要加快建设支柱产业、新兴产业公共技术服务平台。要结合试验区的资源优势，重点围绕突破优势研究领域、培植新的优势学科、解决经济社会发展中亟须解决的重大基础研究问题，搭建科技创新基础平台。同时，要建立有效的共享制度和机制，打破区域之间彼此分割、重复分散的格局，对试验区内现有科技资源进行区域层次上的规划与统筹，以保证科技创新基础平台建设取得成效。

中共湖北省委　湖北省人民政府
关于推进湖北大别山革命老区
经济社会发展试验区建设的意见

（鄂发［2011］8号　2011年3月1日）

大别山革命老区是我国重要的革命根据地，为中国革命付出了巨大牺牲，作出了重要贡献。省委、省政府高度重视湖北大别山革命老区经济社会发展，决定建立湖北大别山革命老区经济社会发展试验区。建立湖北大别山革命老区经济社会发展试验区，是贯彻落实科学发展观、推动革命老区经济社会发展的重大举措，对于探索新的历史条件下促进落后地区实现跨越式发展、缩小区域差距的新路子，探索在资源环境约束日益加大的条件下实现生态重要区绿色发展的新路子，探索革命老区新农村建设、扶贫开发、区域协调发展的新路子，具有重要意义。现就推进湖北大别山革命老区经济社会发展试验区建设提出如下意见。

一、总体要求

湖北大别山革命老区包括环大别山山脉的黄冈市的所有县（市、区），武汉市的新洲区、黄陂区，孝感市的大悟县、孝昌县，随州市的广水市等。湖北大别山革命老区经济社会发展试验区初期启动范围以国家和省确定的扶贫开发工作重点县为主，具体包括红安县、麻城市、英山县、罗田县、团风县、蕲春县、大悟县、孝昌县8个县市。

（一）指导思想

以邓小平理论和"三个代表"重要思想为指导，全面贯彻落实科学发展观，以科学发展为主题，以加快转变经济发展方式为主线，按照"红色大别山、绿色大别山、发展大别山、富裕大别山"的总体要求，以"三化同步"（工业化、城镇化、农业现代化）、"两增同步"（农业增产、农民增收）为目标，以基础设施建设和改善民生为重点，以改善和提高革命老区人民的生活水平为出发点和落脚点，以解放思想、改革创新为动力，不断推进经济、政治、文化、社会以及生态文明协调发展，把试验区建成科学发展的示范区、解放思想的试验区、艰苦奋斗的创业区、民生改善的先行区。

（二）基本原则

1. 坚持城乡经济社会统筹发展。切实转变经济发展方式，充分发挥山区资源优势，突出地方特色，把发挥区域优势与培植支柱产业、富民与富县强村、扶贫开发与新农村建设紧密结合起来，发展壮大县域经济，不断提高城乡公共服务均衡化水平，缩小城乡居民收入差距，协调推进城乡经济社会发展，同步推进试验区建设发展与老区人民收入增加。

2. 坚持区域合作联动。突破行政区划，强化经济区域功能，打破地域界限，统筹谋划试验区各项改革和建设事业。县域之间既要合理分工、体现特色，又要加强协作、共同发展。加强试验区规划编制，搞好相关建设项目的统筹衔接。整合项目资金，实行集中建设，确保重点建设项目的质量和效益。

3. 坚持开发与保护并重。坚持在开发中保护，在保护中开发，走特色开发、绿色开发、可持续发展之路。继承红色传统，挖掘红色资源。坚持生态优先，绿色发展，加强生态环境保护，推进生态文明建设。

4. 坚持强化政府政策和资金引导、市场运作、改善民生。加大政府扶持力度，强化政策引导，增加财政投入。充分发挥市场机制作用，引导社会力量广泛支持和参与试验区建设。充分发挥农民群众的主体作用，调动群众的参与热情和创造热情。

5. 坚持突出重点、分步推进。按照"两圈一带"总体战略和统筹城乡经济社会发展的要求，全面规划，试点先行，重点突破，分步实施，循序渐进。

6. 坚持改革创新。进一步解放思想，创新体制机制，大胆探索贫困地区经济社会发展重点、难点问题的解决办法和途径，建设资源节约型、环境友好型社会，实现可持续发展。

（三）总体目标

1. 到2013年，试验区实现明显变化。城乡面貌发生较大变化，经济发展明显加快，经济总量不断增加，综合经济实力稳步提升。县域经济实力增强，以工补农、以城带乡的机制初步形成，特色农业、支柱产业和优势产业发展壮大，新型工业化、城镇化进程明显加快。基础设施建设得到明显改善，公共服务水平明显提升。生态环境明显改善，人民生活水平显著提高。

2. 到 2015 年，试验区实现大变化。经济又好又快发展，综合实力进一步增强；农民收入稳步增长，脱贫步伐加快；工业化水平不断提高，城镇综合承载能力持续提升，县域经济发展加快，逐步成为农村人口转移的主要载体；基础设施不断加强，农民生产生活条件明显改善；生态环境不断优化，可持续发展能力进一步增强。地区生产总值年均增长 13%，城镇化率增幅高于全省平均水平，社会消费品零售总额年均增长 18%，全社会固定资产投资年均增长 25%。森林覆盖率达到 45% 以上。城镇居民人均可支配收入年增长 10%，农民人均纯收入年增长 10%。贫困人口在 2010 年基础上减少一半，基本完成农村危房改造。

3. 到 2020 年，试验区实现跨越式发展。综合实力明显提升，经济结构进一步优化，高新技术产业、先进制造业和现代服务业比重明显增加；社会事业全面进步，农村公共服务水平进一步提高；城镇化和社会主义新农村建设加速推进，环境更加优美，生活更加富裕，社会更加和谐。

二、主要工作任务

（一）统筹城乡发展

按照大别山地区发展总体规划和实现统筹区域协调发展的目标要求，编制和实施县域村镇体系规划，衔接武汉城市圈规划，谋划环大别山城乡发展空间新格局，加快构建以县市主城区为中心、精品旅游景区和重点中心镇与特色镇为依托、新社区和中心村为基础的环大别山老区"三位一体"城乡空间格局。县市主城区建设一批经济开发区、各具特色的工业园区、革命传统教育基地、居住新小区。中心镇和红色精品旅游景区要建成特色突出、各具优势、设施良好、功能完备、环境优美的小城镇和旅游胜地。推进宜居村庄建设，建成一批设施齐全、居住舒适、村容整洁、生态良好、管理科学、群众满意的农村新型社区和中心村。

（二）加快县域经济发展

坚持走新型工业化道路，不断增强县域经济综合实力。坚持工业强县，壮大工业规模，加快信息化与工业化融合，着力培育农产品加工、机械钢构、绿色能源、医药化工、建材、森工等核心产业集群，促进工业经济由粗放型向集约型转变，加快新型工业化进程，促进县域经济跨越式发展。调整优化结构，改造提升医药化工、纺织服装、建材、机械、食品等传统产业，在装备改造、工艺创新、节能环保、产品升级等方面取得突破，不断提高传统产业的综合竞争力。大力发展高新技术产业、战略性产业和新兴产业，重点发展生物医药、新材料、节能环保等高新技术产业，发展壮大钢构、造船、窑炉、电子、林纸、林电等新兴产业。大力推进百亿园区、百亿产业、百亿企业"三个一百"工程建设，推进产业集聚和集群发展，提高产业集聚度。大力实施"中小企业成长工程"，加快培育市场主体。创新企业融资平台，拓宽企业融资渠道，强力推进重点企业上市工作。

（三）大力发展现代农业和现代林业

坚持用工业理念谋划农业，围绕建设特色优质农产品生产基地，大力构建现代农业生产体系、农业产业化经营体系、农业社会化服务体系、农业科技支撑体系、农业生态环境保护体系、农产品质量安全体系，全面提高农业综合生产能力和市场竞争力。大力实施农（林）产品加工业"四个一批"工程，重点扶持优质粮食、棉花、畜禽、水产、蔬菜、森林食品、茶油、中药材、花生、茶叶、板栗、蚕桑、森工、奶牛等特色农（林）产品原材料及生产加工基地，培育一批在全国和全省带动力强的龙头加工企业，建设一批标准化生产的示范基地，创建一批农（林）产品生产加工大县，培植一批影响力大、竞争力强的知名品牌。加快建设一批优势特色农产品生产基地，大力推广适合山区生产特点的农业关键技术和高效种养模式，积极发展各类农村专业合作经济组织。

（四）多渠道增加农民收入

坚持开发式扶贫方针，提高产业化扶贫投入，加快建立贫困地区农民稳定增收的长效机制。把增加农民收入作为试点工作的出发点和落脚点，加快革命老区群众脱贫步伐。在稳定发展种植、养殖业的同时，不断开辟新的增收门路。认真落实各项惠农政策，通过落实政策增收；大力发展劳务经济，加大技能培训力度，通过转移就业增收；大力实施回归创业工程，鼓励就近就地创业增收；大力发展庭园经济和林下经济，通过多种经营增收；大力发展观光农业、森林旅游、特色旅游，通过拓展农业功能增收。

（五）加强基础设施建设

1. 加强交通路网建设。加快实施试验区"交通通达工程"，优先发展综合交通运输。加速推进试验区高速公路网、快速干线交通网、农村公路网、低碳水运网、综合交通运输网五大网络建设，实现试验区内县城至周边大中城市1~2小时到达，试验区内相邻县城之间1小时到达。加大国省干线、县乡公路、通行政村及行政村循环路的建设力度。把试验区建设成为全国革命老区综合交通发展的引领区、红色旅游交通发展的先行区、绿色交通发展的示范区。

2. 完善水利基础设施。抢抓中央加快水利改革发展的重大机遇，加大防洪、排涝、抗旱工程建设。加快实施中小河流治理，加强山洪灾害治理，开展重点防治区山洪沟治理。加强小水窖、小水池、小塘坝、小泵站、小水等"五小"水利和抗旱水源工程建设，增强大别山地区抗御自然灾害能力。加快农田水利工程以及排灌泵站更新改造、内河流域和湖泊综合整治等建设，不断改善农业基础设施条件。加大土地整治、农业综合开发和高产农田建设投入，抓好试验区内病险水库除险加固、大中型灌区配套改造等工程建设项目，大力推进低丘岗地改造，提高农业综合生产能力。大力发展民生水利，加快推进农村安全饮水工程建设，尽快解决贫困地区农民饮水不安全的问题。开发山区小水电，实行同网同价，综合开发利用绿色水利产业。

3. 加强城乡基础设施建设。以加快县城和中心镇提质扩容为重点，加强城乡基础设施建设。提升城乡电力、通信、邮政、网络、广播电视等设施体系建设水平，实现城乡全覆盖。推进城市公交、供水、燃气、污水和垃圾处理向周边村镇延伸，促进城乡基础设施共建共享，不断改善农村生产生活条件。加强能源基础设施建设，有偿开发利用风能、太阳能、地热能和生物质能。加大天然气项目建设力度，逐步扩大供气范围。推进电网基础设施建设，抓好农网改造升级工程。

4. 加强农村市场体系建设。大力实施"万村千乡市场工程"和"新农村现代流通服务网络工程"，培育农村流通市场主体，加强流通基础设施建设，促进便民超市、物流配送中心、农资配送连锁店建设。

（六）加强生态文明建设

1. 加强生态环境建设和保护。实施以水土保持为主的生态修复工程，巩固现有退耕还林成果，有计划分步实施陡坡耕地退耕还林。加强长江防护林、低产林改造、抑螺防病林、石漠化治理、森林抚育经营、坡改梯、林区基础设施、森林防火、绿色通道等工程建设，加快生态脆弱区植被恢复，抓好试验区内国家森林公园、湿地公园、自然保护区、生态文明教育示范基地和大别山植物园建设，不断提升生态文明建设水平。实施重点水系和湖泊环境综合整治和生态修复，全面加强生态建设，保护好水生生态环境。将大别山革命老区作为我省农村环境综合整治重点示范区，优先安排国家及省级农村环境保护专项资金，全面推进农村环境连片整治工作。全面加强和提升环境监管和监测能力建设，强化环境监管，改善环境质量。

2. 加强城乡污染防治。加大城乡垃圾处理和县市城区、重要集镇污水处理设施以及污水管网建设力度，强化工业污染源综合治理，减少城乡污染物排放。大力发展循环经济，按照减量化、再利用、资源化的原则，组织实施一批循环经济重点项目，开展循环经济示范试点，构建循环型产业体系。实行节能、环保与安全准入制度，能评、环评和安评不达标的项目不得落户试验区。

3. 加强环境卫生整治。合理规划城乡卫生设施布局，落实环境卫生和公共设施"三包"制度（包绿化、包保洁、包管护），倡导文明生活方式。实施"乡村清洁"工程，开展村容村貌整治，建设整洁亮丽新家园。

（七）大力发展旅游业

1. 大力发展特色旅游业。充分利用大别山境内特色旅游资源，着力打造以革命传统教育为主题的红色旅游，以历史文化体验为主题的文化旅游，以自然生态休闲为主题的绿色旅游，形成大别山特色旅游产业新格局。

2. 做大做强旅游产业。坚持政府主导与市场机制相结合、规划引领与规范建设相结合、开发利用与生态保护相结合，统筹旅游开发建设，着力打造大别山核心旅游品牌，不断完善旅游服务要素，全面提升旅游业的竞争力，使大别山革命老区成为特色鲜明、国内知名的旅游目的地。推进旅游招商，鼓励社会力量参与旅游开发，建设一批各具特色的核心景区和旅游强县名镇名村，开发一批独具大别山特色的旅游精品线，增强旅游吸引力。开发以鄂豫皖为主体的国内旅游市场，策划开展旅游宣传促销和节庆活动，加快实现旅游资源优势向旅游经济优势的转变。推进旅游与文化融合发展，旅游业与优势工业、特色产业融合发展，加大旅游综合要素培育力度和旅游品牌创建力度，延长旅游产业链、产品链、服务链，把旅游业培育成为当地战略性支柱产业，充分发挥旅游业在推动当地经济社会发展中的重要作用。

3. 加强旅游基础设施建设。鼓励乡村旅游建设、旅游区环境整治，对重点景区沿线农民建设生态家园、生态移民和旅游区环境整治给予补助。完善景点景区路网体系，加强大别山旅游公路主线、支线等重点工程建设，改造提升景区连接干线公路等级。支持并鼓励试验区各县市创建中国优秀旅游目的地城市、中国特色景观旅游名镇名村、全国休闲农业与乡村旅游示范县、湖北旅游强县、湖北旅游名镇名村、4A级以上旅游景区，完善旅游接待和公共服务功能。促进景区开发建设与新农村建设、大别山腹地城镇带建设相得益彰，实现物质文明、精神文明、生态文明协调发展。

（八）加强小城镇建设

坚持走新型城镇化道路，按照大中小城市、特色城镇带和中心村协调发展的原则，进一步完善和优化城镇建设的空间布局结构，着力构建沿江城镇带、京九沿线和公路沿线城镇带、大别山腹地城镇带，建成一批中小企业聚集、商贸流通、红色旅游、度假休闲的重点集镇、特色镇。加大城镇建设投入力度，增强城镇集聚、扩散、创新、协调功能，推进产业集聚化、人口集中化、基础设施和公共服务集约化。创新户籍管理模式，推进农民向城镇转移。

（九）加快发展农村公共事业

健全农村社会保障体系，建立新型农村社会养老保险制度，全面推进农民最低生活保障制度建设，实现动态管理下的应保尽保。实施农村学前教育推进计划，坚持公办民办相结合发展学前教育。合理规划布局义务教育学校，加快推进薄弱学校改造，促进义务教育均衡发展。全面普及高中阶段教育，大力发展中等职业教育。统筹县域内各类培训资源和项目，开展农村劳动力转移培训、下岗职工再就业培训、农村实用技术培训。加快医疗卫生事业改革和发展，逐步建立基本医疗卫生制度；巩固和完善新型农村合作医疗制度，加大医疗卫生基础设施建设力度，进一步健全以县级医疗卫生机构为龙头、乡镇卫生院为枢纽、村卫生室为基础的农村医疗卫生服务网络，改革医疗卫生机构管理体制和运行机制，提升卫生服务能力。推进基层文化体制改革，建立和完善公共文化事业单位运行保障机制。加强革命老区公共文化设施建设，实施文化惠民工程，实行博物馆、图书馆、文化馆和乡镇综合文化站免费开放，形成较为完备的农村公共文化服务体系。积极推进农民体育健身工程建设。

（十）加强党的基层组织建设

全面推进党的基层组织"五个基本""七个体系"建设，增强基层党组织的整体功能。建立健全基层干部选拔任用、教育培训、激励保障、监督管理机制，探索在回归创业人员中选拔任用村主职干部的机制，选准配强基层领导班子和党组织书记，提高基层干部报酬待遇。大力实施"一村一名大学生计划"，加强各类人才特别是农村实用人才队伍建设，做好大学生"村官"选聘、管理服务工作。加强党员队伍建设，实施素质提升工程，注重在优秀青年和农民工中发展党员。扎实推进农村、社区党员群众服务中心建设，普遍开展党务、村（居）务、事务、商务、医务等服务活动。大力发展壮大村级集体经济，力争到2012年年底，90%以上的村集体年纯收入达到5万元以上，消除集体经济"空壳村"。

三、创新体制机制

资源有限，创新无限，思想解放程度决定试验区发展的速度和成效。继承和发扬革命老区敢想敢干、敢闯敢试的优良传统，推动大别山革命老区新一轮思想大解放。通过思想的大解放、观念的更新和体制机制的进一步创新，寻求加快发展的资源、动力、空间，用改革的办法、市场的办法、开放的办法解决问题、破解难题，形成有利于发展的环境和文化，聚集更多的资源投向革命老区。营造宽松的改革创新环境，允许先行先试，在经济社会发展的体制机制障碍上实现率先突破。

（一）创新扶贫开发机制

创新加快脱贫致富奔小康的体制机制，实现整体脱贫。坚持开发式扶贫，大力实施扶贫开发整村推进、连片开发，实行区域开发和扶贫到户的有机结合。进一步增强扶贫开发的针对性，把帮助贫困农户发展产业、提高能力作为重点。完善小额贴息贷款、村级互助金管理办法，放大扶贫资金效应，提高使用效益，切实解决贫困群众发展生产筹资难的瓶颈。研究和探索吸引社会力量参与扶贫的办法和途径，广泛开展城乡互联、定点帮扶、招商扶贫、村企共建活动，努力形成更加强大的扶贫攻坚合力。

（二）创新多元化的投入机制

积极探索和建立政府主导、农民主体、社会参与的多元化投入机制。加大项目资金整合创新力度，将项目资金整合、使用权限下放到试点县市，发挥县市整合的积极性、主动性、创新性。创新涉农资金管理体制，将各项资金统筹整合、相互配套，突出重点、打捆使用，形成涉农资金合力。支持建立大别山银行、大别山投资公司、大别山担保公司等地区投融资体系，实现金融全覆盖。以激活民间资本、拓宽直接融资渠道、发展多层次的资本市场体系为重点，以实现项目、资金、资本的有效连接为目标，探索发展私募基金、村镇银行、小额贷款公司，推动资本市场体制机制创新。引导民营资本参与大别山基础设施建设和产业发展。支持商业银行、国家政策性银行、农村信用社扩大"三农"贷款。创新担保机制，为中小企业发展提供有效的融资平台。

（三）创新土地利用机制

稳定土地承包关系，推动土地适度规模经营。按照"依法、自愿、有偿"的原则，采取农户自主协商流转、集体组织委托流转、土地使用权入股、转让、租赁等方式，坚持土地节约集约利用，盘活存量土地资源，探索推动土地资本化、要素化的办法，积极稳妥推进农村土地流转。转变土地粗放经营模式，提高产出率。深化集体林权制度改革，推进林地使用权和林木所有权的合理流转；积极开展林权抵押贷款，盘活森林资源资产。合理安排和调控城乡用地布局，严格执行耕地占补平衡，大力开展农村土地整理。开展城乡建设用地增减挂钩试点，对迁村腾地、整理复垦腾出的农村建设用地，首先要复垦为耕地，在优先满足农村各种发展建设用地需求后，经批准将节约的指标少量调剂给城镇使用的，其土地增值收益必须及时全部返还农村，切实做到农民自愿、农民参与、农民满意。

（四）创新环境保护和生态补偿机制

根据大别山地区发展规划和国家产业政策，综合考虑区域开发现状、资源禀赋、环境容量、生态状况、人口数量等因素，科学划分优先开发区、重点开发区、限制开发区、禁止开发区，明确不同区域的功能定位和发展方向，将区域发展规划和环境保护目标有机结合起来。将大别山革命老区作为生态文明建设的重点区域，加大对生态补偿的财政投入和转移支付力度，对大别山地区生态建设和环境保护事业提供资金和技术资助。完善森林资源保护、矿产资源开发、流域水环境保护等重点领域的生态补偿制度，推进环境补偿价格改革，提高补偿标准。探索生态补偿的资金来源、补偿渠道、补偿方式和保障体系，探索多样化的生态补偿方式。

（五）创新科技人才支撑机制

加大科技投入，创新科技引领和支撑革命老区发展的体制机制。建立健全以企业为主体、以市场为导向、产学研相结合的技术创新体系，引导高等院校、科研院所到大别山革命老区创建研发基地。完善企业技术创新激励机制，引导企业加大科技投入，扶持科技型中小企业开展技术创新。健全技术市场体系，发展规范科技中介组织，完善科技公共服务体系。设立、引进创业投资基金，完善科技投融资体系。加快科技成果转化基地建设，壮大高新技术产业。优化人才发展的体制机制，统筹推进各类人才队伍建设。通过政府推动、市场配置等措施，为试验区发展提供多元化、多途径的人才支撑，鼓励和引导大中城市专业技术人才到大别山革命老区和贫困地区提供一定期限的服务和支持。加大大别山革命老区急需紧缺人才培养力度。探索更加灵活的用人机制，引导优秀教师、医生、科技人员、社会工作者、文化工作者到革命老区工作或提供服务。

四、加大政策扶持

1. 从 2011 年起 5 年内，省发改委每年分别给红安县、麻城市、罗田县各安排 1000 万元省预算内投资；省财政厅每年分别给团风县、蕲春县、孝昌县各安排 1000 万元省级农业综合开发项目资金，该资金由直接项目安排改为切块到试验区县市，项目由试验区县市确定，报省相关部门备案。

2. 从 2011 年起 5 年内，省财政厅采取资金调度方式，每年给试验区每个县市安排 1000 万元担保资金，支持担保机构建设。

3. 从 2011 年起 5 年内，省扶贫办、省财政厅对试验区各县市每年安排 300 万元用于贷款贴息额度。

4. 从 2011 年起 5 年内，省国土资源厅、省财政厅每年对试验区每个县市按 1 亿元左右的资金规模投入，用于基本农田土地整理。

5. 从 2011 年起 5 年内，省交通运输厅每年安排试验区每个县市不少于 100 公里免费修建的通村沥青（水泥）路建设计划，主要用于重点自然村通村公路建设。

6. 省人社厅今明两年将试验区内县市全部纳入国家新农保试点范围。

7. 省水利厅优先支持试验区农田水利建设、病险水库除险加固建设，加大山洪防洪系统建设支持力度。将试验区县市全部纳入国家小型农田水利建设重点县市，并争取各安排 1 条中小河流综合整治项目。

8. 省农业厅在农业板块资金、农机购机补贴、测土配方施肥、畜牧业发展等资金项目安排上予以支持。从 2011 年起 5 年内，每年每县市安排 2～3 个农业示范项目。到 2013 年，使试验区 40％以上农户用上农村清洁能源。

9. 从 2011 年起 5 年内，省住建厅每年为每县市安排 100 万元资金计划，用于示范乡镇的小城镇建设。到 2015 年基本消除农村现有 D 级危房，在安排国家下达我省的农村危房改造计划时，对试验区县市进行倾斜支持。

10. 省林业厅优先将试验区内坡耕地退耕还林、低产林改造、长江防护林建设等纳入国家和省重点生态建设工程予以支持。优先安排森林防火、森林病虫害防治等项目，每年每县市林业投资不少于 2000 万元。

上述政策中，大悟县、英山县已享受脱贫奔小康试点县市政策的，不重复安排。省直各有关部门都要结合工作职能，制定支持政策。

五、加强组织领导

湖北大别山革命老区经济社会发展试验区建设在省新农村建设协调领导小组领导下开展工作，省委财经办（省委农办）牵头，会同省发改委、省扶贫办负责组织指导、综合协调和检查督办等工作。省直各有关部门要发挥各自职能优势，创新支持服务试验区建设的体制机制，整合资源，形成共促革命老区发展的合力。

加快试验区建设发展，重在抓落实，关键靠实干。要保持良好的精神状态，按照"省里抓宏观指导、统筹规划、政策支持，县市做实施主体，上下结合、共同推进"的原则，不等不靠，自力更生，积极主动作为，增强加快发展的内生动力，狠抓工作落实，形成竞相发展、你追我赶的大好局面，把试验区建成艰苦奋斗的创业区，努力推动试验区经济社会跨越式发展。

中共安徽省委 安徽省人民政府 关于进一步促进安徽大别山革命老区 又好又快发展的若干意见

(皖发〔2011〕15号 2011年6月30日)

大别山革命老区是我国重要的革命根据地，为新中国成立作出了巨大牺牲和重要贡献。改革开放以来特别是近年来，在省委、省政府高度重视和各级各部门大力支持下，大别山革命老区人民艰苦奋斗，顽强拼搏，经济社会发展取得了显著成就，城乡面貌发生了巨大变化，但由于受历史、自然、交通等多种因素制约，这些地区的发展还相对滞后，人民群众的生活还比较困难。为深入贯彻落实科学发展观，促进区域协调发展，加速安徽崛起进程，现就进一步促进安徽大别山革命老区又好又快发展，重点扶持金寨县、霍山县、舒城县、潜山县、太湖县、岳西县、宿松县、金安区、裕安区、叶集改革发展试验区等十县（区），提出如下意见。

一、加大财政支持力度

1. 从2011年起连续5年，省财政对十县（区）每年各补助2000万元，主要用于基础设施、现代农业、生态环保和库区移民建设等。省财政逐步加大对十县（区）省级农业综合开发项目投入力度，在项目申报数量和资金支持额度等方面重点支持。

2. 继续加大均衡性转移支付力度，不断增强财政基本公共服务保障能力。革命老区专项转移支付和重点生态功能区转移支付新增资金分配优先向十县（区）倾斜。

二、加快基础设施建设

3. 加大对十县（区）国省道路网改造的省级投入，加快已规划的干线铁路、高速公路及出口建设，优先推进区域内主要干线公路、县乡公路升级改造，加快农村公路危桥加固改造。

4. 支持十县（区）病险水库（水闸）除险加固、中小河流治理、大型灌区续建配套与节水改造、水土保持、山洪灾害防治等重点水利工程建设，加大省级资金配套力度，省级配套不少于地方配套的50％。优先实施潕河综合治理、史河防洪治理等骨干水利工程。

三、加强产业项目扶持

5. 增加扶贫开发投入，各类扶贫资金和项目安排向十县（区）内国家扶贫开发工作重点县（区）倾斜。

6. 鼓励支持符合主体功能区规划的大企业落户十县（区）。对符合单位选址建设项目用地条件的重大项目，优先安排用地计划指标，优先安排企业技术改造、技术创新和技术中心建设等项目。

7. 培育发展茶叶、桑蚕、蔬菜、毛竹、油茶、中药材、山货、粮食、养殖业等优势产业，对符合项目申报条件的国家级、省级农业产业化龙头企业以及农民专业合作组织，以财政补助或贷款贴息等方式重点扶持。保护和利用畜禽地方品种资源，优先支持发展生态养殖。

8. 继续支持实施"万村千乡市场工程"，进一步提高农家店配送率，力争5年内农家店行政村覆盖率达80％。对农产品批发市场建设和农贸市场标准化改造给予一定资金支持，支持其申报国家级大型农产品批发市场和流通企业。重点培育一批茧丝绸、羽绒及其制品、草竹柳编织品及家具等外向型骨干企业，外向型产业集群专业镇专项支持资金向十县（区）倾斜，省中小进出口企业专项担保资金优先帮助十县（区）进出口企业融资。支持十县（区）出口食品农产品质量安全示范区建设。

9. 支持发展绿色、红色、古色多彩旅游。按高于全省平均水平10％的标准安排旅游专项资金，支持其重点旅游项目建设。对旅游规划编制、A级旅游景区创建、星级饭店和农家乐评定、旅游标识建设等优先支持和服务。加大区域旅游一体化力度，在鄂豫皖红色旅游区域联合会议基础上，与兄弟省共同争取国家层面编制大别山区旅游发展总体规划。

10. 对城乡建设用地增减挂钩项目、土地开发整理项目优先审批。支持新增耕地指标易地有偿调剂使用，提供新增耕地指标并通过省新增耕地指标交易市场易地调剂用于国家、省重点工程项目建设的，按调剂耕地指标数的10％奖励农转用计划指标，同时按10％比例奖励城乡建设用地增减挂钩周转指标。

四、加强环境保护

11. 支持大别山区申报国家级生态补偿试点。支持申报国家级生态示范县（区）和国家级、省级生态乡镇、生态村，生态建设引导资金优先安排。逐步提高生态公益林、湿地保护、森林抚育、林木良种等省级补助标准。加强农业生态资源保护和水库水源涵养林建设，加快实施大别山区水源涵养林二期工程。优先支持水源地上游集镇垃圾和污水处理设施建设，农村环保项一目资金分配给予倾斜。

12. 支持新建一批自然保护区，选择条件适宜的地方建立一批现代林业示范园区、珍稀树木园和珍稀动物繁育基地。对迁出自然保护区核心区和缓冲区的原住民在转变身份和安置上给予政策倾斜。矿业权价款省以下地方留成部分，省级分成由55％降为40％，县（区）分成由40％提高到55％，主要用于矿山地质环境恢复治理、矿产资源勘查和地质灾害防治等。

五、强化金融服务和税收扶持

13. 引导推动金融机构加大信贷投放，新增存款主要用于当地，加大省支农再贷款额度倾斜力度。推进农村信用社改制，加快农村银行、村镇银行组建步伐，争取到2015年十县（区）分别设立1家以上农村银行和村镇银行。支持金融机构增设分支机构或网点。

14. 鼓励保险机构到十县（区）开展业务，扩大覆盖范围。鼓励开展地方特色农业保险，增加桑蚕、茶叶、蔬菜、水产、毛竹等特色农业保险品种，省财政通过以奖代补方式给予支持。积极争取中央政策性森林保险试点。

15. 鼓励企业上市，对其因上市而补缴的企业所得税，省财政分享部分全额返还。每培育一个企业上市，省财政给予所在县（区）政府100万元奖励。鼓励引导有条件的企业实施债券融资，省及当地财政分别给予发行费用10％的补贴。对已认定的高新技术企业转移到十县（区）落户的，有效期内不再重新认定，减按15％的税率征收企业所得税。

六、突出保障改善民生

16. 扩大优质教育资源，优先安排基础教育、中等职业教育和培训项目。支持创建省级示范性高中，优先满足农村教师"特岗计划"指标要求。支持每个县（区）重点办好1所职教中心，创办技工学校，组织省属国家级重点中等职业学校在专业和实训基地建设、师资培养、联合招生等方面与十县（区）结对合作。优先安排十县（区）公共文化服务体系建设中央投资项目，农村文化专项资金给予重点倾斜。

对新建或已达标的县（区）图书馆、文化馆继续给予内部设施配套资金补助。

17. 倾斜安排医疗卫生服务体系建设中央投资项目，省级专项资金优先投入。倾斜安排医疗卫生人才培养项目资金，优先安排乡镇卫生院大学生招募、执业医师招聘、农村订单定向医学生免费培养、全科医生培训等项目，鼓励卫生专业人才到十县（区）工作。健全农村公共卫生服务体系，继续做好县级医院规范化建设及其他能力建设项目。加快建立公共医院与基层医疗卫生机构分工协作长效机制。对依法生育的农村双女户在规定时间内自觉落实绝育措施的，一次性奖励4000元，省、县（区）财政分别承担75％和25％。优先安排县乡计划生育技术服务体系建设中央投资项目。

18. 倾斜支持十县（区）农村危房改造等项目和资金，优先安排保障性安居工程建设项目，支持有关县（区）创建园林城市（镇）、人居环境（范例）奖。

19. 支持有条件的县（区）优先纳入国家新农保试点、城镇居民养老保险试点和养老服务体系建设试点范围。支持十县（区）开展基层劳动就业和社会保障服务设施建设试点工作，5年内全面建成就业、社会保障服务中心。加大就业信息网络建设投入，优先支持新建县（区）级人力资源市场的信息化建设。农民工创业园建设布局向十县（区）倾斜。

20. 支持培育和建立引智基地，优先安排引才引智项目。每年由省直有关部门选派100名左右副高以上职称专家，赴十县（区）对口开展农业、教育、医疗卫生等专业技术人员培训，每年培训3000人次。省干教经费和人才开发专项资金安排予以倾斜。同等条件下，优先评聘十县（区）基层专业技术人员职称。省属高校、科研院所科技人员携带科技成果到十县（区）创办企业的，经单位同意，6年内保留其工作关系，期间要求返回原单位的，按原职级待遇安排工作。在安排中直、省直单位干部，扶贫、科技副县长，优秀年轻干部挂职和县（市、区）干部到省直相关单位及发达市县挂职时，优先考虑十县（区）工作需要。每年大学生。"村官""三支一扶"高校毕业生等名额分配向十县（区）倾斜。

上述政策与现有政策相同部分，有关县（区）不重复享受。

强化组织领导，成立进一步促进大别山革命老区又好又快发展领导小组及办公室，负责相关工作。省直有关部门要结合工作职能，制定具体扶持措施，认真加以落实。大别山革命老区各市、县（区）要积极主动作为，增强加快发展的内生动力，强化发展举措，努力推动经济社会跨越式发展。

中共河南省委　河南省人民政府
关于加快老区发展的意见

（豫发［2007］27 号 2007 年 9 月）

　　加快老区发展，是深入贯彻落实科学发展观的内在要求，是尽快改变老区面貌、改善老区人民生活的迫切需要，是河南省实现全面建设小康社会和中原崛起奋斗目标的必然要求。全省各级党委、政府要把加快老区发展作为义不容辞的重要职责，以高度的政治责任感和紧迫感，采取切实措施，全面推进老区经济社会发展，使我省城乡、区域发展不平衡、不协调的问题逐步得到解决，保持和推进全省经济又好又快发展的良好势头；要把加快老区发展作为一项"思源回报工程"，摆在更加突出位置，加快老区经济社会发展，不断改善老区人民生产生活的物质基础，认真解决好老区人民最关心、最直接、最现实的问题；要从政策、资金、技术、人才、信息等方方面面对老区加以扶持，为老区的发展营造良好的外部条件，使老区的发展赶上全省的步伐，使老区群众与全省人民一道，共同建设小康社会，共享美好生活。

一、总体要求

　　加快老区发展要坚持以邓小平理论和"三个代表"重要思想为指导，深入贯彻落实科学发展观，进一步解放思想、更新观念，紧紧抓住国家实施中部地区崛起战略和建设社会主义新农村的机遇，坚持工业反哺农业、城市支持农村和"多予少取放活"的方针，本着老区优先、重点倾斜的原则，加大对老区的公共财政支出的力度；加强老区的基础设施建设；加快老区工业化、城镇化和农业现代化进程，着力改善农民生产生活条件，稳定提高农业综合生产能力，增加农民收入；加速社会事业发展，全面促进老区经济社会跨越式发展。

二、主要目标

到 2010 年，老区经济快速发展，现代农业建设取得初步成效，粮食综合生产能力稳定提高，畜牧业产值占农业总产值的比重达 45％左右；农民收入水平和生活质量显著提高，人均纯收入超过 3500 元；工业化进程加快，二、三产业比重明显提升；基础设施建设迈出较大步伐，农村环境和村容村貌得到明显改善，林木覆盖率增加 3 个百分点以上；社会事业快速发展，义务教育成果得到巩固，高中阶段毛入学率达 80％左右，普遍建立新型农村合作医疗制度，农村社会保险、社会救助和社会福利等保障制度初步形成。到 2020 年，老区经济全面协调可持续发展，农业综合生产能力进一步提高，畜牧业产值占农业总产值的比重超过 50％，工业化、城镇化水平明显提高；农民生活更加殷实，人均纯收入接近 8000 元；基础设施显著改善，村容村貌有较大改观，生态环境明显改善，林木覆盖率增加 4 个百分点以上；社会事业全面进步，普及高中阶段教育，农村医疗体系和各项社会保障制度更加健全。

三、主要措施

（一）加快老区现代化农业发展步伐

积极争取国家对老区给予更多支持，对符合产业政策的农业及农村发展项目优先申报、优先安排。支持符合条件的老区建设国家商品粮基地和优质粮食产业工程项目，土地开发整理项目向老区倾斜。老区新增建设用地土地有偿使用收入分配省、市、县部分，全部留给当地用于基本农田建设和保护、土地整理、耕地开发等。支持老区加快农业结构调整和畜牧业、林果业发展。推进优质畜产品生产与加工基地建设，对重点畜产品加工建设项目，国土资源管理部门优先安排建设用地计划指标。优先安排老区农田水利建设项目，加大地质灾害防治力度。加大对农业产业化的投入力度，省内外大中型农产品加工企业在老区建立的规模化农产品原材料基地和加工企业，可享受省级农业产业化龙头企业扶持政策。

（二）加快老区工业化进程

积极支持老区发挥比较优势，扩大对外开放，走出一条符合老区实际的新型工业化之路。在工业布局上向老区倾斜，促进产业化扶贫，形成具有当地特色的支柱产业和产业聚集。积极运用信贷、贴息、补助等方式，扶持老区符合国家产业政策和节能减排要求的技术含量较高的重点项目建设，特别是农副产品、优势矿产资源的精深加工项目和对扩大就业有显著作用的项目。帮助老区招商引资，承接沿海产业转移。

（三）加快老区城镇化进程

切实做好老区县域村镇体系规划和小城镇建设规划，支持符合建镇标准的老区乡撤乡建镇。进一步完善老区城镇基础设施建设，着力加强老区城镇道路、给排水、供电、通信、污水及垃圾处理等基础设施建设，完善老区城镇功能，提高老区城镇品位，营造健康、安定、有序的人居环境。鼓励老区农村散居户向城镇或条件较好的地方集中居住，政府给予一定的拆迁和建房补助。鼓励具备条件的房地产企业到老区小城镇从事住房建设和房地产开发，对成片开发的居民住宅，参照执行国家有关优惠政策。

（四）改善老区交通条件

按照省政府确定的农村公路补助标准，国家和省农村公路补助资金优先用于老区公路建设。加强老区农村公路客运场站建设，扩大客运覆盖范围，确保今年年底实现老区"乡乡有客运站"。完善老区公路干线网络，加大对老区公路的改造、维护、保养的投资力度，在项目安排上给予倾斜。

（五）加快老区生态建设

加强老区生态建设和环境保护。退耕还林、淮河防护林体系建设、防沙治沙工程、平原绿化工程、通道绿化工程、速生丰产林工程、名优特新经济林建设、野生动植物保护和自然保护区建设工程、湿地保护与恢复工程等项目优先安排老区。农村沼气国债项目优先安排老区，支持老区建设大中型沼气工程和农村沼气服务体系。

（六）支持老区教育事业发展

逐步完善老区农村义务教育经费保障机制，加快在老区实施农村中小学校舍维修改造、农村中小学课桌凳更新配置和农村中小学现代远程教育工程，逐步改善农村中小学办学条件。优先安排老区县级职教中心和示范性中等职业学校建设项目，支持老区发展职业教育和技能培训，提高农村劳动力转移就业能力。增加财政转移支付，加大对老区职业教育、成人教育的资金支持力度。2010 年前对老区的中等职业学校教师培训一遍。鼓励免费师范生毕业后到老区义务教育学校任教，等等。

（七）完善老区医疗卫生服务体系

加大对老区农村卫生服务体系建设的支持力度，2008 年前全面完成老区乡镇卫生院的土建改造，逐步完善乡镇卫生院医疗设备配置。加快老区县级人民医院、妇幼保健院、中医院的建设和改造，加大对老区村卫生室建设扶持力度。增加对老区重大传染性疾病防治资金投入。支持农村计划生育服务体系建设。建立省、市医院对口定点扶持老区乡镇卫生院和村卫生室制度等。

（八）支持老区科技、文化事业发展

鼓励和支持大专院校、科研机构和老区进行项目合作，逐步发挥科技的引领和示范作用，真正依靠科学技术振兴老区经济。优先为老区县配发科普大篷车，支持当地开展科技下乡活动。为 100 个老区乡镇配发科普电教器材。优先安排老区列入国家"十一五"建设规划的乡镇综合文化站项目建设。不断加大投入力度，尽快完成文化、信息资源共享工程老区县级分中心建设任务。优先为老区县配发流动舞台车，支持当地开展文化下乡活动。优先实施老区农村电影放映工程，在老区乡镇的行政村实现一村一月放映一场电影的目标，等等。

（九）完善老区社会保障体系

加大老区社会福利机构建设的资金投入力度，增加省级补助金，支持老区乡镇敬老院建设。加强体育、民政和残疾人基础设施建设。支持老区实施农民体育健身工程。在老区社区服务基础设施建设投入上给予适当倾斜。完善社会救助体系，认真贯彻落实老区群众农村低保、五保供养和乡镇医疗救助政策。深入开展平安老区建设。

（十）加快老区红色旅游业发展

突出老区红色旅游资源特色，抓紧编制老区旅游发展专项规划。着力打造以信阳大别山区为中心的"大别山红色圣地游"、以罗山何家冲为起点的"长征精神探源游"、以竹沟革命根据地为中心的"中原抗日故地游"和以刘邓大军挺进大别山为主线的"中原解放战争战地游"等红色旅游精品路线。促进红色旅游和绿色旅游、地质旅游、生态旅游相结合，扶持老区发展农业观光、农家乐等农业旅游项目，等等。

（十一）加大老区扶贫开发力度

对自然条件特别恶劣的深山区、石山区、黄河滩区和淮河低洼易涝区的老区乡、村，逐步实施易地搬迁扶贫。建立健全老区农村劳动力转移就业服务体系，支持老区

开展外派劳务业务，在条件成熟的地方建立外派劳务专业基地，引导老区农村人口向发达地区有序流动并定居。

全省各级党委、政府要把促进老区加快发展作为一项重要政治任务，加强对老区发展工作的组织领导，制定老区建设和发展规划，积极做好对口支援老区建设的工作，大力弘扬自力更生、艰苦奋斗精神，充分发挥各级老区建设促进会的作用。

鄂豫皖三省六市 36 县
大别山红色旅游区域联合宣言

为充分发挥大别山红色旅游资源优势，加强区域旅游联合，增强整体影响力、竞争力，以红色旅游为特色，以绿色旅游为主线，建立鄂豫皖三省六市三十六县大别山旅游区域协作联合体，经合作方共同协商，达成以下共识：

一、合作目标

坚持以邓小平理论和"三个代表"重要思想为指导，全面落实科学发展观，在湖北、河南、安徽三省省委、省政府正确领导下，在国家旅游局精心指导下，大力弘扬大别山革命精神，突出"千里跃进，将军故乡"主题形象，打造一批以原生态和红色旅游为品牌的旅游区。力争经过五至十年努力奋斗，把大别山建设成为继井冈山、延安之后又一全国著名红色旅游品牌，建设成为中国中东部最大的生态旅游目的地，为老区人民脱贫致富和经济社会全面发展做出贡献。

二、合作内容

(一) 共同保护绿色家园

千里大别山是绿色世界，养育了鄂豫皖三省六市三十六县 2000 多万人口。大别山旅游的价值在其山清水秀原生态。随着我国工业化进程不断加快和交通条件不断改善，大别山的生态旅游将不断升值。原生态是大别山旅游的最大资本，保护生态是大别山人应尽的责任，合作各方应继续努力，共同采取保护环境行动，努力实现大别山旅游持续增长。

（二）共同编制旅游规划

积极争取由国家旅游局牵头组织编制大别山区域旅游总体规划，将大别山区域红色旅游发展列入三省六市三十六县"十二五"旅游发展规划。着力打造一批重要的红色旅游经典景区、红色旅游精品线路、红色旅游名城镇，突出重点和主题，初步形成红色旅游骨干体系，把大别山地区建设成为在全国知名、独具特色的新兴红色旅游区。

（三）共同叫响红色品牌

塑造大别山"千里跃进，将军故乡"红色旅游主题形象，提炼感召力强的大别山革命精神，征集大别山红色旅游宣传口号，策划大别山旅游区的整体包装和宣传促销，在全国红办的指导下，开展大别山红色旅游专题报道、系列报道，通过社会宣传、新闻宣传、网络宣传、文艺宣传，把大别山红色旅游品牌叫响，做到家喻户晓，世人皆知。

（四）共同开放旅游市场

围绕"资源共享、信息共通、产品共推、合作共赢"旅游大格局，积极构筑大别山无障碍旅游区，增强区域的凝聚力。吸引各方旅游企业通过投资、参股、兼并、收购、设立分支机构等方式在区域内落户。取消必须由当地旅行社接待的强制性规定，各旅行社可以对本社组团、接待实行一条龙服务，保障签约方的导游跨境带团服务工作。协作区内旅行社开展互为目的地旅游团组织工作，一方对另外一方的旅游团队实行优惠的酒店房价、景区门票，各方对互访旅游团及游客提供特别的优惠政策，保证各方旅行社享受不低于当地旅行社的待遇。建立安全、文明、诚信的市场运行机制，共同营造健康的旅游一体化运行环境，建立和完善区域内应对旅游突发事件的联动机制及重大事件通报制度。建立区域内旅游质监所联系制度，共同协调和管理好区域内的旅游市场及导游队伍，打击"黑社""黑导"、无证带团等违规行为，协调解决好旅游质量投诉及违规案件。

（五）共同推介红色旅游

打造大别山区域红色旅游产品线路，发展环大别山自驾车、自行车线路，合作编印大别山区域旅游指南和自助游手册，统一编写大别山红色旅游导游讲解词，绘制一张大别山旅游图，编导大别山文艺演出节目。依托上海、南京、武汉三大都市圈的庞大客源市场，加强鄂豫皖片区红色旅游市场营销。条件成熟时，大别山红色旅游作为一个整体在旅游交易会上亮相。

（六）共同培养旅游人才

国家旅游局、全国红办心系大别山，计划每年在大别山区举办一次培训班，为革命老区培养人才。统一区域旅游服务标准，对服务人员进行统一的服务技能培训和专业知识培训，各方可将其他地区的红色旅游资料编入各自的培训计划，建立互培、共培制度，提升大别山整体旅游服务水平。

三、合作机制

（一）长效合作机制

建立三省区域旅游合作组织保障和长效机制，具体行动计划：各省红办确定一人负责联络，每年轮值开展一次活动；2008 年由河南省承办以奥运促大别山红色旅游发展的主题活动；2009 年由湖北承办建国六十周年大别山论坛活动。建立市级党委、政府大别山旅游发展联席会议，定期召开会议，协调解决大别山旅游发展中的重大问题，策划重大旅游节庆活动。在旅游部门和地方党委政府区域协作的基础上，努力将合作上升到安徽、湖北、河南省政府层面。

（二）信息交互机制

三省旅游部门在各自的旅游网站开辟大别山红色旅游栏目，在全国红办的指导下，努力创建大别山红色旅游网站；倡议黄冈、随州、孝感、信阳、安庆、六安市建立大别山红色旅游发展协作年会制度。轮值市负责搜集信息，编印简报，每年确定 1～2 个主题进行讨论，重点研究。各县特别是毗邻县开展经常性小型联谊活动，交流工作经验。

（三）行为约束机制

为保障区域旅游合作关系的健康发展，明确共同遵守的原则。合作各方不得因为竞争诋毁大别山区域联合体的任何一方；在大别山红色旅游域名使用上应达成共识，共同解决恶意抢注商标事件；毗邻地区建立区域旅游协调组织，负责解决旅游建设和旅游活动中的矛盾与冲突。

参 考 文 献

［1］邓小平文选：第2卷［M］．北京：人民出版社，1994．

［2］邓小平文选：第3卷［M］．北京：人民出版社，1993．

［3］康平．中国国家发展战略［M］．北京：红旗出版社，2005．

［4］王辉耀．国家战略［M］．北京：人民出版社，2010．

［5］陈秀山．区域经济理论［M］．北京：商务印书馆，2003．

［6］辛晓梅．区域发展战略与规划［M］．合肥：中国科技大学出版社，2005．

［7］陈计旺．地域分工与区域经济协作［M］．北京：经济管理出版社，2001．

［8］洪银兴．发展经济学与中国经济发展［M］．北京：高等教育出版社，2001．

［9］彭月兰．促进区域经济协调发展的财政政策［M］．北京：中国财政经济出版社，2005．

［10］周琳琅．统筹城乡发展：理论与实践［M］．北京：中国经济出版社，2005．

［11］景春梅．城市化、动力机制及其制度创新［M］．北京：社会科学文献出版社，2010．

［12］［美］艾伯特·赫希曼．经济发展战略［M］．北京：经济科学出版社，1991．

［13］王世豪．区域经济空间结构的机制与模式［M］．北京：科学出版社，2009．

［14］魏后凯．中国地区发展：经济增长、制度变迁与地区差异［M］．北京：经济管理出版社，1997．

［15］钟海燕．成渝城市群研究［M］．北京：中国财政经济出版社，2007．

［16］吴强．政府行为与区域经济协调发展［M］．北京：经济科学出版社，2006．

［17］吕拉昌．区域整合与发展［M］．北京：科学出版社，2003．

［18］陈成忠．湖北经济发展的周期性及其驱动因素［J］．长江流域资源与环境，2010，19（10）：1132－1137．

［19］程必定．区域的外部性内部化和内部性外部化——缩小我国区域经济发展差距的一种思路［J］．经济研究，1995（7）：61－66．

［20］于术桐，黄贤金，李璐璐，等．中国各省区资源优势与经济优势比较［J］．长江流域资源与环境，2008（2）：190－195．

［21］臧其胜．新苏南模式中应对环境问题的路径选择［J］．北方环境，2010（1）：

17—19.

[22] 喻锋. 区域协调发展与区域政策创新 [J]. 广东行政学院学报, 2010 (2):
18—21.

[23] 包健. 发达国家解决区域发展不协调的经验及启示 [J]. 国外理论动态,
2007, 7 (6): 55—58.

[24] 魏后凯, 高春亮. 中国区域协调发展态势与政策调整思路 [J]. 河南社会科
学, 2012 (1): 73—81.

[25] 刘桂环, 张惠远. 京津冀北流域生态补偿机制初探 [J]. 中国人口. 资源与
环境, 2006, 16 (4): 120—124.

[26] 王艳明, 焦春海, 郭英, 等. 以科技支撑湖北大别山革命老区经济社会发展
试验区建设 [J]. 湖北农业科学, 2011, 50 (17): 3650—3652.

[27] 王艳明, 王少华, 焦春海, 等. 湖北省大别山区科技扶贫工作的成效及发展
思路 [J]. 湖北农业科学, 2008, 47 (2): 238—241.

[28] 宋子良, 徐晓林, 王平, 等. 在大别山设立"革命老区经济社会发展试验
区"的建议 [J]. 华中科技大学学报 (社会科学版), 2011, 25 (1): 123—124.

[29] 陈标平, 胡传明. 建国 60 年中国农村反贫困模式演进与基本经验 [J]. 求
实, 2009, (7): 82—86.

[30] 宋彦峰. 农户贫困影响因素的实证分析——基于革命老区的调查 [J]. 开发
研究, 2010 (4): 39—42.

[31] 李永宁. 欠发达地区农村经济可持续发展中的人力资本问题研究 [J]. 农业
经济, 2008 (6): 66—68.

[32] 郑国, 赵群毅. 山东半岛城市群主要经济联系方向研究 [J]. 地域研究与开
发, 2004, 23 (5): 51—54.

[33] 蒋满元. 京津冀区域经济合作中的问题分析及对策选择 [J]. 区域经济研
究, 2008 (1): 67—75.

[34] 安虎森, 吴艳红. 区际发展差距的内在机制分析 [J]. 山东经济, 2010
(5): 5—9.

[35] 湖北省社科院课题组. 大别山革命老区资源禀赋与开放开发路新路 [J]. 当
代经济, 2011 (7): 86—89.

[36] 曾雪玫. 革命老区经济可持续发展战略研究 [J]. 改革与战略, 2011, 27
(12): 57—60.

[37] 孙庆刚, 秦放鸣. 欠发达区域跨越式发展涵义解析 [J]. 新疆师范大学学报
(哲学社会科学版), 2011 (3): 46—51.

[38] 潘明清. 西藏跨越式发展的机遇与后发优势分析 [J]. 时代金融, 2010 (5):

94—96.

　　[39] 郑享清，翁立莹，王大林. 中部六省商务成本比较研究——以中部六省省会城市为例 [J]. 华东经济管理，2010 (6)：39—42.

　　[40] 廖小东，丰凤. 西部欠发达地区农村公共品需求研究 [J]. 贵州财经学院学报. 2012 (5)：67—73.

　　[41] 蔡翼飞，赵新一. 中央扶持革命老区发展政策研究 [J]. 经济研究导刊，2010 (12)：112—114.

　　[42] 谭欣欣. 山东省加快发展现代农业建设农业强省的人才支撑体系研究 [J]. 中共济南市委党校学报，2013 (3)：53—56.

　　[43] 王玉卿，田蓁子. 提高农民素质 实现农村经济可持续发展 [J]. 农业经济，2013 (6)：78—79.

　　[44] 陈第华. 基本公共服务均等化供给中的政府责任 [J]. 西南交通大学学报（社会科学版），2010 (1)：16—20.

　　[45] 马云泽，刘春辉. 京津冀产业结构优化：基于区域产业结构趋同的实证分析 [J]. 商业研究，2010 (5)：9—13.

　　[46] 林巍，申春峰，李丽红，等. 京津冀区域经济一体化下的产业结构优化与对接 [J]. 商业时代，2012 (12)：110—111.

　　[47] 覃成林. 区域协调发展：内涵、动因与机制体系 [J]. 开发研究，2011 (1)：14—18.

　　[48] 国家发展改革委地区经济司. 我国区域协调发展取得的成绩与"十二五"的思路建议 [J]. 宏观经济管理，2009 (11)：17—19.

　　[49] 魏后凯，高春亮. 中国区域协调发展态势与政策调整思路 [J]. 河南社会科学，2012 (1)：73—81.

　　[50] 覃成林，张华，毛超. 区域经济协调发展：概念辨析、判断标准评价方法 [J]. 经济体制改革，2011 (4)：34—38.

　　[51] 张海燕. 区域协调发展机制构建 [J]. 经济地理，2007 (3)：25—27.

　　[52] 蔡晓珊，安康. 我国区域经济协调互动发展评价体系研究 [J]. 经济问题探索，2012 (10)：43—49.

　　[53] 徐雯雯，王晓鸿. 我国区域创新体系构建分析 [J]. 经济问题探索，2009 (1)：43—46.

　　[54] 张晏，龚六堂. 地区差距、要素流动与财政分权 [J]. 经济研究，2004 (7)：59—69.

　　[55] 严薇，赵宏宇. 我国区域经济发展现状及对策 [J]. 商业时代，2009 (22)：113—114.

[56] 赵文明，周建华. 欧盟区域经济财政政策对长株潭一体化的启示 [J]. 求索，2008 (10)：26—35.

[57] 肖育才. 区域经济发展与财政政策选择 [J]. 广东商学院学报，2008 (4)：34—38.

[58] 钟有林，李雾友. 区域经济非均衡发展理论的演变与创新 [J]. 求索，2009 (1)，40—41.

[59] 白义霞. 区域经济非均衡发展理论的演变与创新研究——从增长极理论到产业集群 [J]. 经济问题探索，2008 (4)：22—24.

[60] 孟庆红. 区域特色产业的选择与培育——基于区域优势的理论分析与政策路径 [J]. 经济问题探索，2003 (9)：35—39.

[61] 陈军亚. 西方区域经济一体化理论的起源及发展 [J]. 华中师范大学学报（人文社会科学版），2008 (6)：57—63.

[62] 卓凯，殷存毅. 区域合作的制度基础：跨界治理理论与欧盟经验 [J]. 财经研究，2007，(1)：56—64.

[63] 朱桂香. 国外流域生态补偿的实践模式及对我国的启示 [J]. 中州学刊，2008 (5)：25—27.

[64] 吴晓青，驼正阳，杨春明. 我国保护区生态补偿机制的探讨 [J]. 国土资源科技管理，2002 (2)：18—21.

[65] 尤艳馨. 构建我国生态补偿机制的国际经验借鉴 [J]. 地方财政研究，2007 (3)：62—64.

[66] 梁丽娟，葛颜祥，傅奇蕾. 流域生态补偿选择性激励机制：从博弈论视角的分析 [J]. 农业科技管理，2006 (4)：49—52.

[67] 朱桂香，赵玉山. 国外流域生态补偿机制的实践模式及对中国的借鉴意义 [J]. 世界农业，2006 (2)：14—17.

[68] 徐盈之，韩颜超. 科技进步贡献率的区域差异与影响因素 [J]. 华东经济管理，2009，(11)：1—5.

[69] 于洪国. 发展县域经济中的科技创新支撑研究 [D]. 济南：山东大学，2007.

[70] 黄晓娟，李国杰，王燕，等. 发达国家农村社会发展科技支撑的典型经验与启示 [J]. 湖北农业科学，2010，50 (10)：2146—2148.

[71] 赵希勇，郜效岩. 科技支撑区域经济发展理论机理剖析 [J]. 经济研究导刊，2008 (8)：156—157.

[72] 陈立辉. 科技支撑体系及其作用与功能 [J]. 改革与战略，2002，(1)：20—26.

[73] 周志田，杨多贵，康大臣. 中国可持续发展科技支撑体系战略构想 [J]. 科学学研究，2005，(12)：78—79.

［74］李学勇. 发挥科技进步和创新对新农村建设的支撑作用［J］. 中国农村科技，2006（9）：44－46.

［75］闰玉科. 社会主义新农村公益性科技支撑体系构建与运作研究［J］. 农业经济，2007（8）：56－59.

［76］余学峰. 浅论区域科技创新体系的建设［J］. 中共福建省委党校学报，2007（11）：66－69.

后　记

对于大别山试验区的研究，始于 2011 年由我作为负责人，由黄冈师范学院、华中科技大学、黄冈市人民政府发展研究中心为联合中标单位，三方共同承担的一项湖北省人民政府智力成果采购招标项目《促进大别山试验区提升为国家战略研究》。在承担项目研究工作的 10 个月时间里，我与项目组成员先后赴河南信阳、安徽六安以及黄冈市相关县市进行了实地考察，获得了大量的第一手资料，对大别山试验区提升为国家战略的必要性、可行性以及推进措施进行了较为系统的研究，形成了研究报告，提交给省委省政府决策参考，并得到了包括省委书记李鸿忠在内的省级领导的亲笔批示。

在研究报告的基础上，我与项目组成员进一步完善框架结构，历时一年，完成了《大别山试验区国家战略实现路径研究》一书。这本书的很多思想，吸收借鉴了区域经济学的相关理论和大量学者的研究成果，不少内容融合了很多领导和专家的真知灼见。在此，向所有提供过帮助和支持的人表示衷心的感谢！这里要感谢省扶贫办杨朝中主任，省政府政策研究室卢美松副主任、刘纯志研究员，省林业厅董祚华副厅长，省社科院经济研究所所长龚益鸣教授，武汉理工大学经济学院党委书记傅新平教授，华中农业大学博士生导师冯中朝教授等在项目研究过程中提出的建设性意见，这些意见现已融入到本书的观点之中。感谢黄冈市委书记刘雪荣在项目研究工作中的指导与支持，他能在百忙中为本书作序，让我备受感动。感谢华中科技大学宋子良教授、黄冈市人民政府发展研究中心吴元西主任为项目研究贡献了自己的智慧。特别是近 70 岁高龄的宋教授，他是国内第一个提出建设"大别山革命老区经济社会发展试验区"的学者，为大别山区的发展做出了开创性的贡献。在项目研究过程中，他多次往返武汉与黄冈，与项目组成员交换意见、积极讨论，为项目研究建言献策，其为革命老区发展鼓与呼的执着精神值得我们学习。

感谢刘汉成、夏庆利、鲍宏礼等项目组成员所做的贡献。

本书的研究工作还得到了湖北省 2011 计划"大别山特色资源利用湖北省协同创新中心"、省级重点学科"应用经济学"、省高校人文社会科学重点研究基地"大别山旅游经济与文化研究中心"的支持。在此，一并表示感谢。

在拙作即将付梓之际，欣闻国家发展和改革委员会在黄冈市召开会议，牵头组织大别山革命老区振兴发展规划编制工作。这意味着，继陕甘宁革命老区振兴规划和赣南等原中央苏区振兴规划上升为国家战略之后，大别山革命老区振兴有望跻身国家战略。这无疑使我们备感振奋，深受鼓舞。

作为国内第一本系统研究大别山试验区的著作，本书的出版只是我们对于革命老区研究工作的起点。我相信，随着大别山试验区在更高层次和更大范围的深入推进，相关的理论研究成果会更加丰富；我也希望，本书的出版，能够对于推进大别山试验区的建设工作有所帮助，同时，能够引起社会各界对于大别山这片红色热土的更多关注、关心和支持。

程水源

二〇一三年十月于黄冈